내 아이의 사회성

내 아이의 사회성

초판 1쇄 인쇄 2025년 6월 9일
초판 4쇄 발행 2025년 7월 17일

지은이 지니 킴
펴낸이 이경희

펴낸곳 빅피시
출판등록 2021년 4월 6일 제2021-000115호
주소 서울시 마포구 월드컵북로 402, KGIT센터 19층 1906호

ⓒ지니 킴, 2025
ISBN 979-11-94033-93-6 03590

- 인쇄·제작 및 유통상의 파본 도서는 구입하신 서점에서 바꿔드립니다.
- 이 책의 전부 또는 일부 내용을 재사용하려면 반드시 사전에
  저작권자와 빅피시의 서면 동의를 받아야 합니다.
- 빅피시는 여러분의 소중한 원고를 기다립니다. bigfish@thebigfish.kr

내 아이의 사회성

자기를 지키며 당당하게 표현하는 아이의 비밀

지니 킴 지음

빅피시
BIG FISH

프롤로그

공부부터 하고
사회성은 나중에 길러도
되지 않을까요?

여기 한 아이가 있습니다. 어릴 때부터 공부를 곧잘 하는 아이였습니다. 부모님의 기대 속에서 늘 성적에 집중하며 경쟁에서 이기기 위한 전략과 기술을 익혀왔죠. 하지만 또래와 자연스럽게 어울려본 적은 많지 않았습니다. 점점 친구들과의 거리는 멀어지고 홀로 있는 시간이 늘어났습니다. 성적은 여전히 좋았지만 외로움과 스트레스가 쌓였죠. 아이는 중·고등학교로 가면서 점점 사람도 학교도 싫어졌습니다.

"공부만 잘하면 되는 거 아닌가요?"

많은 부모가 학업 성취를 아이들 성장의 최우선 목표로 삼습니다. 공부에 시간을 쏟느라 신체 활동이나 또래 관계에 할애할 시간은 부족합니다. 이 과정에서 우리 아이들은 사회성이라는 아주 중요한 역량을 키울 기회를 잃습니다. 공부는 잘하지만 마음이 외로운 아이, 감정을 조절하지 못해 쉽게 좌절하는 아이, 친구를 사귀고 유지하는 데 어려움을 겪는 아이… 혹시 우리 아이의 모습은 아닌가요?

사회성이란 친구와 잘 지내는 능력 그 이상이다

우리는 '학습 능력'이라는 말을 들으면 자연스럽게 집중력, 암기력, 이해력 같은 인지적 능력만 떠올립니다. 하지만 공부는 단지 머리만 좋아서 되는 일이 아닙니다. 오래 앉아 집중할 수 있는 신체적 역량, 학업 스트레스를 견뎌내는 정서적 역량, 선생님과 소통하고 친구들과 협력하며 배우는 사회적 역량… 이 모든 것이 함께 자라야 공부도 잘할 수 있습니다.

그중에서도 사회적 역량과 학습은 떼려야 뗄 수 없는 관계입니다. 학습이란 단순히 혼자 책을 읽고 문제를 푸는 활동만을 뜻하지 않거든요. 친구들과 협력하고, 서로 질문을 던지며 토론하고, 원활히 소통하는 능력이 결국 학습 효율에도 큰 영향을 미칩니다. 특히 요즘 교육의 흐름은 팀 프로젝트, 협동 학습, 책임 분담, 발표 등이 중요한 요소가 되어가고 있습니다. 대학 입시에서도 학생부나 자기소개서, 면접 등을 통해 전인적인 성장 과정을 평가합니다. 게다가 사회성이 부족한 아이는 아무리 공부를 잘하더라도 친구 관계에서 어려움을 겪고, 고립감을 느끼며, 자존감까지 흔들릴 수 있습니다.

아이가 자라서는 더욱더 사회성이 필요합니다. AI와 디지털 기술이 폭발적으로 발전하고, 세상이 하루가 다르게 바뀌는 세상에서는 더 이상 '혼자서 열심히'하는 것만으로는 살아남기 어렵습니다. 이제는 팀을 이끌 줄 알고, 타인의 의견을 경청할 줄 알고, 상황에 따라 유연하게 사고하고 협력할 줄 아는 인재가 필요합니다. 그 중심에 사회성이라는 결정적인 역량이 있습니다.

"공부부터 하고 사회성은 나중에 길러도 되지 않을까요?"

이런 생각을 하는 부모님도 있을 것입니다. 그러나 사회성은 하루아침에 생기는 게 아닙니다. 좋은 대학에 간다고 갑자기 훌륭한 사회성까지 따라오는 것도 아니에요. 오히려 학업은 마음만 먹으면 나중에라도 따라잡을 수 있지만, 사회성은 경험과 훈육을 통해 어릴 때부터 다져야 효과적으로 발달할 수 있습니다.

흔히 사회성이라고 하면 사람들과 잘 지내는 능력이라고 생각하죠. 그러나 친구가 많다고 해서 반드시 사회성이 뛰어난 것은 아닙니다. 반대로, 조용하고 혼자 있는 시간을 좋아하는 아이도 충분히 건강한 사회성을 가질 수 있습니다. 사회성은 단순히 좋은 성격의 문제가 아닙니다. 사회성은 그보다 더 복합적인 역량입니다. 자기 자신을 이해하고 표현하며, 타인의 감정을 공감하고 배려하고, 상황에 맞는 행동을 선택하고, 갈등을 조율하고 협력하는 등 여러 가지 역량이 복합적으로 작동하는 것이 바로 사회성입니다.

"난 친구가 없어"라는 아이의 말에 가슴이 철렁 내려앉은 부모님도 있을 거예요. 그래서 이 책을 집어 들었을지도 모릅니다. 심지어 어떤 부모님들은 사회성을 길러주는 수업이나 학원이 없는지 수소문하기도 합니다. 그러나 사회성은 특별한 수업이나 단기간의 훈련으로 자라는 능력이 아닙니다.

아이의 사회성을 기르는 데
부모는 어떤 도움을 줄 수 있을까?

사회성을 기른다는 것은 퍼즐을 맞춰가는 것과 같습니다. 하나의 그림을 완성하려면 작은 조각들을 찾아 제자리에 놓아야 하듯, 사회성도 작은 능력들이 서로 연결될 때 비로소 완성되는 역량입니다. 그런 의미에서 이 책은 우리 아이에게 필요한 조각을 찾아 사회성이라는 퍼즐을 완성하도록 구성되었습니다.

사회성은 모든 아이에게 똑같은 방식으로 자라지 않습니다. 아이마다 타고난 기질도 다르고, 살아가는 환경도 다르니까요. 또한 결여된 사회성의 조각도 제각기 다르지요.

이 책은 아이의 사회성을 크게 두 부분으로 나누어 바라봅니다. 먼저 '나'를 이해하고 사랑하는 것에서 출발하는 사회성의 토대를 다룹니다. 자기 신뢰, 자기 인식, 자기 표현, 자기 조절, 경계, 이 5가지 사회적 역량이 아이의 내면에 튼튼히 자리 잡을 때, 아이는 비로소 '우리'를 향해 시선을 돌릴 준비가 됩니다.

이렇게 다진 사회성의 토대 위에서 '관계의 기술'을 쌓아 올리는 데 필요한 5개의 역량을 이어서 소개합니다. '자기 인식'은 '공감'으로, '자기 표현'은 '협력'으로, '자기 신뢰'는 '존중'으로, '자기 조절'은 '규칙'으로, '경계'는 '책임'으로 이어집니다. 앞서 다룬 사회성의 토대가 잘 성장하면 이에 상응하는 관계의 기술도 자연스럽게 싹틉니다. 여기에 오늘날 아이들에게 꼭 필요한 '온라인 예절'까지, 이 책에서는 총 11개의 사회성 조각을 하나하나 살펴봅니다. 내면의 성장이 관계의 기술로 확장되면서 사회적 역량으로 점차 자라나는 과정을 만나

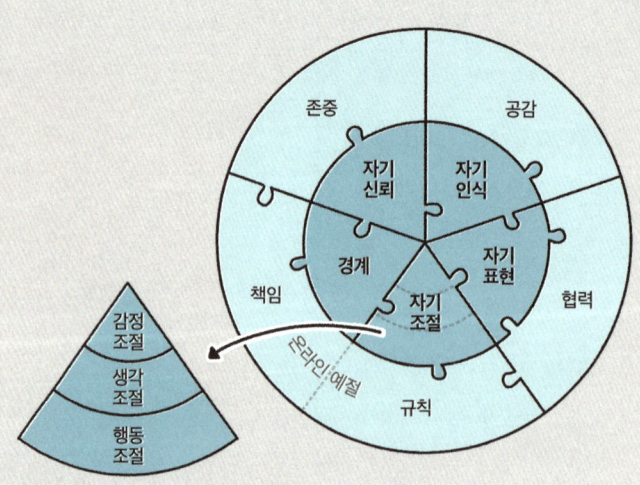

사회성의 기본 역량 11가지

보실 수 있을 거예요.

책의 후반부에서는 아이들이 흔히 겪는 문제 상황에서 부모가 가져야 할 태도와 해야 할 역할을 실제 사례를 통해 알아봅니다. 또한 사회성에 관해 우리가 흔히 갖는 오해들도 짚어봅니다. 지난 20여 년간 부모님들과 만나며 가장 자주 마주했던 물음들을 여기에 담았습니다.

사회성은 아이 스스로 천천히 완성해가야 할 내면의 퍼즐과도 같습니다. 그 퍼즐을 완성하기 위해서는 어른들의 깊은 관찰과 섬세한 훈육, 따뜻한 응원이 반드시 필요하죠. 지금부터 내 아이에게 필요한 사회성 조각을 찾는 여정을 시작해보겠습니다. 이 책을 통해 아이가 미처 발견하지 못한 조각, 혹은 잃어버린 조각을 찾아 사회성이라는 최고의 역량을 완성해주세요.

아이들의 무한한 가능성을 응원하며
지니 킴 드림

차례

프롤로그 공부부터 하고 사회성은 나중에 길러도 되지 않을까요?　4

+ **연령별 사회성 체크리스트**　13
　0~2세 영아기 | 3~5세 유아기 | 6~7세 취학 전 아동기 | 8~9세 초등 저학년

1장 아이의 사회성은 어떻게 자라날까?

아이에게 부모는 처음 만나는 세상이다　21
사회성은 타고나는 걸까, 길러지는 걸까?　31
긍정 정서가 높은 아이, 부정 정서가 높은 아이　37
아이의 불편함을 줄여주지 말아야 하는 이유　44
놀이의 세계를 넓혀주는 것이 가장 좋은 교육이다　53
+ 놀이 문제 Case1. 혼자서만 놀려고 하는 아이　62
+ 놀이 문제 Case2. 지는 걸 못 견디는 아이　67
+ 놀이 문제 Case3. 전자기기만 보려고 하는 아이　74
전 세계는 왜 사회정서 교육에 주목하는가　80

2장 •기초편• 나를 잘 알고 지키기 위해 필요한 역량

자기신뢰 거절이나 실패에도 무너지지 않는 힘 　　　　　　　95
자기인식 "몰라" 대신 "슬퍼"라고 말하는 아이로 키워라 　　　112
자기표현 소통은 자기감정을 꺼내는 연습에서 시작된다 　　　127
자기조절①감정조절 감정은 스스로 다스릴 수 있는 '마음의 에너지' 　141
자기조절②생각조절 포기하지 않고 더 나은 방법을 찾아내는 힘 　　148
자기조절③행동조절 충동을 알아차리고 만족을 지연하는 연습 　　161
경계 관계 속에서 '지켜야 할 선' 가르치는 법 　　　　　　166

3장 •심화편• 함께 살아가기 위해 배워야 할 가치

규칙 불필요한 오해와 갈등을 줄여주는 삶의 기술 　　　　177
책임 실수를 두려워하지 않고 인정할 때 얻어지는 것 　　　187
공감 서로 마음을 나누는 것은 왜 중요할까? 　　　　　　　198
협력 경쟁보다 협력의 가치를 먼저 가르쳐야 하는 이유 　　208
존중 넓은 관계 속에서 더 많은 기회를 잡는 아이의 비밀 　215
온라인예절 한 줄의 글도 가볍게 여기지 않는 마음 　　　　228

4장 •실전편• 친구 갈등을 유연하게 해결하는 법

아이들이 갈등을 대하는 5가지 방식	245
아이들의 갈등에 언제, 어떻게 개입해야 할까?	253
친구에게 지나치게 의존하는 아이	259
하고 싶은 것이 분명하고, 자기주장이 강한 아이	267
자주 삐치고, 사과해도 안 받아주는 아이	273
친구에게 다가가기 어려워하는 아이	278
몸이 먼저 나가는 과격한 아이	283
거절을 잘 못 하는 아이	289

 5장 아이의 사회성에 대한 흔한 오해들

또래와 잦은 접촉이 중요하다?	295
사회성은 커가면서 자연스럽게 자란다?	297
내향적인 아이는 사회성이 부족하다?	299
친구들과 갈등 없이 지내는 것이 좋다?	302
친구의 수가 사회성의 척도다?	305
놀이터는 사회성의 교실이다?	308
부모가 내성적이면 아이의 사회성 발달이 더디다?	311

연령별 사회성 체크리스트

각 아이는 타고난 기질과 성장 환경에 따라 독특한 사회성 발달 양상을 보입니다. 어떤 아이는 이미 많은 사회성 조각을 갖추고 있는 반면, 어떤 아이는 아직 찾아야 할 조각이 더 많을 수 있죠. 아이들은 다양한 사람들과 환경 속에서 상호 작용하며 사회성을 발달시켜 나갑니다. 때로는 작은 돌부리에 걸려 넘어지는 과정에서 새로운 사회성 조각을 발견하기도 합니다. 실수와 좌절의 경험 속에서 성장의 기회를 얻는 것이죠.

부모는 아이의 연령에 맞는 사회성 발달 지표를 잘 알고 있어야 합니다. 하지만 지나친 욕심이나 기대는 오히려 역효과를 불러올 수 있어요. 아이의 발달 속도를 무시한 채 사회성을 강요하다 보면 아이는 더 위축될 수 있습니다. 그래서 본격적인 이야기에 앞서 아이들의 연령별 사회성 발달 체크리스트를 소개하고자 합니다. 이를 통해 내 아이의 사회성이 어느 정도 발달했는지 가늠해볼 수 있을 거예요.

하지만 주의할 점이 있습니다. 특정 나이에 도달했지만 그 연령에 해당하는 사회성을 모두 갖추지 못했다고 실망할 필요는 없어요. 아이의 사회성 발달은 십인십색입니다. 체크리스트에서 아직 갖추지 못한 역량이 있다면, 그것은 앞으로 아이와 함께 노력할 부분을 알려주는 나침반이 될 거예요.

이제 아이와 함께 사회성 조각을 찾아 떠나는 여행을 시작해볼까요? 아이의 눈높이에서 세상을 바라보고, 아이의 속도에 맞추어 함께 걸어가는 것. 그것이 바로 부모가 아이에게 줄 수 있는 가장 큰 사랑일 거예요.

<0~2세 영아기> 사회성 체크리스트

역량	사회성 발달 지표	확인
자기 신뢰	거울에 비친 자신을 보고 반응한다.	☐
	표정, 몸짓, 행동을 따라한다.	☐
	자신의 물건이라고 인식하고 지키려고 한다. (내 거야!)	☐
	호기심으로 주변 환경을 탐색한다.	☐
자기 인식	몸짓과 울음으로 기본 감정을 표현한다.	☐
	단호한 말에 반응하고 움찔한다.	☐
	낯선 상황이나 분리된 상황에 불안해 한다.	☐
자기 표현	눈맞춤, 웃음으로 상호 작용을 한다.	☐
	손가락으로 가리키는 등 몸짓으로 의사를 표현한다.	☐
	간단한 단어나 문장을 따라한다.	☐
자기 조절	울음으로 자기감정을 완화한다.	☐
	손가락을 빨거나 애착물로 스스로 안정을 찾으려고 한다.	☐
	위로를 받으면 격한 감정이 진정된다.	☐
경계	낯선 사람을 경계한다.	☐
	불안이나 공포를 느끼면 양육자 곁으로 온다.	☐
	"안돼"라는 말에 반응한다.	☐
	위험한 물건이나 행동은 피한다.	☐
규칙	일정한 루틴을 이해한다.	☐
	내 차례, 네 차례를 알기 시작한다.	☐
	간단한 일상의 규칙을 기억한다.	☐
책임	스스로 하려는 의지를 보인다.	☐
	장난감을 정리 바구니에 넣으려고 한다.	☐
	떨어진 물건을 줍는다	☐
공감	양육자가 화내면 눈치를 본다.	☐
	상대방이 웃으면 따라 웃는다.	☐
	동물을 다정하게 대한다.	☐
협력	까꿍놀이, 잼잼, 곤지곤지 등의 놀이를 즐긴다.	☐
	상대방에게 같이 하자고 한다.	☐
	놀이할 때 도와달라고 한다.	☐
존중	사람들의 외모에 호기심을 갖는다.	☐
	사람들 간의 서로 다름을 인식한다.	☐
	익숙해지면 호기심을 갖고 교류한다.	☐

<3~5세 유아기> 사회성 체크리스트

역량	사회성 발달 지표	확인
자기 신뢰	자신의 강점을 인식하고 표현할 수 있다. (나 이거 잘했지?)	☐
	"내가 내가" 하며 스스로 해내고 자랑스러워 한다.	☐
	실수하면 다시 해보려고 한다.	☐
자기 인식	기본 감정을 구별할 수 있다.	☐
	떼쓰고 징징거리며 자기주장과 고집을 보인다.	☐
	감정 변화의 이유를 간단히 말로 설명할 수 있다.	☐
자기 표현	상대방 말을 들으며 적절한 반응이나 대답을 한다.	☐
	의견을 내고 협상을 시도한다.	☐
	간단한 게임을 친구에게 설명할 수 있다.	☐
자기 조절	차례와 순서를 기다릴 수 있다.	☐
	진정하는 데 걸리는 시간이 앞당겨진다.	☐
	뜻대로 되지 않을 때도 다시 시도한다.	☐
	상황에 맞는 행동을 하려고 노력한다.	☐
경계	낯선 사람을 따라가지 않는다.	☐
	거절 의사를 표현하고 수용하기 시작한다.	☐
	필요 시 도와달라고 요청할 수 있다.	☐
규칙	간단한 놀이 규칙을 이해하고 따르려고 노력한다.	☐
	줄을 서고 순서를 기다릴 수 있다.	☐
	규칙을 지켜야 하는 이유를 간단히 설명할 수 있다.	☐
책임	손 씻기, 옷 입고 벗기 등 기본적인 자기관리를 할 수 있다.	☐
	잘못이나 실수에 대해 사과할 수 있다.	☐
	타인의 물건은 조심히 다룬다.	☐
	활동이나 과제를 끝까지 한다.	☐
공감	친구가 울면 "괜찮아?"라고 위로한다.	☐
	타인의 감정을 예측하기 시작한다.	☐
	영상이나 책 속 상황에 공감하며 같이 눈물을 흘린다.	☐
협력	블록을 같이 쌓는 등 친구와 함께 논다.	☐
	차례와 순서를 지키며 놀이에 참여한다.	☐
	협동 놀이와 역할 놀이를 즐긴다.	☐
존중	다양한 문화나 인종에 관한 이야기에 흥미를 보인다.	☐
	사람들과 친해지려고 노력한다.	☐
	기다려주고 양보도 한다.	☐

<6~7세 취학 전 아동기> 사회성 체크리스트

역량	사회성 발달 지표	확인
자기 신뢰	자신의 장점을 알고 구체적으로 표현할 수 있다.	☐
	실수를 인정하고 나아지려고 노력한다.	☐
	도전을 두려워하지 않는다.	☐
자기 인식	부정적인 감정도 표현할 수 있다.	☐
	표정, 몸짓 등 비언어적 감정 표현을 이해한다.	☐
	상황에 맞게 감정을 표현한다.	☐
	자신의 감정이 타인에게 영향을 미칠 수 있다는 것을 이해한다.	☐
자기 표현	감정의 원인을 구체적으로 설명할 수 있다.	☐
	중간에 끼어들지 않고 주제에 맞춰서 대화에 참여한다.	☐
	갈등 상황을 대화로 풀려고 노력한다.	☐
자기 조절	간단한 지시나 요구에 인내심을 갖고 대기할 수 있다.	☐
	즉각적으로 반응하지 않고 멈춤을 시도한다.	☐
	수업 중 다시 집중하려고 노력한다.	☐
경계	안전을 위협받으면 "안돼, 싫어, 안 해" 등으로 의사를 표현한다.	☐
	신호등 지키기, 보호장비 착용 등 안전 규칙을 이해하고 수행한다.	☐
	개인 공간의 개념을 이해하고 적당한 거리를 유지한다.	☐
규칙	다양한 사회적 신호와 규칙을 이해하고 따른다.	☐
	친구들과 새로운 규칙을 만들기도 한다.	☐
	규칙의 공정성에 대해 인지하고 문제를 제기한다.	☐
책임	활동이나 과제를 끝까지 한다.	☐
	약속을 잘 지키려고 노력한다.	☐
	맡은 역할을 해내려고 노력한다.	☐
공감	상대방의 의견을 경청한다.	☐
	상황에 맞게 행동한다.	☐
	다양한 위로의 말과 행동을 보인다.	☐
협력	자신의 생각을 말하면서 타인의 의견도 들으려고 노력한다.	☐
	역할을 분담하고 조율하며 놀이에 참여한다.	☐
	팀워크를 이해하고 수행한다.	☐
존중	차이를 놀리지 않고 수용한다.	☐
	다름을 재밌다고 받아들인다.	☐
	타인의 생각을 배려하고 존중한다.	☐
	사회적으로 소수자인 친구도 친절하게 대한다.	☐

<8~9세 초등 저학년> 사회성 체크리스트

역량	사회성 발달 지표	확인
자기 신뢰	자신의 장·단점, 강·약점 등에 대한 이해가 넓어진다.	☐
	목표를 위해 구체적인 계획을 세운다.	☐
	친구와 비교하지 않고 자신의 성장을 뿌듯해한다.	☐
자기 인식	감정을 억누르거나 숨기지 않고 건강하게 전달한다.	☐
	상대방의 반응을 살피며 적절하게 감정을 표현한다.	☐
	오늘 느낀 특정 감정이나 감정의 변화를 일기로 쓸 수 있다.	☐
자기 표현	자신의 생각이나 감정을 논리적으로 표현한다.	☐
	적절한 말투, 톤으로 대화한다.	☐
	이해가 되지 않으면 질문한다.	☐
	다양한 의견을 듣고 균형있게 대화에 참여한다.	☐
자기 조절	인내심이 길어진다.	☐
	복잡한 감정과 상황을 이해하고, 다양한 방법을 모색한다.	☐
	계획이 갑작스럽게 변경되어도 차분하게 대처한다.	☐
	목표를 달성하기 위해 계획을 수정한다.	☐
경계	위험하거나 불편한 상황에 대해서는 유연하게 거절한다.	☐
	인터넷 사용 시 안전 수칙을 알고 지킨다.	☐
	따돌림이나 괴롭힘을 목격하거나 당할 때 도움을 청한다.	☐
규칙	복잡한 규칙을 이해하고 순수하며 타인에게 설명할 수 있다.	☐
	규칙이 부당할 때 문제를 제기할 수 있다.	☐
	규칙 위반 시 처벌을 받아들이고 같은 실수를 반복하지 않기 위해 노력한다.	☐
책임	준비물이나 숙제 등 자신이 해야 할 일을 챙긴다.	☐
	자신의 행동이 미치는 영향력을 이해한다.	☐
	책임을 회피하지 않고 끝까지 해결한다.	☐
공감	공감하고 위로하며 함께 해결책을 찾아보려고 노력한다.	☐
	소외된 친구에게 다가가기, 친구 도와주기 등 배려하는 행동을 보인다.	☐
	나와 다른 생각이나 감정을 가진 친구도 이해하려고 노력한다.	☐
협력	적극적으로 협력하고 조율한다.	☐
	의견을 나누며 함께 계획을 세운다.	☐
	개인보다 팀 전체의 결과를 중요하게 생각한다.	☐
존중	이름을 바르게 부르고 놀리는 말을 하지 않는다.	☐
	다양한 배경의 친구들과 어울린다.	☐
	다름에 호기심보다는 따뜻한 관심을 보인다.	☐

1장
아이의 사회성은 어떻게 자라날까?

아이에게 부모는
처음 만나는 세상이다

 아이는 사회의 한 구성원으로서 다양한 사람과 사회적 관계를 맺으며 성장합니다. 자신이 속한 사회의 양식을 습득하고 사람들과 교류하며 사회적 역량을 키워나가죠. 이처럼 타인과 관계를 맺고 상호 작용을 하며 원만한 관계를 이어가는 능력이 사회성입니다.
 그런데 아이의 사회성에 대해 오해하는 부모들이 있습니다. 어린이집이나 유치원에 가기 시작할 때, 꼭 또래 관계를 맺을 때만 사회성이 발달한다고 생각하는 것이죠. 물론 또래 관계와 집단생활에서 습득하는 사회적 역량들이 있지만, 사회성은 출생 직후부터 발달하기 시작합니다. 태어나는 순간부터 아이는 사회적인 관계를 형성합

니다. 미소나 울음 혹은 몸짓으로 의사를 표현하고 자신이 속한 세상과 교류를 시작하죠.

아이의 정서를 안정시키는
부모의 태도

신생아가 울고 있습니다. 엄마는 얼른 아기를 안아줍니다. 미소를 짓고 눈을 맞추며 "배가 고프니? 밥 줄까?" 하고 말을 건넵니다. 아기가 계속 울자 "기저귀를 한번 볼까? 불편하니?" 하며 기저귀를 체크합니다. 또 다른 신생아가 울고 있습니다. 엄마는 찌푸린 얼굴로 "아, 또 우네? 힘들어 죽겠네"라며 아기 입에 젖병을 물립니다. 아기는 혀로 젖병을 밀어내지만, 엄마는 멍하니 젖병만 아이 입에 다시 밀어 넣습니다.

첫 번째 사례처럼 주 양육자가 아이의 요구에 민감하고도 일관되게 반응해주면 아이는 안정감을 느낍니다. 아이가 미소를 지을 때 부모도 미소를 지으면 아이는 자신의 행동이 긍정적인 반응을 얻는다는 것을 학습합니다. 그리고 세상을 좀 더 적극적으로 탐색하고 소통할 수 있죠. 이처럼 안정감과 신뢰감을 바탕으로 형성되는 애착은 아이의 정서적 발달과 사회적 관계의 토대가 됩니다. 이를 바탕으로 타인과의 관계 또한 긍정적으로 맺을 수 있게 되죠.

반대로 두 번째 예처럼 아이의 시도가 반응을 얻지 못하거나 부정적인 경험을 하게 되면, 아이는 불안감을 느끼며 세상을 안전하지 않은 곳으로 인식하게 됩니다. 이는 아이를 방어적으로 만들어 타인과의 관계를 구축하는 데 어려움을 겪게 합니다. 아이가 좀 더 자라 유아가 되어서도 마찬가지입니다.

아이가 변신 로보트 장난감을 가지고 놀다가 힘 조절이 미숙한 나머지 그만 로보트의 팔이 빠져버립니다. 다시 끼워 넣어보려고 해도 뜻대로 되지 않자, 눈물이 터지고 말죠. 아빠는 "망가져서 속상하구나? 아빠 도움이 필요하니? 다시 해보자" 하며 아이를 위로합니다. 이처럼 부모가 아이의 감정을 알아주고 함께 상황을 대처한다면 아이는 자신의 감정을 제대로 인식합니다. 그리고 자신의 감정을 조절하고 다루는 법을 습득합니다.

만약 부모가 "뭐 그런 걸 가지고 우니? 네가 맨날 징징거려서 내가 정말 못 살겠어"라며 한숨을 내쉰다면 어떨까요? 부모가 아이의 감정을 무시하고, 적절하게 대처하는 방법을 알려주지 않는다면 아이는 자신의 감정을 적절하게 표현하고 조절하는 경험을 쌓지 못합니다. 그러면 사회성이 올바르게 형성되지 못하죠.

이처럼 사회성은 아이가 태어나면서부터, 부모와의 관계에서부터 시작됩니다. 부모에 대한 안정감과 신뢰감을 기반으로 긍정적인 상호 작용을 하는 것이 사회성의 시작점이 되는 것이죠.

0~6개월

이 세상은 안전한 곳이라는
믿음을 갖게 하자

이 시기의 아기는 부모와의 애착 형성이 가장 중요한 단계입니다. 주로 시각, 청각, 촉각 등 감각을 통해 세상을 인식하고, 울음과 웃음으로 기본적인 감정을 표현합니다.

신생아는 태어나는 순간부터 엄마의 얼굴을 바라보며 세상을 배워갑니다. 아직 언어를 이해하지 못하지만, 부모의 따뜻한 시선과 표정을 보며 감정을 느끼고 모방하기 시작하죠. 그리고 자신의 작은 행동에 부모가 어떻게 반응하는지를 통해 세상이 어떤 곳인지 조금씩 깨닫습니다.

아기가 옹알이를 하며 기분 좋게 소리를 낼 때 엄마가 환한 미소를 지으며 "아이구~ 그랬어? 우리 ○○가 기분이 좋구나~" 하고 다정하게 응답합니다. 그러면 아기는 더욱 신이 나서 소리를 내보며, 언어 발달의 기초를 다집니다. 아기가 낯선 환경에서 불편함을 느끼거나, 갑자기 큰 소리에 놀라 울음을 터뜨릴 때, 부모가 따뜻한 미소와 함께 부드럽게 안아준다면 어떨까요? 엄마의 품속에서 전해지는 온기와 다정한 말 한마디는 아기에게 세상이 안전한 곳이라는 확신을 심어줍니다. '엄마, 아빠가 내 곁에 있으니 무서울 게 없구나!'라는 믿음이 쌓이며, 아기는 세상을 향한 신뢰를 키워나갑니다.

또한 엄마가 아기를 품에 안고 수유를 하거나, 작은 손과 발을 살며시 어루만지며 목욕을 시켜줄 때, 살과 살이 맞닿는 경험을 통해 아기는 엄마의 체온과 향기를 온전히 느낍니다. 이 과정은 엄마와 아기가 정서적으로 연결되는 중요한 순간이죠. 애정 어린 접촉은 아기에게 안정감을 주고, 건강한 애착 형성의 밑거름이 됩니다.

6~12개월

호기심 많은 탐색가의
자신감을 키워주는 법

아직 언어로 소통하지 못하는 시기지만 아이와 눈을 맞추고, 아이가 하는 제스처나 행동을 따라 하기도 하고, 아이가 손을 뻗거나 가리키는 제스처에 "안아 달라고? 파란색 자동차 꺼내달라고?"라고 말하며 소통을 이어 나간다면, 아이도 부모의 말과 표정, 행동을 모방하며 부모와 소통하려는 의지를 갖고 주변 환경을 좀더 적극적으로 탐색하며 발달해나갑니다.

6개월 이후부터는 단순한 반응을 넘어 주변 사람들과 적극적으로 소통하고, 관계를 탐색하려는 행동이 나타납니다. 이 시기의 아기는 엄마, 아빠와 눈을 맞추며 교감하고, 부모의 표정과 행동을 세심하게 관찰하며 흉내 내기 시작하죠.

예를 들어, 아이가 손을 뻗거나 특정한 방향을 가리킬 때 부모가 "파란색 자동차 꺼내줄까?"라고 말하며 반응해준다면, 아이는 자신이 보내는 신호가 의미가 있다는 것을 깨닫습니다. 부모가 아이의 몸짓을 따라 하거나 공감해주면, 아기도 부모의 말과 행동을 모방하며 적극적으로 소통하려는 의지를 보이게 됩니다.

또한 이 시기의 아기는 주변 환경에 대한 호기심이 커지면서 더 적극적으로 탐색을 시도합니다. 부모가 아이의 관심을 인정하고 반응해줄수록, 아이는 더욱 자신감을 가지고 세상을 탐색하며 사회성을 키워나갑니다.

1~2세

자율성을 존중하되
분명한 경계 설정해주기

1~2세가 되면 아이들은 첫 단어를 내뱉고, 언어가 급격히 발달합니다. 동시에 자율성도 강해지면서 "아니야!" "싫어!" "안 해!" "내가 할 거야!"라는 말을 자주 하게 됩니다. 이 시기의 아이들은 스스로 무언가를 해내고 싶어 하지만, 아직 조절 능력이 부족하기 때문에 고집을 부리거나 떼를 쓰기도 합니다. 이때 아이의 행동을 억압하기보다는 스스로 선택할 기회를 주는 것이 중요합니다. 예를 들어, "사과 먹을래? 바나나 먹을래?"처럼 선택지를 주면, 아이는 스스로 결정하는 경험을 하면서 자율성을 키워나갈 수 있습니다.

"내가, 내가"하며 고집을 피울 때는 "혼자서 해내고 싶구나?" 하고 감정은 인정해주되, 위험한 시도라면 "위험해서 안 돼. 대신 이거 혼자 해볼래?"라며, 기준을 정하고 대안을 제시합니다. 그러면 아이는 안정감을 느끼고, 규칙과 한계를 배워가며, 자신의 행동을 조절하는 경험을 쌓게 됩니다.

이 시기의 아이들은 부모의 반응에 매우 민감하기 때문에 과장된 몸짓과 표정으로 격려하고 칭찬을 충분히 해주는 것이 필수입니다. "와~! 혼자 했구나! 대단해!" 같은 반응을 통해 아이는 자신감과 자기 효능감을 키우고, 이것이 건강한 사회성의 기초가 됩니다. 아이의 자율성을 존중하면서도 안전한 한계를 설정해주는 것이 1~2세 사회성 발달의 핵심입니다.

2~3세

부모의 표정, 말투, 행동…
모든 것을 흡수하는 시기

2~3세는 언어가 급격히 발달하는 시기로, 아이들은 주변에서 들은 말을 빠르게 습득하고 따라 합니다. 이때 부모의 말이 곧 아이의 말이 된다고 해도 과언이 아닙니다. 부모의 표정, 말투, 행동 하나하나가 아이의 언어와 정서 형성에 직접적인 영향을 미치기 때문이죠. 예를 들어, 부모가 매사에 부정적인 표정과 언

어를 사용한다면, 아이도 자연스럽게 그런 표현을 배우게 됩니다. 반대로, 부모가 밝은 표정으로 "고마워" "괜찮아" "잘했어!" 같은 긍정적인 말을 자주 하면, 아이도 긍정적인 언어를 자연스럽게 익히고 사용할 수 있습니다.

이 시기의 아이들은 단순히 언어를 배우는 것이 아니라, 부모의 감정과 태도까지도 함께 흡수합니다. 따라서 아이와의 일상에서 밝은 표정, 따뜻한 말투, 부드러운 몸짓을 실천하는 것이 중요합니다. 이렇게 바꿔보면 어떨까요?

"안 돼!" → "이렇게 하면 더 좋겠어!"

"그렇게 하면 넘어져!" → "조심해서 천천히 걸어볼까?"

"그게 뭐야?" → "우와, 멋진데? 어디서 찾았어?"

3~4세

친구 갈등이 시작되기 전에
아이에게 가르쳐야 할 것

3~4세가 되면 아이들은 어린이집이나 유치원에서 또래와의 관계를 경험하며 사회성을 본격적으로 키워갑니다. 친구들과 함께 노는 즐거움을 느끼기도 하지만, 아직 자신의 감정을 표현하는 데 서툴러 갈등이 생기는 경우도 많아집니다.

이 시기의 아이들은 부모의 말과 표정, 반응하는 방식을 통해 감정을 배우고 해석하기 시작합니다. 예를 들어, 엄마가 웃으면 '이건 괜찮은 거구나, 좋은 일이구나'라고 이해하고, 반대로 얼굴을 찌푸리면 '이건 안 좋은 일이구나, 하면 안 되는 거구나'라고 받아들입니다. 또한 아빠가 아이의 감정을 알아주는 것만으로도 아이는 자신이 존중받는다고 느낍니다. 이렇게 자란 아이는 자신의 감정을 억누르거나 숨기려고 하지 않고 자연스럽게 표현할 수 있게 됩니다.

아직 감정 표현이 서툴기 때문에 부모가 아이의 감정을 대신 말로 표현해주는 것이 중요합니다. 예를 들어, 아이가 장난감을 잃어버려 속상해할 때 "속상하구나, 네가 좋아하는 장난감이 없어져서 많이 아쉽겠어"라고 말해주는 거죠. 이렇게 감정을 말로 표현해주면, 아이는 자신의 감정을 인식할 수 있고, 화를 내거나 회피하는 대신 표현하는 법을 배울 수 있습니다.

부모가 자신의 감정을 적절하게 표현하고 다루는 모습을 보여주는 것도 중요합니다. 또 타인을 존중하고 배려하는 태도를 부모가 직접 보여주면, 아이는 그런 부모의 모습을 보며 감정 조절 방법을 자연스럽게 익혀나갑니다.

어린아이들에게 양육자의 표정과 말은 세상이 됩니다. 아이에게는 부모가 처음 만나는 세상이며, 부모의 표정과 말을 통해 세상을 이해하기 시작하기 때문이죠. 부모가 아이와 눈을 맞추며 다정한 목소리로 속삭여준다면, 세상에 대한 신뢰가 시작됩니다. 부모가 웃으며 아이를 바라봐준다면, 아이의 작은 몸짓에도 크게 반응하며 사랑을 표현해준다면, 아이는 단단한 자존감을 바탕으로 무엇이든 시도해보려는 용기를 얻게 됩니다.

부모의 공감과 긍정의 말, 다정한 말투를 아이도 따라 하기에, 건강한 사회성이 뿌리내리게 됩니다. 오늘 아침 아이와 눈 맞춤은 하셨나요? '하트 뿅뿅' 눈빛은 건넸나요? 사랑을 한가득 담아 '꼬옥' 안아주셨나요? 아직 안 했다면 지금 당장 일어나서 세상 다정한 표정과 말투로 아이에게 사랑을 전해주세요. 아이의 사회성이 한 계단 향상되도록 말이죠.

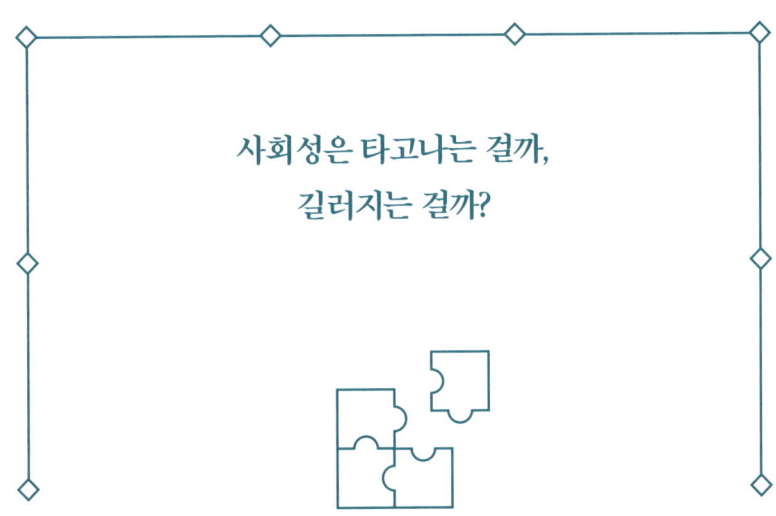

사회성은 타고나는 걸까, 길러지는 걸까?

아이들의 사회성 발달은 태어나자마자 시작된다고 했습니다. 실제로 똑같은 부모 밑에서 자라나는 형제자매들을 보면, 신생아 때부터 세상에 반응하는 모습이 참 다릅니다. 어떤 아이는 방긋방긋 잘 웃고 조용하고 순한 반면, 어떤 아이는 작은 자극에도 민감하게 반응하고 쉽게 불안해하죠. 새로운 친구를 만나는 걸 즐기고 낯선 공간에도 금세 적응하는 아이가 있는가 하면, 낯설고 불편한 상황에서는 엄마 뒤에 숨으며 한참을 지켜보는 아이도 있습니다. 이런 모습을 보다 보면, '사회성도 타고나는 건가?' 하는 생각이 듭니다.

실제로 이런 오해도 많이 하죠. 밝고 자신감 있게 자신의 의견을 표현하며, 친구들과 잘 어울리는 아이를 보면 흔히 사회성이 좋다고 여깁니다. 반면, 조용하고 낯을 가리며 새로운 환경에 적응하는 데 시간이 걸리는 아이는 사회성이 부족하다고 생각하죠. 어른의 세계에서도 마찬가지입니다. 새로운 사람들과 쉽게 친해지고 어디서든 잘 어울리는 외향적인 사람은 사회성이 좋다고 평가받습니다. 반대로 혼자 있거나 소수의 사람들과 어울리기를 선호하는 내향적인 사람은 종종 사회성이 부족하다는 말을 듣기도 합니다.

하지만 사회성은 단순히 사람들과 잘 어울리는 성격이나 붙임성을 뜻하는 개념이 아닙니다. 물론 사회성의 기본적인 토대는 타인과 원만히 지내는 관계성에 있습니다. 하지만 그것만으로는 사회성을 충분히 설명할 수 없어요. 사회성은 훨씬 더 넓고 복합적인 역량을 포함합니다. 사회성에는 우리가 함께 살아가는 사회 안에서 꼭 필요한 여러 가지 능력들이 포함돼요. 예를 들어, 옳고 그름을 판단하는 도덕성, 규칙을 지키는 태도, 남을 배려하고 책임 있게 행동하는 자세 같은 것들도 다 사회성에 포함되는 소중한 요소들이죠.

따라서 아이가 조용하다고 해서 사회성이 부족한 건 아니에요. 말은 많지 않아도 친구 이야기를 잘 들어주고, 속 깊은 공감을 나누며, 규칙을 잘 지키고 친구들에게 양보할 줄 아는 아이들도 사회성이 아주 뛰어난 것이죠.

결국 사회성은 타고난 기질의 영향을 받으면서, 후천적인 환경과 경험을 통해서도 발달합니다. 그래서 아이의 사회성을 잘 이해하려면, 먼저 아이가 어떤 기질을 타고났는지를 알아야 해요. 그리고 아이가 살아가고 있는 사회적 환경, 즉 가정과 학교 등도 살펴야 하죠. 그럼 먼저 기질이 사회성에 어떤 영향을 미치는지 알아볼게요. 기질을 이해하면 아이에게 꼭 맞는 방향으로 사회성을 길러주는 데 도움이 됩니다.

내 아이는 어떤 기질을 타고났을까?

기질이란 아이가 태어날 때부터 가지고 있는 고유한 성향으로, 세상의 자극에 정서적·행동적으로 반응하는 방식입니다. 같은 환경 속에서도 아이마다 세상을 받아들이고 반응하는 모습이 다른 이유가 바로 이 기질 때문이죠. 기질은 다양한 요소가 사람마다 다르게 조합되어 나타나요. 그래서 어떤 아이는 밝고 활동적인 반면, 또 다른 아이는 조용하고 신중합니다. 그리고 이런 기질의 조합이 아이가 타인과 관계를 맺는 방식, 즉 사회성에 직접적인 영향을 줍니다.

그럼 아이의 기질은 어떻게 판단할 수 있을까요? 기질을 이해하는 데 도움이 되는 요소는 9가지가 있습니다. 이 개념은 미국 아동정신의학자 알렉산더 토머스와 스텔라 체스가 제시했습니다. 사람은 누구나 이 9가지 요소를 가지고 있어요. 각각의 측면에서 어느 요소가 강하고 약하냐, 또 그것들이 어떻게 조합되어 드러나느냐에 따라 성향과 행동 양상이 달라지죠. 그리고 그 차이가 때로는 '사회성이 좋다' 혹은 '사회성이 부족하다'는 평가로 이어지기도 합니다.

예를 들어, '기분의 질'이 밝고 긍정적인 아이는 대체로 원만한 사회성을 갖고 있다고 여겨집니다. 반대로 부정 정서가 강한 아이는 다소 까다롭거나 관계에 어려움이 있다고 오해받을 수 있습니다. 활동 수준이 높은 아이는 친구들과 함께 큰 에너지를 발산하며 신나게 놀 수 있기 때문에 쉽게 친해질 수도 있습니다. 하지만 반대로, 그런 에너지가 다른 아이에게는 부담이 될 수도 있어요. 특히 활동 수준이 낮은 친구에게는 과격한 몸놀이가 불편하게 느껴질 수 있으니까요.

규칙성이 높은 아이는 정해진 시간에 먹고 자고, 규칙을 잘 따르는 경향이 있어서 단체 생활에 잘 적응하는 편입니다. 또 접근성이 높은 아이는 새로운 사람이나 장소, 낯선 상황에 비교적 쉽게 다가가고 긍정적으로 반응하죠. 반응 강도가 높은 아이는 자신의 감정을 강하게 표현하는 편이라, 기쁠 땐 크게 웃고 즐거워합니다. 하지만 속상할 때는 울음이나 화로 감정을 격하게 드러내기도 합니다. 그래서 또래 관계 속에서 오해나 갈등을 겪는 경우도 종종 생깁니다.

이처럼 아이가 어떤 기질을 타고났느냐에 따라 사회성과 관련된 행동들도 달라집니다. 그런데 사실 이 9가지 기질 요소를 전부 알고 아이를 파악하는 게 어려울 수 있어요. 다행히 좀 더 쉽게 아이의 기질을 파악하는 방법이 있습니다.

기질의 9가지 요소

기질 요소	정의	특징
활동성	신체 활동이 얼마나 자주, 강하게 나타나는가.	지속적으로 움직이는 아이 vs. 조용하고 차분한 아이
규칙성	수면, 식사, 배변 등 생리적 활동이 규칙적인가.	일정한 시간에 먹고 자는 아이 vs. 불규칙적인 아이
접근성	새로운 사람, 장소, 경험에 대해 긍정적으로 접근하는가, 회피하거나 경계하는가.	적극적인 아이 vs. 망설이고 경계하는 아이
적응성	변화나 새로운 상황에 얼마나 빨리 적응하는가.	새로운 환경에 금방 적응하는 아이 vs. 시간이 걸리는 아이
감각 반응성	소리, 빛, 맛, 온도 등 외부 자극에 얼마나 민감한가.	작은 자극에도 반응하는 아이 vs. 자극에 둔감한 아이
기분의 질	세상을 긍정적으로 바라보는가, 부정적으로 바라보는가.	주로 긍정 정서를 보이는 아이 vs. 부정 정서를 보이는 아이
주의 집중력	한 가지 활동이나 과제를 얼마나 오래 집중하고 지속할 수 있는가.	놀이를 자주 바꾸는 아이 vs. 한 놀이에 집중하는 아이
반응 강도	기쁨, 슬픔, 화 등 감정을 얼마나 강하게 표현하는가.	큰 소리로 울거나 웃는 아이 vs. 감정을 조용히 표현하는 아이
산만함	외부 자극이 얼마나 쉽게 주의력을 흐트러뜨리는가.	작은 소음에도 주의가 분산되는 아이 vs. 집중을 잘 유지하는 아이

그건 바로 아이의 '기분의 질'을 먼저 살펴보는 거예요. 다른 요소도 중요하지만, '기분의 질'은 특히 아이의 사회성에 큰 영향을 줍니다. 아이가 세상을 긍정적인 눈으로 바라보느냐, 아니면 부정적인 감정으로 받아들이느냐에 따라 친구를 대하는 태도나 새로운 상황에 대한 반응도 많이 달라지기 때문입니다.

그럼 아이의 기분의 질, 즉 정서 기질인 긍정 정서와 부정 정서에 대해 알아봅시다.

긍정 정서가 높은 아이, 부정 정서가 높은 아이

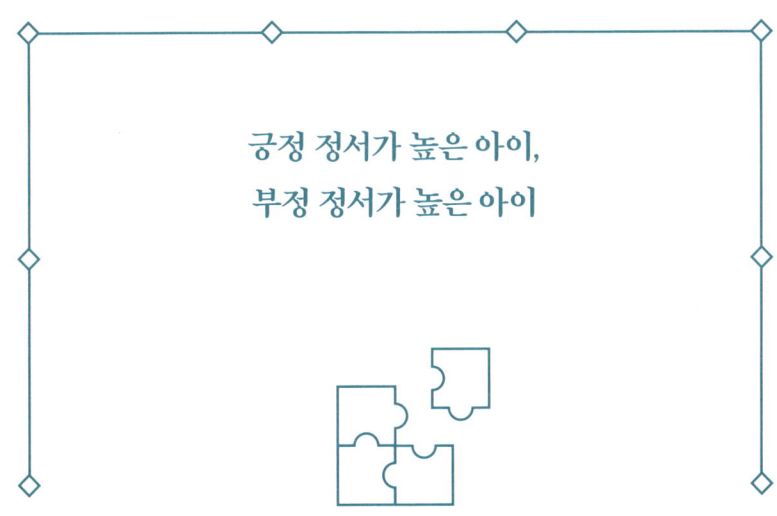

육아를 하다 보면 대체로 순하고 잘 웃는 아이가 있는 반면, 유독 자주 보채고 우는 아이도 있습니다. 이렇게 까다로운 아이를 키우다 보면 '우리 아이는 왜 이럴까?' '혹시 부정 정서가 많은 아이 아닐까?' '이런 모습이 자라면서 나아질까?' 하는 생각으로 마음이 무거워지기도 하지요. 게다가 "타고난 기질은 바뀌지 않는다"라는 말이라도 들으면 더욱 불안해집니다.

어른들을 떠올려봐도 그렇습니다. 같은 일을 겪어도 긍정적으로 받아들이는 사람이 있고, 작은 일에도 쉽게 실망하거나 짜증을 내는 사람도 있습니다. 성인 역시 정서적 반응 방식이 다양한 것을 보면 정서는 분명 타고난 성향과 관련이 있어 보이죠. 그렇습니다. 긍정 정서와 부정 정서는 선천적으로 타고납니다.

기질의 9가지 요소 중 '기분의 질'이란 아이가 세상과 사람을 어떤 시선으로 바라보고, 어떤 정서 상태로 반응하느냐를 말합니다. 그리고 이 정서적 경향은 아이의 성격 형성과 사회성 발달에 큰 영향을 미칩니다. 밝고 낙관적인 아이는 친구를 사귀는 데 부담이 없고, 갈등 상황에서도 여유를 가지며 상대방을 배려하는 태도를 보이기도 합니다. 반면, 부정 정서가 많은 아이는 사소한 일에도 걱정을 많이 하고, 짜증이나 불평이 잦고, 감정 기복이 커서 사람들과 어울리는 데 어려움을 느낄 수 있어요. 때로는 자신을 과도하게 비난하거나, 쉽게 포기하고 사회적으로 위축된 모습을 보이기도 합니다.

하지만 부정 정서가 있다고 해서 꼭 부정적인 결과만 나오는 건 아닙니다. 신중하고 조심스러운 성향 덕분에 실수가 적고, 상황을 깊이 있게 들여다보며 타인의 감정에 민감하게 반응하는 능력도 가질 수 있습니다. 성장 과정에서 감정을 조절하는 힘을 키운다면, 이 정서는 오히려 강점이 될 수도 있습니다.

아이는 한 가지 기질로
고정된 존재가 아니다

아이가 세상을 긍정적으로 바라보는지 아니면 부정적으로 바라보는지는 '기분의 질'뿐만 아니라 '다른 기질 특성과 어떻게 연결되어 있는가'에 따라 달라질 수 있습니다. 정서의 경향은 앞서 소개한 9가지 기질 요소들의 조합에 따라 달라지기 때문이에요. 어떤 아이는 상황에 따라 순하게 반응하기도 하고, 또 어떤 날에는 까다로운 모습이 나타나기도 합니다. 그래서 '순한 기질' '까다로운 기질' '느린 기질'처럼 단정적으로 분류하는 건 위험합니다. 아이는 한 가지 기질로 고정된 존재가 아니라, 다양한 기질 요소가 결합되어 상황에 따라 다르게 반응하는 존재입니다.

활동성과 적응성이 높은 아이는 새로운 상황에 쉽게 적응하고 활발하게 움직이며 긍정 정서를 보이기 쉽습니다. 반면, 접근성이 낮고 감각 반응성이 예민한 아이는 낯선 자극에 민감하게 반응하고 회피하는 경향이 강합니다. 불안감이나 긴장감이 높아져 부정 정서가 더 자주 나타날 수 있죠.

이런 차이는 단순한 성격 차이라기보다는, 신경생리학적 차이이기도 합니다. 하버드대학의 발달심리학자 제롬 케이건은 정서를 조절하는 데 뇌의 편도체가 큰 역할을 한다고 했습니다. 편도체는 외부 자극에 대한 반응을 조절하는 기관인데요. 어떤 자극에 더 민감하게 반응하는 아이들은 그 반응을 잘 조절하지 못해서 불안이나 스트레스 같은 부정 정서를 더 자주 경험하게 되는 것이죠. 이처럼 아이가 긍정 정서와 부정 정서 중 어느 쪽인지는 하나의 요소만으로 판단할 수 없습니다.

내 아이는 긍정 정서가 높을까, 부정 정서가 높을까?

이쯤 되면 우리 아이는 긍정 정서가 더 많을까, 부정 정서가 더 많을까 하고 궁금해질 거예요. 이걸 어떻게 알 수 있을까요? 사실 아이가 보내는 작은 행동 신호들을 잘 살펴보면, 아이 정서의 방향을 짐작할 수 있어요.

예를 들어, 긍정 정서가 많은 아이는 타인과의 관계에서 감정의 변동이 크지 않아요. 기분이 나빠져도 비교적 쉽게 전환합니다. 조금 속상한 일이 있어도 금세 웃고 넘어가기도 하죠. 흔히 '달래기 쉬운 아이'라고 말하는 아이들이 이런 정서적 기질을 가진 경우가 많아요. 또 어떤 일이든 "할 수 있어!"라는 믿음을 가지고 도전하는 모습을 보이기도 합니다. 반면, 부정 정서가 많은 아이는 사소한 일에도 쉽게 스트레스를 받습니다. 감정 기복이 큰 편이죠. 포기하거나 좌절하는 일이 잦고, 한 번 불편한 감정을 느끼면 오래 끌고 가는 경향이 있어요.

다음 체크리스트를 통해 우리 아이가 어떤 정서적 성향을 가지

기분의 질 체크리스트

요소	기분의 질이 높은 아이 (긍정 정서)	확인	기분의 질이 낮은 아이 (부정 정서)	확인
표정	표정이 밝다.	☐	무표정하거나 잘 웃지 않는다.	☐
	잘 웃고 유쾌하며 즐겁게 일상을 지낸다.	☐	사소한 일에도 짜증이 많고 불평 불만이 잦다.	☐
감정	안정된 감정을 유지한다.	☐	오랫동안 마음에 담아두고, 잘 삐친다.	☐
	갑작스러운 감정 기복이 나타나지 않는다.	☐	감정 기복이 크고, 사소한 일에도 크게 화낸다.	☐
기분 전환	기분 전환이 빠르다.	☐	부정적인 감정에서 쉽게 벗어나지 못한다.	☐
	부정 정서가 생겨도 금방 벗어난다.	☐	사람, 장소, 음식, 놀이 등 새로운 것에 대한 거부감이 크다.	☐
수용 태도	친구의 말이나 행동을 긍정적으로 받아들인다.	☐	친구의 말이나 행동을 부정적으로 받아들인다.	☐
	적극적으로 참여하며 놀이를 한다.	☐	쉽게 오해하고 서운해한다.	☐
주요 정서	기쁨, 만족, 즐거움, 설렘, 신남, 행복감, 뿌듯함, 유쾌함, 평온함, 호기심	☐	슬픔, 짜증, 불평, 불만, 분노, 좌절, 서운함, 속상함, 불안함, 질투	☐

고 있는지 살펴보세요. 물론 완벽하게 어느 한쪽으로 나뉘지는 않지만, 대략적인 경향을 이해하는 데 도움이 될 거예요.

  부정 정서가 많은 쪽으로 체크가 되었다면, 걱정이 앞설 수도 있습니다. '혹시 우리 아이가 너무 부정적인 건 아닐까?' 하는 마음이 들 수도 있어요. 하지만 꼭 그렇게만 생각할 필요는 없습니다. 부정 정서가 많다고 해서, 그 아이가 항상 부정적인 감정만을 느끼며 살아가는 것은 아니에요. 이런 아이들은 오히려 긍정적인 감정을 느끼더라도 그것을 겉으로 크게 표현하지 않을 수 있고, 감정이 조용히 안쪽으로 흐르기 때문에 비교적 정적이고 차분해 보이는 경우가 많습니다. 행복하거나 신난 순간에도, 크게 웃거나 들뜬 반응을 보이지 않을 수 있는 것이죠.

이 체크리스트를 통해 아이의 정서적 경향을 파악하면, 그 아이에게 어떤 방식으로 도움을 줄 수 있을지 더 구체적인 방향이 보입니다. 아이의 감정이 강하게 표현될 때는 어떻게 기분을 전환해볼 수 있을지 아이와 함께 연습해볼 수 있어요. 아이가 새로운 상황이나 사람을 불편해하는 경우에는 한 번에 많은 것을 시도하기보다 작고 익숙한 것부터 천천히 시작하는 방식이 효과적일 수 있습니다.

부정 정서를 자주 경험하는 아이는 관계 속에서도 때때로 위축되거나 민감하게 반응할 수 있어요. 감정을 겉으로 잘 표현하지 않다 보니, 속마음을 알기 어렵고, 부정적인 감정에 빠졌을 때도 쉽게 달래지지 않는 경우가 많습니다.

이처럼 부정 정서가 강한 아이들에겐 감정이 자신을 휘어잡을 때, 그 감정에 휩쓸리지 않고 스스로 벗어나는 방법을 배울 수 있도록 도와주는 것이 중요해요. 기분 전환을 할 수 있는 다양한 방법을 함께 탐험해보며, 아이가 자기만의 감정 무기를 하나씩 장착해나가도록 이끌어주세요. 또한 감정의 크기가 너무 클 때는, 그 감정을 억누르려고 하기보다 어떻게 조절하고 흘려보낼 수 있을지 아이만의 방식으로 배워가야 합니다.

특히 아이가 아직 어릴 경우, 무엇보다 중요한 건 아이의 관심사와 반응 포인트를 잘 파악하는 것입니다. 예를 들어, 기차를 좋아하는 아이라면 지시나 전환 상황을 기차와 연결해보는 것이죠. 장소를 옮겨야 할 때 "칙칙폭폭~ 기차 출발~!" 하고 놀이처럼 안내하거나, 기차 스티커 보상표를 활용해서 아이의 기분을 조금 띄워주는 방식도 효과적입니다. 이처럼 아이의 기질과 정서에 맞는 '기분 전환 수단'을 찾아내는 것이 감정 조절과 사회성 발달의 첫걸음이 될 수 있습니다.

아이의 기질은 사회성 발달의 뼈대와 같습니다. 부모는 그 뼈대 위에 어떤 사회성 근육을 더 키워줘야 할지 잘 관찰하고 보완해줘야 합니다. 그러기 위해서는 먼저 우리 아이가 가진 정서가 사회성에 어떤 영향을 주는지를 이해해야 합니다.

아이의 불편함을
줄여주지 말아야 하는 이유

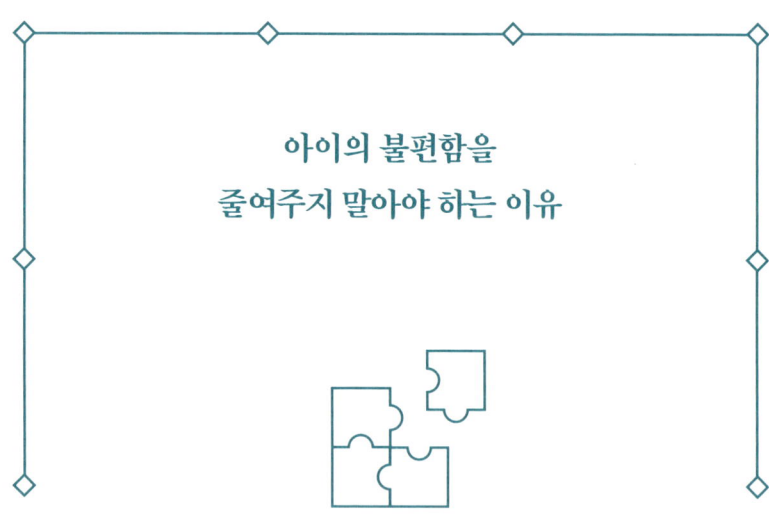

앞서 이야기했던 기질과 더불어, 사회성은 후천적으로 다양한 경험을 통해 자라납니다. 여기서 말하는 '다양한 경험'이란 꼭 새로운 장소를 방문하거나 처음 만나는 사람들과의 만남만을 의미하진 않습니다. 아이들이 사회성을 기를 수 있는 기회는 우리 일상 곳곳에 숨어 있습니다.

유치원이나 어린이집에서 친구들과 함께하는 소꿉놀이, 함께 그림을 그리고 블록을 쌓는 놀이 속에서도 사회적 상호 작용이 이루어지고요. 방과 후 태권도나 미술 학원에서 또래와 어울리며 질서를 지키고 협동하는 법을 배우기도 합니다. 방학 중 캠프 활동이나 가족 단

위로 떠나는 여행, 조부모와 함께 지내는 시간 속에서도 아이들은 타인을 이해하고 배려하는 감각을 조금씩 키워갑니다. 심지어는 놀이터에서 처음 만난 친구와 미끄럼틀을 타며 순서를 기다리는 경험도 아이에게는 소중한 사회성의 연습장이 되죠.

물론 낯선 환경 속에서 처음 겪는 상황들에 노출되면서 키워지는 역량도 분명 존재합니다. 하지만 익숙한 장소나 가까운 사람들과의 관계 안에서도 크고 작은 갈등은 생기기 마련입니다. 그런 갈등을 마주하고, 그로 인해 생긴 감정을 스스로 다루는 법을 배우고, 어떻게 대처해야 할지를 익혀가는 과정 또한 사회성을 기르는 중요한 경험입니다.

또래 친구들과의 관계뿐 아니라, 다양한 연령대의 아이들, 문화나 언어, 신체적·인지적 능력에 차이가 있는 사람들과 어울리는 경험은 서로의 다름을 이해하고 존중하는 법을 자연스럽게 익히게 해줍니다. 봉사 활동이나 체험 활동 같은 단체 활동을 통해 공동체 의식, 배려, 때로는 리더십까지 배울 수 있죠. 팀 스포츠에서는 협동력과 소통 능력을, 예술·공연·공예 활동을 통해서는 창의력과 표현력을 키울 수 있습니다. 이처럼 일상의 다양한 사회적 경험들이 모여, 아이는 사회성을 이루는 작은 능력들을 하나씩 채워나가게 되는 것입니다.

저도 이런 사회성의 조각들을 아이들에게 선물하고 싶었어요. 그래서 프리스쿨(한국으로 치면 어린이집과 유치원에 해당하는 2~5세 시기)은 일반 아이들과 특수 아동이 함께 생활하는 통합 학교로 보냈습니다. 초등학교는 전통적인 주입식 공립 교육이 아닌, 여러 학년이 함께 어울려 체험을 통해 배우는 프로젝트 기반 학교를 선택했고요. 큰아이는 이제 졸업해 중학교에 진학했고, 막내는 아직 그 학교를 다니고 있어요. 프리스쿨 시절부터 다양한 발달 양상을 보이는 친구들과 함께 어울려 지낸 덕분에, 제 아이들은 사람은 저마다 다른 개성을 지닌다는 것을 이해합니다. 다름은 이상한 것이 아니라 자연스러운 것임을 몸으로 익혔습니다. 그 다름을 어떻게 존중해야 하는지도 배웠죠.

결국 사회성은 특별한 교육이나 기술이 아니라, 사람들과 어울리는 경험 속에서 조금씩 자라나는 것입니다.

**더 유연하고 따뜻한 사람으로
자라게 하는 길**

물론 처음부터 저희 딸이 다양한 친구들을 자연스럽게 이해하고 포용할 수 있었던 건 아닙니다. 친구가 때때로 과격한 행동을 하거나, 시끄럽게 소리를 지르는 날에는 속상한 마음을 털어놓기도 했어요.

"○○가 소리를 질러서 친구랑 재밌게 못 놀았어. 내가 먼저 퍼즐을 하고 있었는데, 물어보지도 않고 퍼즐 조각 몇 개를 가져가버렸어. 정말 나빴어."

이처럼 친구의 과격한 행동이나 예기치 않은 언행 때문에 속상함을 표현할 때, 부모가 "참아야지" "잘해줘야지" "이해해야지" 같은 말로만 반응하는 경우가 있습니다. 하지만 이런 말만으로는 아이가 느낀 억울함과 답답함이 해소되기 어려워요. 아이는 속으로 '왜 나만 참아야 하지? 왜 나만 이해해야 하지?'라는 억울함을 느끼게 됩니다. 마음은 여전히 답답한데, 그저 누르고 넘기라는 말만 들으면 감정이 쌓일 수밖에 없어요. 겉으로는 조용히 있는 것처럼 보여도, 내면에는 상처가 남을 수도 있죠.

모든 감정 교육이 그러하듯, 가장 먼저 해야 할 일은 아이의 감정을 충분히 공감하고 존중해주는 일입니다.

"그랬겠다. 정말 속상했겠어. 어떤 점이 특히 널 힘들게 했어?"

"네가 불편한 감정이 드는 건 너무 당연해. 그런데 말이야, 너랑 다른 친구랑 어울리는 건 너를 더 멋진 친구로 만들어주기도 해. 세상에는 정말 다양한 사람이 있거든. 덩치가 큰 친구도 있고, 작고 귀여운 친구도 있지. 글을 멋지게 쓰는 친구도 있지만, 그림을 잘 그리는 친구도 있고 말이야."

"○○가 아직 친구에게 말 거는 게 어려워서 물어보지 않고 퍼즐을 가져갔을 수도 있겠다. 그런데 ○○는 세계 많은 나라 이름과 국기를 다 알고 있어. 심지어 도시 이름도 다 안대! 놀랍지 않아?"

"그 친구는 지금 감정 다루는 법을 배우는 중이니까, 네가 조금 기다려줄 수는 있을까? 그렇게 친구의 입장을 생각해주는 건 더 넓은 마음을 지닌 멋진 친구가 되는 길이야."

"언젠가 너도 누군가의 이해를 바라는 날이 올 수 있어. 서로를 기다려주고, 도와주고, 이해하려고 노력하다 보면, 진짜 좋은 친구가 될 수 있는 거야."

이처럼 감정을 먼저 공감해주고, 다양한 관점에서 긍정적인 이해를 이끌어준 다음엔, 실질적인 해결 방법을 함께 고민해보는 과정이 중요합니다. 예를 들어, 친구의 소리에 깜짝 놀랐다면, 재미있는 동물 호흡법을 떠올리며 심호흡으로 마음을 진정해보는 방법, 시끄러운 상황에서도 스스로 중심을 잡고 하던 일에 집중하는 방법, 잠시 자리를 옮겨 마음을 가라앉히는 방법 등을 알려줄 수 있죠.

또 친구가 물어보지 않고 물건을 가져가거나 갑자기 안거나 손을 잡는 상황에서는, 손바닥을 펴 보이며 "잠깐만! 기다려줘!"라고 간단하고 분명하게 말하는 방법을 연습해보는 것도 좋습니다. 아이에게 자기감정을 표현하는 건강한 방식이 있다는 걸 알려주는 거죠. 그리고 무엇보다 중요한 건, 아이가 스스로 해결하기 어렵거나 불안함을 느끼는 순간에는 곧바로 선생님이나 어른에게 도움을 요청하는 것이 중요하다는 걸 알려주는 일입니다. '도움을 요청하는 건 부끄러운 일이 아니라 용기 있는 행동'이라는 인식을 자연스럽게 심어주는 거예요.

이렇게 구체적인 상황에 대해 함께 이야기하고, 아이와 직접 연습해보는 시간이 쌓이다 보면, 아이는 점점 자신과 다른 친구들을 만나도 덜 당황하고 자연스럽게 반응할 수 있습니다. 그리고 무엇보다도, 편견 없이 친구들을 바라보는 눈을 갖게 됩니다.

일상에서, '나와 다른 친구들과 지내는 것이 얼마나 즐겁고 소중한 일인지'를 아이와 함께 이야기 나눠보세요. 그런 대화 하나하나가 아이를 다양한 관점을 이해하고, 다양성을 존중할 줄 아는, 유연하고 따뜻한 사람으로 성장하게 만들어줄 거예요.

**말로 가르치기보다
삶 속에서 익히도록**

요즘 아이들은 예전에 비해 인내심이 부족한 경우가 많습니다. 기술이 발전하며 대부분의 일이 빠르게 해결되는 환경에 익숙하고, 부모의 즉각적인 개입이나 경쟁 중심의 사회 분위기 속에서 자라나다 보니, 불편함을 견디는 경험이 점점 줄어들고 있습니다. 그래서 다양한 성격과 기질, 배경을 가진 친구들과 함께 어울리는 경험은 아이에게 무척 소중한 사회적 학습의 기회를 제공합니다. 누군가는 말을 많이 하고, 누군가는 조용하며, 어떤 친구는 감정 표현이 서툴고, 또 어떤 친구는 예민하거나 충동적일 수도 있습니다. 혹은 특수 아동과 함께 생활하게 될 수도 있죠.

이렇게 '나와 다른 친구'와의 관계 속에서 아이는 자연스럽게 불편함을 경험하게 됩니다. 어떤 부모는 그 불편함을 줄여주고 싶어 합니다. 하지만 아이가 겪는 이 불편함은 단순한 불편이 아니라, 사회성을 기를 수 있는 소중한 기회입니다. 불편함을 제거해주는 건 어찌 보면 아이가 사회성을 키울 수 있는 싹을 잘라내는 것과도 같습니다. 어릴 때는 부모가 갈등 상황을 대신 해결해주거나, 불편한 사람을 피하게 해줄 수 있을지도 모릅니다. 하지만 아이가 자라 사회에 나가면, 다양한 사람들과의 관계는 피할 수 없는 현실이 됩니다.

그때까지 사회성을 충분히 길러내지 못한 아이는 작은 다름에도 쉽게 불편해하고, 갈등 상황에서 적절하게 대처하지 못해 관계에서 어려움을 겪을 수 있습니다. 결국, 아이가 지금 경험하는 불편함은 성장을 위한 '사회적 근육'을 단련하는 과정이자, 건강한 사회성을 갖춘 어른으로 자라기 위한 중요한 밑거름이 되는 셈입니다. 불편함을 견디는 과정에서 아이는 인내심을 기를 수 있고, 그 안에서 '무엇이 문제인지' '왜 이 상황이 힘든지'를 인식하고 해석해보는 힘이 생깁니다. 그리고 그 상황을 조금 더 편안하게 만들어보기 위해 다양한 해결책을 고민하며, 비판적이고 유연한 사고력도 키워나갑니다. 이는 앞으로 아이가 자신이 통제할 수 없는 현실을 마주했을 때 회피하지 않고 스스로 방법을 찾고자 하는 힘을 키워줍니다.

말은 적지만 글을 잘 쓰는 친구, 활발하고 즉흥적이지만 상상력이 풍부한 친구, 혼자 있는 걸 좋아하지만 특정 주제에 깊은 지식을 가진 친구 등 아이들은 서로 다른 친구들과 어울리며 자신과 다른 방식의 표현, 사고, 행동을 받아들이는 힘을 키웁니다. 어떻게 말해야 할지, 어떻게 반응해야 할지, 어떻게 다가가야 할지를 몸으로 익혀가는 것이죠. 또한 다양한 나이대가 함께 생활하는 환경에서는 평소 자기 생각을 잘 드러내지 못하던 아이가 어린 동생을 도와주며 자연스럽게 책임감과 리더십을 키워가기도 합니다. 역할이 생기면 자신감이 생기고, 자신감은 점차 타인과의 관계를 긍정적으로 이끌어갈 수 있는 힘으로 확장됩니다.

이러한 경험은 결국 아이의 내면에 '다름'에 대한 깊은 이해를 심어줍니다. '다르다'는 것은 틀린 것이 아니며, 각자의 방식이 있다는 것을 몸으로 배워나가는 것이죠. 그렇게 자연스럽게 공감, 협동, 배려, 존중의 가치가 아이의 일상 속에 자리 잡기 시작합니다. 말로 가르치는 것이 아니라 삶 속에서 익히는 것입니다.

반면, 이러한 다양한 관계 속에서의 불편함과 조율의 경험 없이 자란 아이는 새로운 관계에 익숙하지 않거나 자기중심적인 사고에서 벗어나기 어렵습니다. 자신의 기준에 맞지 않는 사람이나 상황을 만났을 때 쉽게 당황하거나, 불편함을 견디지 못해 갈등을 일으키기도 합니다. 사회성은 타고나는 성격이 아니라, 반복적인 관계 경험 속에서 길러지는 능력이기 때문입니다.

"○○가 소리를 너무 크게 질러서 집중이 안 됐어."

"내가 먼저 하고 있었는데, 아무 말 없이 장난감을 가져갔어."

"그 친구는 자기 마음대로만 하려고 해."

아이가 이렇게 말하는 순간을 사회성 교육의 기회로 삼아보세요. 아이의 속상한 감정에는 공감해주되, 그 상황을 함께 되짚어보며 "친구는 왜 그렇게 행동했을까?" 하고 같이 생각해보는 거죠. 아이가 다양한 친구들과 어울리고, 불편함도 경험해보며, 때로는 갈등 속에서 조율하는 법을 배우는 모든 과정이 아이를 더 유연하고 따뜻한 사람으로 자라나게 합니다. 이러한 힘은 단지 좋은 친구가 되기 위한 조건을 넘어 미래 사회를 살아가는 데 꼭 필요한 자질이 되어줄 것입니다.

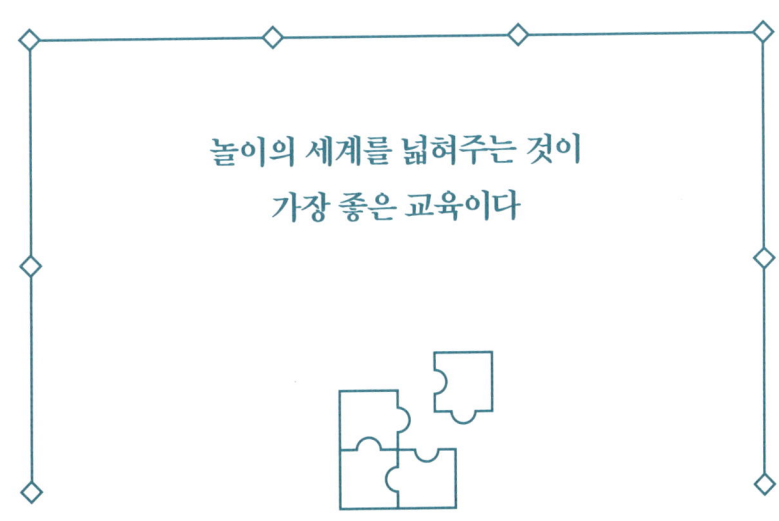

놀이의 세계를 넓혀주는 것이 가장 좋은 교육이다

아이들이 놀면서 신체와 정서, 인지 능력 등 다양한 영역을 발달시킨다는 것은 이미 수많은 학자와 전문가들이 강조해온 사실입니다. 부모들도 '놀이가 곧 배움'이라는 점에 깊이 공감하죠. 그래서 유아기 자녀를 둔 부모들은 아이들의 오감을 자극하고 두뇌 발달을 돕는 장난감을 찾아보기도 합니다. 아기 학교나 문화센터 같은 기관을 통해 다양한 놀이 환경을 마련해주기도 하고요.

하지만 아이가 조금씩 자라 취학 시기가 다가오면, 부모의 관심은 점차 놀이에서 학습으로 옮겨갑니다. 한글, 영어, 수학, 과학 같은 주요 과목을 대비하기 위한 교육 환경을 조성하는 데 더 열을 올리죠.

심지어 요즘은 그 시기가 점점 더 앞당겨져, 3~4세부터 영어 유치원이나 국제 학교 입학을 준비하는 경우도 많습니다. 이 과정에서 놀이는 '학습을 위한 수단'으로 변질되곤 합니다.

아이의 놀이 시간마저 학습으로 포장된 활동으로 대체합니다. 부모가 옆에서 "이건 뭐야?" "이거 해볼래?" "이건 이렇게 하는 거야"라며 아이의 놀이를 주도하기도 하죠. 그러면 아이에게 진정한 의미의 놀이 시간은 사라지게 됩니다. 아이가 주도하고 즐기며 몰입하는 놀이의 본질이 흐려지니까요.

놀이란 본래 자발적인 활동입니다. 흥미를 기반으로 한 즐거운 행위인 놀이는 강제성이 없어야 해요. 아이가 스스로 하고 싶어서 하는 것이어야 진짜 놀이입니다. 자발적인 몰입이 이루어졌을 때, 아이는 깊은 만족감과 성취감을 느낍니다. 그리고 그 과정에서 삶의 중요한 요소들을 자연스럽게 배워나갑니다.

그렇다면 단지 놀이 시간을 충분히 확보해주는 것만으로도 사회성이 자라날 수 있을까요? 이상적인 놀이는 어떤 모습일까요? 아이의 전인적 발달에 도움이 되는 놀이는 어떤 조건을 갖춰야 할까요? 이제부터는 아이의 놀이 속에서 사회성의 조각들이 어떻게 자라나는지 살펴보겠습니다.

연령별로 달라지는
아이의 놀이

놀이란 아이들의 기질과 특성, 그리고 발달 단계에 따라 그 모습이 다르게 나타납니다. 그리고 아이의 성장과 함께 놀이도 자연스럽게 변화의 과정을 겪습니다.

먼저 발달적인 측면에서 살펴볼게요. 영아기에는 눈으로 보고, 귀로 듣고, 손으로 감촉을 느낍니다. 입으로 물고 빨아보며 사물을 탐색하는 감각 중심의 놀이가 이루어지죠. 대표적으로 까꿍놀이, 잼잼놀이, 숨었다가 나타나는 간단한 놀이가 있고요. 다양한 촉감 놀이가 아이에게 즐거움을 줍니다. 이 시기의 놀이는 감각과 정서적 유대에 초점이 맞춰져 있어요. 그래서 부모와의 따뜻한 상호 작용이 중요한 역할을 합니다.

돌이 지나고 걷기 시작하는 시기가 되면, 아이는 주변 환경에 대한 탐색이 더욱 활발해집니다. 그리고 모방을 통한 놀이를 즐기기 시작합니다. 장난감을 쏟아내고 다시 담거나, 블록을 쌓았다가 무너뜨리는 활동을 반복하면서 세상의 원리를 익혀갑니다. 이 시기에는 주로 '혼자 놀이'를 하는데요. 놀이의 대부분은 스스로 탐색하고 조작하는 데 초점이 맞춰져 있습니다.

2~3세 무렵이 되면, 아이는 또래 친구들에게 관심을 갖기 시작해요. 옆에 있는 친구의 행동을 따라 하며 놀죠. 하지만 아직 친구와 깊게 상호 작용하지는 않아요. 같은 공간에서 각자 놀이에 집중하는

연령별 놀이의 특징

연령	놀이 양상	특징
0~1세	오감 놀이	- 시각, 청각, 촉각, 후각, 미각 오감을 통해 세상을 탐색한다. - 다양한 감촉, 소리나는 장난감에 관심을 갖는다. - 눈에 보이는 사물을 손으로 잡고 입에 넣어보며 탐색한다.
2~3세	모방 놀이	- 부모, 선생님, 친구들 행동을 따라 하며 논다. - 엄마, 아빠, 아기, 의사, 경찰관, 선생님 등 역할 놀이를 즐긴다. - 전화 통화, 요리 등 자주 보는 행동이 놀이 소재가 된다. - 친구들과 같은 공간에 있지만, 각자의 놀이를 한다.
4세 이후	상상 놀이	- 상상하며 자신만의 이야기를 만들어낸다. - 일상의 사물을 활용하여 창의적 상상 놀이를 한다. - 친구들과 역할을 나누고, 몰입하여 논다. - 이야기 레퍼토리가 다양해지고, 친구와 협력하며 논다. - 갈등이나 위기 상황을 설정하고, 놀이 안에서 문제를 해결해본다.

'평행 놀이'가 주를 이룹니다. 엄마나 아빠의 일상 행동을 따라 걸레질을 하거나 전화하는 흉내를 내는 모습도 보이죠. 아기 인형을 돌보는 놀이도 하고요. 손의 협응력도 점차 발달하면서 다양한 조작 놀이도 함께 이루어집니다.

　4세 이후에는 점점 상상력을 바탕으로 한 창의적인 놀이가 활발해집니다. 친구들과의 교류도 훨씬 적극적으로 이루어집니다. 병원 놀이, 시장 놀이, 엄마·아빠 놀이, 경찰관이나 소방관 놀이 등 '역할 놀이'가 중심이 됩니다. 아이는 놀이를 통해 자신이 아닌 다른 사람이 되어봅니다. 그 역할 속에서 사회적 규칙과 감정을 탐색하게 되죠. 이 시기의 아이는 단순히 노는 것이 아니라 관계를 배우고, 말로 감정을 표현하고, 협력하는 능력을 키워요. 그러면서 한층 더 성숙해집니다.

기질에 따라 달라지는
놀이 방식

아이의 놀이 양상은 나이에 따라 달라질 뿐 아니라, 기질에 따라서도 다양하게 나타납니다. 정서적으로 민감하거나 내향적인 아이는 또래와 어울리기보다는 혼자 노는 것을 더 편안하게 느낄 수 있습니다. 반면, 활동성이 높은 아이는 조용히 앉아서 하는 놀이보다 달리고 움직이는 신체적 활동을 더 좋아하죠. 규칙적인 성향이 강한 아이는 퍼즐이나 보드게임처럼 질서가 있는 놀이에 매력을 느껴요. 감각에 민감한 아이는 모래나 진흙, 물과 같은 촉감 놀이를 피하기도 합니다. 실제로 어떤 아이는 맨발로 모래사장에 들어가는 것을 극도로 싫어하고, 집이나 교실처럼 예측 가능한 환경에서만 마음껏 놉니다. 또 어떤 아이는 시끄러운 소리에 민감해서, 사람들이 많은 놀이공원이나 단체 활동을 꺼리기도 하죠.

따라서 부모는 아이의 기질을 이해하고, 아이가 편안하게 몰입할 수 있는 놀이 환경을 조성해주는 것이 중요합니다. 동시에, 아이의 발달을 돕기 위해서는 부족한 부분을 보완해줄 놀이를 서서히 확장해주는 시도도 필요하죠. 이때 다음 3가지를 명심해주세요.

○ **관찰부터 시작하세요**

아이가 자주 하는 놀이, 오랫동안 반복하는 놀이를 잘 들여다보세요. 아이가 가장 좋아하는 놀이를 알게 되면 아이에게 "같이 하자!"라고 제안했을 때 훨씬 적극적인 반응을 얻을 수 있어요. 그만큼 부모와의 애착 관계도 더욱 깊어집니다.

○ **억지로 새로운 놀이를 강요하지 마세요**

부모가 보기엔 아이의 발달에 도움이 되는 놀이일 것 같아도 아이가 준비되지 않은 상태에서 억지로 하게 되면 거부감만 커질 수 있어요. 아이가 놀이를 불편해하거나 회피하는 모습을 보인다면 천천히 돌아가야 할 때입니다.

○ **기존에 좋아하는 놀이에서 자연스럽게 확장하세요**

익숙한 놀이 속에 새로운 감각이나 형식을 살짝 끼워 넣는 방식으로 확장해보세요. 예를 들어, 공놀이를 좋아하는 활동적인 아이라면 욕조에 공을 넣어 물놀이를 시도해보거나, 말랑한 촉감의 공을 이용해 찍기 놀이를 해보는 것도 좋습니다. 찍기 놀이란 말랑말랑한 재질로 된 공을 물감에 살짝 찍은 뒤, 종이나 천 위에 굴리거나 눌러 모양을 내보는 놀이입니다. 울퉁불퉁한 공의 표면이 선이나 점, 다양한 무늬로 찍혀 나타나는 과정을 관찰하는 재미가 있죠. 아이는 찍기 놀이를 통해 촉각과 시각을 자극하는 감각 활동을 경험할 수 있고, 나만의 작품을 만들어내는 창의력도 기를 수 있습니다. 뿐만 아니라 공을 손으로 쥐고 굴리고 누르는 행위는 소근육 발달에도 도움이 됩니다.

놀이란 단순히 재미만을 위한 활동이 아닙니다. 놀이를 통해 아이는 자기 자신을 탐색하고, 세상을 경험하며, 관계를 배우고, 감정을 표현합니다. 그러므로 아이의 기질을 존중하며 놀이의 세계를 확장해주는 것은 부모가 해줄 수 있는 가장 자연스러운 교육이 됩니다.

**사회적 관계를 안전하게
연습해보는 장**

놀이에는 간접 경험의 기회가 풍성하게 담겨 있습니다. 현실에서는 아직 경험해보지 못한 상황도 아이의 무궁무진한 상상력과 창의력을 통해 놀이 안에서는 얼마든지 체험할 수 있죠. 나비나 요정이 되어 하늘을 날아보고, 슈퍼 히어로가 되어 초인적인 힘을 발휘해보기도 합니다. 이러한 상상 놀이는 창의력과 상상력을 자극합니다. 또한 역할 놀이를 통해 선생님이 되거나 엄마, 아빠가 되어보며 타인의 입장에서 말하고 행동하는 연습을 합니다. 이때 아이는 자연스럽게 공감 능력과 언어 능력을 키워갑니다.

또래 친구들과 함께하는 놀이에서는 갈등 상황도 자주 등장합니다. 누가 먼저 할지, 어떤 놀이를 할지, 장난감을 어떻게 나눌지 등의 갈등 상황 속에서 아이는 자신의 생각을 표현해보고, 친구의 이야기도 들어보며, 협동하고 타협하는 법을 배웁니다. 나아가 감정을 조절하고 문제를 해결하는 능력도 자연스럽게 함께 길러지죠. 경쟁이 있는 게임이나 운동을 통해 이기거나 져보면서 아이는 규칙을 지키는 법, 감정을 다스리는 법, 전략적으로 사고하는 힘과 팀워크, 배려심 등을 체험합니다.

이렇듯 놀이는 아이가 사회에서 마주하게 될 수많은 관계와 상황을 안전하게 연습해볼 수 있는 장입니다. 실수하거나 실패하더라도, 놀이라는 환경 안에서는 비교적 쉽게 회복할 수 있어요. 그렇기 때문에 아이는 도전하는 용기와 회복탄력성을 함께 키워갈 수 있습니다. 그리고 다양한 놀이를 깊이 경험해본 아이는 점점 자기 자신에 대한 이해도 깊어집니다. 내가 무엇을 좋아하고, 무엇을 싫어하는지, 어떤 상황에서 잘하고 어떤 부분에서 어려움을 느끼는지를 알게 되죠. 덕분에 건강한 자존감을 바탕으로 타인을 이해하고 존중하는 사회성도 키워갈 수 있는 것입니다. 나아가 문제 상황에서도 포기하지 않고 스스로 해결책을 찾아보려는 자기 주도성 또한 놀이 안에서 자연스럽게 자라납니다.

그런데 여기서 의문이 떠오를 수도 있어요.

'그럼 많이 놀리기만 하면 사회성은 저절로 길러지는 걸까?'

'우리 아이는 특정 놀이만 고집하는데, 그래도 괜찮은 걸까?'

물론 놀이는 사회성 발달에 큰 도움이 되는 도구입니다. 하지만 모든 놀이가 항상 긍정적인 결과로 이어지는 것은 아닙니다. 특정 놀이만 고집하며 확장된 상호 작용을 거부한다든지, 놀이 과정에서 반복적으로 부정적인 관계 경험만 한다면 아이는 건강한 관계를 맺고 유지하는 방법을 익히지 못할 수도 있습니다. 결과적으로 사회성 발달이 한쪽으로 치우치거나, 제한될 가능성도 있죠.

그래서 지금부터는 놀이가 오히려 사회성 발달에 부정적인 영향을 줄 수 있는 3가지 사례를 살펴볼 거예요. 이를 통해 어떤 상황에서 놀이가 사회성 발달을 제한하는지 알아보고 해결 방향도 짚어보려고 합니다.

놀이 문제 Case1

혼자서만 놀려고 하는 아이

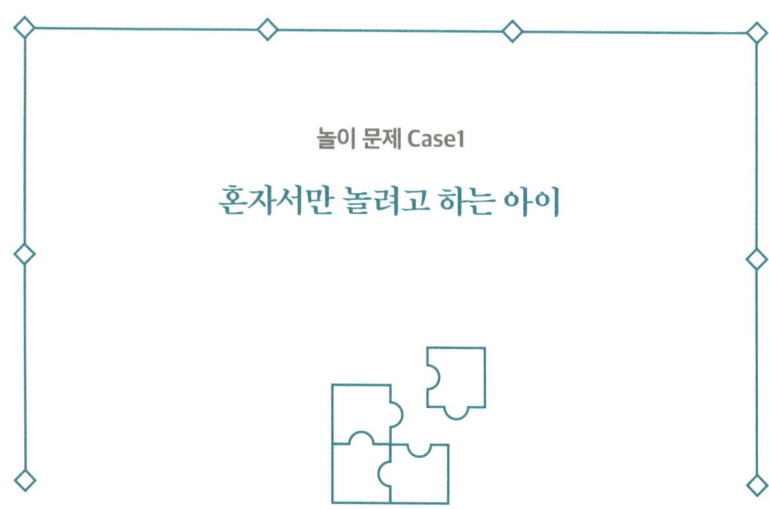

조용한 성격의 아윤이는 유치원에서 혼자 그림을 그리거나 인형을 가지고 놉니다. 친구들이 같이 놀자고 다가와도 눈도 마주치지 않고 고개를 젓습니다. 야외 놀이 시간에는 그늘에 앉아 친구들 노는 모습을 쳐다보기는 하지만, 막상 선생님이 다가와 "같이 놀아볼까?" 해도 "아니요" 하며 기어가는 목소리로 대답하죠. 친구들과 어울려 노는 경험이 쌓여야 사회성이 자랄 것 같은데 혼자서만 노는 아이, 괜찮을까요? 왜 혼자서만 놀려고 하는 걸까요? 그리고 어떻게 도와주면 될까요?

먼저 기억해야 할 것은, 혼자 노는 것 자체가 반드시 나쁜 것은 아니라는 점입니다. 오히려 아이는 혼자 노는 시간 속에서 상상력과 창의력을 키울 수 있어요. 자신만의 이야기를 구성하거나, 스스로 계획하고 실행하는 경험을 통해 자기주도성과 독립심을 기를 수도 있습니다. 또 혼자 놀면서 부딪히는 문제를 스스로 해결해보며 문제 해결력이나 비판적 사고력, 집중력과 탐구력을 발달시킬 수도 있죠.

하지만 문제는 혼자 노는 것이 단순한 선호가 아니라, 친구들과 어울리기를 지속적으로 회피하거나 거부하는 방식으로 나타나는 경우입니다. 이럴 땐 사회성을 자연스럽게 발달시킬 수 있는 기회를 놓칠 수 있어요. 사회성은 결국 다른 사람과의 관계 속에서 경험하고 익히는 능력이기 때문입니다. 친구들과 어울려 노는 경험을 통해 아이는 자기감정을 표현하고, 타인의 감정을 이해하며, 협력하거나 갈등을 조율하는 법을 배웁니다. 따라서 아이가 왜 혼자 놀려고 하는지, 그 진짜 이유를 차분히 들여다보는 것이 중요합니다.

단지 내성적인 기질로 인해 혼자 노는 걸 선호할 수도 있습니다. 혼자 있는 것이 편하고 익숙한 아이에게는 유치원이라는 집단 환경 자체가 아직 낯설고 복잡하게 느껴질 수 있어요. 이럴 때는 억지로 친구들과 놀게 하기보다는 부담 없는 작은 만남부터 시작해 천천히 확장해가는 접근이 필요합니다. 아이와 장난감 취향이 비슷한 친구 1명과 먼저 짧은 놀이를 시도해보세요. 그리고 점차적으로 놀이의 범위를 넓혀가보는 거예요. 이런 방식이 아이에게는 훨씬 자연스럽고 편안하게 다가올 수 있습니다.

또 한 가지 놓치지 말아야 할 부분은, 혹시 언어 발달이나 사회적 신호에 대한 이해의 어려움 때문은 아닌지 살펴보는 것입니다. 표현 언어나 수용 언어가 또래에 비해 늦는 경우, 아이는 자신의 감정을 표현하거나 친구의 의도를 이해하는 데 어려움을 느껴 관계 형성이 어려워질 수 있습니다. 이럴 땐 언어 표현력을 키워주는 활동에 집중해보세요.

다양한 상황을 경험해보는
소셜 스토리 교육법

'소셜 스토리(social story)'라는 게 있습니다. 아이에게 특정 사회적 상황을 설명하고, 그 상황에서 어떤 말과 행동을 하면 좋을지 미리 알려주는 이야기 형식의 교육 방법이에요. 예를 들어, "친구가 내 장난감을 빌리고 싶다고 할 때는 어떻게 할까?" "내가 하는 놀이에 친구가 끼고 싶어 할 때는 어떻게 말할 수 있을까?" 같은 상황을 짧은 글이나 그림, 사진 등을 활용해 보여주는 것이죠. 그리고 아이가 상황별로 어떤 말과 행동을 하면 되는지를 구체적으로 연습해볼 수 있습니다.

예를 들어볼까요? 친구가 인형을 세게 빼앗듯이 가져간 상황을 아이에게 보여줘요. 그리고 이런 상황에 대해 "친구가 지금 짜증이나 있거나 마음이 급한 걸 수도 있어"와 같이 설명해주는 거죠. 그런 다음 이럴 때 친구에게 어떻게 말할 수 있는지 연습해보는 거예요.

"이건 내가 먼저 가지고 있었어. 우리 같이 놀까?"

"조금만 기다려줄래? 내가 끝나면 줄게."

이렇게 아이가 해볼 수 있는 말과 함께 몸짓, 목소리 톤, 표정, 제스처 등 비언어적 신호가 어떤 의미를 갖는지도 알려주세요. 예를 들어 이렇게 가르쳐줄 수 있겠죠.

"친구가 팔짱을 끼고 얼굴을 찡그리면 기분이 안 좋다는 신호일 수 있어."

"눈을 마주치며 웃고 있다면 같이 놀고 싶다는 뜻일 수 있지."

"친구가 어깨를 움츠리거나 고개를 푹 숙이고 있다면 부끄럽거나 불안한 마음일 수 있어."

"손을 흔들거나 눈을 크게 뜨고 다가오면 반가워하거나 신난 상태일 수 있어."

이렇게 다양한 사회적 상황과 적절한 반응을 구체적으로 알려주고 실제로 연습해보는 과정을 통해, 아이는 점차 친구들과 어울리는 법을 자연스럽게 익힐 수 있습니다. 혼자 노는 것을 선호하는 아이의 기질을 인정하고 존중하되, 또래와의 관계에서 필요한 사회적 기술들을 차근차근 알려주는 것이 중요합니다. 억지로 밀어붙이기보다는 아이의 속도에 맞춰 꾸준히 격려하고 지지해주세요. 부모와 교사의 세심한 관찰과 따뜻한 관심이 아이에게는 큰 힘이 될 거예요. 사회성은 하루아침에 길러지는 것이 아니라, 작은 경험들이 차곡차곡 쌓여 완성되는 능력임을 잊지 말아야 합니다.

놀이 문제 Case2

지는 걸 못 견디는 아이

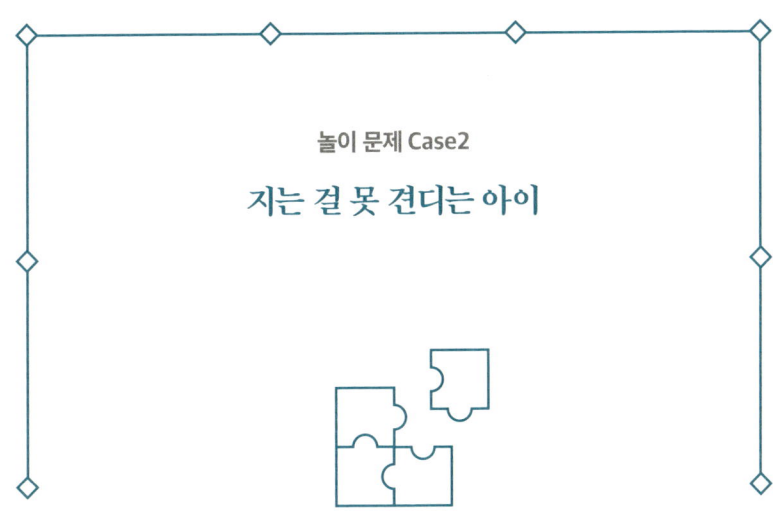

게임을 좋아하는 정우는 친구들을 만나기만 하면 승패가 있는 게임을 하자고 제안합니다. 주사위를 굴려 불리한 숫자가 나오면, "앗, 나 손에서 미끄러진 거야. 다시 던질게"라고 합니다. 때로는 원래 있던 규칙을 "몰랐어. 언제부터 그랬어?"라고 하기도 해요. 기존 규칙 따윈 무시하고 자신에게 유리한 규칙을 막무가내로 만들어 친구들에게 강요하기도 하죠. 놀이를 할 때면 "누가 더 높이 쌓나 내기할래?" "누가 제일 빠른가 시합하자"라는 식으로 경쟁을 유도하고, 매사에 이기려고 하거나 1등을 하려고 자신만의 놀이 방식을 강요하다 보니, 친구들은 하나둘씩 정우를 피하기 시작합니다.

아이들이 승패에 집착하는 이유는 단순히 고집이 세거나 이기고 싶은 욕심 때문만은 아닙니다. 이는 기질적인 특성, 발달적 특성, 그리고 성장한 환경의 영향을 모두 받을 수 있어요.

어린아이들은 어른들의 칭찬과 인정을 통해 자신감을 얻고 자존감을 키웁니다. 그래서 어른들이 어떤 결과에 대해 지나치게 칭찬하거나, "누구는 잘하던데 넌 왜 아직이야?" "왜 못했어?" "그렇게 하면 안 되지"와 같이 비교하거나 비판적인 말을 자주 들으면, 아이는 '이겨야 사랑받는다' '잘해야 인정받는다'라고 믿게 됩니다.

게다가 실패에 대한 경험이 부정적인 기억으로 자리 잡으면, 아이는 실패에 대한 두려움을 품게 되고, 그 두려움을 감추기 위해 이기는 것에만 집착하기도 해요. '지면 혼날 거야' '틀리면 엄마가 실망할 거야'라는 생각이 마음속에 자리 잡을 수 있습니다. 또한 어떤 아이들은 완벽주의적 기질을 타고나 스스로에게 높은 기준을 세우기도 합니다. 발달적으로도 유아기는 "나 이거 잘하지?" "엄마, 이것 좀 봐요!" 하며 자신의 능력을 확인받고 싶은 욕구가 강한 시기이기도 합니다. 이는 성취감과 자율성을 키우는 자연스러운 발달 과정의 일부이기도 해요.

하지만 정우처럼 승패에 지나치게 집착하는 아이들의 경우, 감정 조절과 행동 조절의 역량이 아직 충분히 자라지 않았을 수 있습니다. 강한 경쟁심으로 인해 친구들과의 갈등을 원만하게 해결하지 못하는 경우가 많아요. 또한 이기고 지는 데만 초점이 맞춰지다 보면,

놀이의 방식도 반복되고 제한되기 쉬워 놀이 경험의 폭이 좁아집니다. 이럴 땐 아이에게 놀이의 즐거움 그 자체를 충분히 경험할 수 있도록 도와주는 것이 중요합니다.

결과보다 과정에 집중하는 놀이를 자주 경험하게 해주세요. 예를 들어 만들기나 미술, 요리 놀이를 할 수 있는데요. 이때 '무엇을 만들었느냐'보다 '어떻게 만들었는지'에 집중하는 거예요. 그래서 "어떤 모양이 나왔어? 잘된 것 같아?" 같은 질문보다 "어떤 생각으로 만들었어? 어떻게 만들었어?" 같은 질문을 해주는 것이 좋습니다. 또 아이가 이긴 상황과 진 상황 모두에서 감정을 표현할 수 있게 도와주세요. 어떤 상황에서도 여전히 사랑받고 있다는 안정감을 느낄 수 있도록 부모가 감정적으로 지지해주는 태도가 필요합니다.

○ **아이가 이겼을 때:** 기쁨을 공감하면서도, 겸손과 배려의 감정도 함께 느낄 수 있도록 하는 부모의 말

"정말 기뻤겠다! 열심히 해서 이긴 거구나. 너도 뿌듯했지?"

"이기니까 신나지? 그런데 같이 했던 친구들도 재밌었을까? 그 친구 기분은 어땠을까?"

"네가 노력한 걸 알아. 결과보다 네가 끝까지 해냈다는 게 더 멋져."

○ **아이가 졌을 때:** 실패를 위로하기보단 감정을 인정해주고 '괜찮다'는 메시지를 전달하는 부모의 말

"지니까 속상했구나. 그럴 수 있어. 엄마도 그런 기분 들 때 많아."

"이번엔 졌지만, 다음에 또 도전해보면 어때? 중요한 건 끝까지 해봤다는 거야."

"엄마는 네가 이기든 지든 똑같이 멋지다고 생각해. 네가 최선을 다했다는 게 멋진 거야."

정우처럼 승패에 집착하는 아이에게는, 어른들이 놀이를 통해 다양한 감정과 상황을 안전하게 연습할 수 있도록 도와주는 역할이 꼭 필요합니다. 놀이가 경쟁이 아니라 성장의 기회가 되도록, 아이의 마음을 잘 읽어주는 부모의 역할이 큰 힘이 되어줄 수 있습니다.

팀 게임이나 승패가 없는 게임으로 시작하기

지는 걸 어려워하는 아이는 팀 게임으로 시작하는 것이 도움이 됩니다. 혼자서 하는 게임의 패배는 온전히

나 혼자서 감당해야 하죠. 하지만 팀은 '나' 혼자가 아니라 '우리'이기에 진 것에 대한 책임이나 원인을 다 함께 나누게 됩니다. 그래서 감정이 완충되는 효과가 있어요. 또한 팀 분위기를 잘 이끄는 친구들을 보며 감정 표현이나 반응을 배울 수도 있습니다.

나아가 팀 게임은 서로 응원하고 격려하며 같은 목표, 즉 '이기는 목표'를 향해 전략을 세우는 경험을 하게 해줍니다. 그래서 진 상황에서 무엇을 해볼 수 있는지, 그로 인해 어떤 것을 얻게 되는지를 깨닫습니다. 승패를 떠나 함께하는 과정에서 재미와 즐거움을 느끼고, 그 안에서 발전해나가는 자신과 한 팀 친구들을 보며 성취감도 얻게 되죠. 그 과정에서 협동하고 배려하는 것의 중요성, 멋지게 지는 방법 등 진정한 스포츠맨십도 배워나갑니다.

승패가 없는 열린 놀이 경험을 자주 제공해주는 것도 좋습니다. 미술 활동이나 모래 놀이처럼 끝이 정해지지 않은 놀이, 결과를 내지 않아도 되는 놀이를 친구들과 함께하며 즐겁고 편안한 경험을 조금씩 쌓아갈 수 있도록 도와주는 것이 중요합니다. 예를 들어, 친구들과 함께 큰 바닥 퍼즐을 맞춰본다거나, 커다란 박스를 함께 칠하고 쌓아가며 우리만의 구조물을 만들어보는 놀이 등이 있겠죠. 과정 자체에 의미가 있는 이런 놀이들은 승부에 대한 긴장을 풀어주고, 함께한다는 즐거움을 알려줍니다.

진 사람
세리머니 정하기

졌을 때 하는 재미있는 세리머니를 미리 정해보는 것도 좋은 방법입니다. 지는 경험을 긍정적으로 풀어내는 연습이 쌓이면, 아이의 기억에는 '졌지만 재밌었던 놀이'가 남게 되고, 다음에도 다시 놀고 싶은 마음으로 연결될 수 있거든요.

저희 집 막내는 게임에서 지면 게임판을 엎어버리는 일이 자주 있었어요. 즐겁게 놀던 분위기가 순식간에 무너지곤 했죠. 그래서 저희는 '매직 카드'라는 걸 만들었어요. '게임판을 뒤집지 말고, 매직 카드를 뒤집자'는 아이디어였죠. 매직 카드는 지는 순간마다 감정이 폭발하던 막내에게, 마음의 포커스를 전환할 수 있는 장치였습니다. 그 매직 카드 안에는 간단하고 유쾌한 미션들이 들어 있었어요. 예를 들어 이런 것들이에요.

- 이긴 사람이 엉덩이로 단어 1개 써 보기
- 진 팀이 이긴 팀에게 뽀뽀 10번 받기

이처럼 작고 웃긴 행동들이죠. 또 졌을 때 어떤 말을 하면 좋을지도 카드에 함께 적어두었어요.

- 와, 오늘 진짜 재밌었어! 다음번엔 내가 이길 수도 있을 것 같아.

- 네가 이겼네! 멋졌어.
- 다음엔 내가 한번 도전해볼게!

이렇게 매직 카드를 쓰다 보니, 어느덧 아이들 스스로 창의적인 미션을 쓰기도 하더라고요. 그리고 지는 게 꼭 나쁘지만은 않다는 걸 경험으로 느끼게 되었죠. 이런 방식을 사용하면 아이가 감정을 언어로 표현할 수 있도록 도와줄 수 있어요. 상대방과의 관계도 더 부드럽게 이어가게 해줍니다.

놀이의 결과에만 집중하는 아이에게 우리가 심어주어야 할 가장 중요한 것은 '놀이의 중심에는 과정의 즐거움이 있다는 것'입니다. 이걸 마음으로 느낀 아이는, 이기지 않아도 또 놀고 싶어지고, 졌어도 웃으며 다시 도전할 수 있는 아이로 자라납니다.

놀이 문제 Case3
전자기기만 보려고 하는 아이

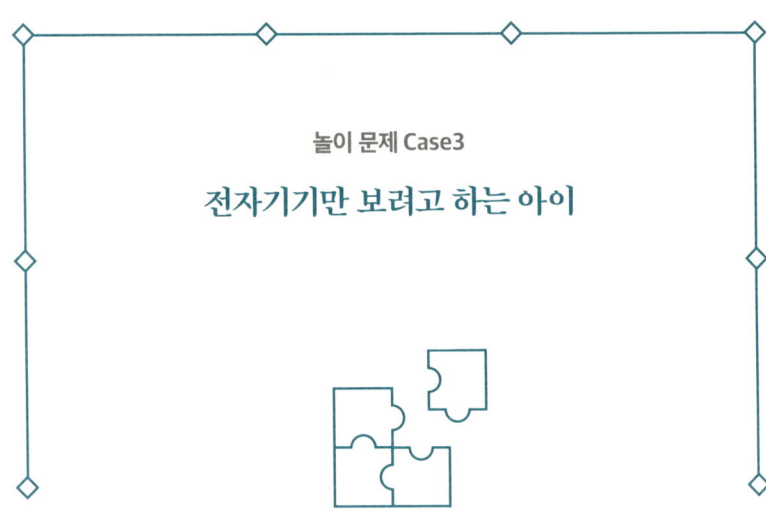

민하는 유치원에 가면 친구들과 어울려 잘 놀지만, 집에만 오면 태블릿이나 컴퓨터 게임만 하려는 통에 엄마와 갈등이 커져만 갑니다. 돌쟁이 쌍둥이 동생이 있어서 엄마는 동생들을 보느라 민하와 노는 시간을 내기가 어려워요. 주말에 아빠나 할머니, 할아버지가 오시면 놀이터나 공원에 나가려고 노력해보는데, 민하는 게임이 더 좋다, 나가기 싫다, 피곤하다, 놀이터 재미없다 등 여러 핑계를 대며 태블릿이나 스마트폰을 가지고 나가려고 합니다.

요즘 육아는 디지털 기기와의 전쟁이라고 해도 과언이 아닙니다. 디지털 기기는 시각적, 청각적 자극이 풍부하다 보니, 아주 어린 아이들도 쉽게 몰입합니다. 그리고 이 자극에 지나치게 노출되면 중독의 단계에까지 이를 수 있습니다.

현실적으로 민하네처럼 부모가 바쁜 가정에서는 디지털 기기의 도움을 받을 수밖에 없는 상황도 많습니다. 동생들 이유식을 만들기 위해 잠깐 영상을 보여주기도 하고, 교육적인 콘텐츠나 온라인 학습 앱을 활용하는 경우도 흔하죠. 하지만 혼자 스크린을 보며 하는 게임이나 영상 시청에 지나치게 익숙해지면, 현실에서 사람들과 직접 마주하며 소통하는 시간이 점점 줄어듭니다. 그 결과, 자신의 감정을 표현하고 타인의 마음을 이해하는 의사소통 능력, 공감 능력, 비언어적 표현력, 그리고 사회적 맥락을 파악하는 능력이 제한될 수 있습니다.

게임 속 성취에 익숙해진 아이는 현실 세계에서의 목표나 자기 능력을 정확히 인식하는 데 어려움을 겪을 수 있어요. 가상과 현실을 혼동해 비현실적인 사고 방식을 키울 수도 있습니다. 게임에서는 캐릭터가 문제를 쉽게 해결하기도 하고, 잘 안 되면 처음부터 다시 시작할 수도 있잖아요. 그렇다 보니 현실의 문제를 게임처럼 쉽게 생각해 버리는 것이죠. 그뿐 아니라 화면 앞에 오래 앉아 있게 되면 자연스럽게 몸을 움직일 기회도 줄어들죠. 그래서 건강한 신체 발달과 정서적 균형에도 영향을 끼칩니다. 활동적인 놀이를 통해 에너지를 발산하고, 감정을 해소하고, 관계를 배울 기회를 놓치게 되는 것이죠.

이처럼 혼자 스크린 속에서 노는 재미에 빠지게 되면, 친구들과 실제로 마주보며 함께 노는 데 대한 흥미는 점점 줄어듭니다. 물론 온라인 환경 안에서도 친구들과 협력하거나 상호 작용하는 요소가 있긴 하지만 직접 만나서 눈을 맞추고, 표정을 읽고, 목소리의 뉘앙스를 느끼며 주고받는 관계와는 비교할 수 없습니다.

디지털 환경이 아이들의 삶에 깊숙이 들어온 만큼 무조건 피할 수는 없겠죠. 하지만 아이의 정서적, 사회적 성장을 위해서는 '화면 밖의 놀이'도 균형 있게 이루어져야 합니다. 아이들이 현실 속에서 관계 맺고, 움직이고, 실패하고, 다시 도전해보는 진짜 경험을 통해 자라날 수 있도록 어른의 선택과 조율이 필요합니다.

아이에게 놀이의 재미를
알려주는 법

컴퓨터 게임만 하려는 아이에게 다양한 놀이 기회를 제공하고 싶고, 그 안에서 크고 작은 사회성 조각들을 맞춰가기를 바란다면 부모가 먼저 전자기기 사용을 자제해야 합니다. 퇴근 후 컴퓨터 게임에 빠져 있는 아빠, 하루 종일 휴대폰을 손에서 놓지 않는 엄마의 모습은 아이에게 좋은 본보기가 되기 어렵고, 오히려 아이의 디지털 기기 사용을 정당화시키는 근거가 되기도 합니다. 아이에게 변화를 기대하기 전에 가정 안에서 함께 바뀔 수 있는 작은 실천부터 시작해보세요. 예를 들어, 가족회의를 통해 디지털 사용 시간을 함께 정하고, 모두가 그 약속을 지켜보는 것만으로도 의미 있는 시작이 될 수 있습니다.

또한 게임을 좋아하는 아이의 성향을 적극적으로 활용해 가족이 함께할 수 있는 다양한 놀이 리스트를 만들어 미션처럼 하나씩 클리어해보는 방식도 추천합니다.

- 팀 스포츠 한 가지 도전해보기
- 온 가족이 함께하는 '몸으로 말해요'
- 주말마다 새로운 보드게임 도전하기
- 엄마 아빠랑 역할 놀이 하기
- 가족 극장을 열어서 직접 만든 인형극이나 그림자 놀이 하기

이렇게 놀이의 재미를 게임처럼 느낄 수 있는 구조로 만들어주면, 아이는 점점 스크린 바깥의 세계에도 흥미를 느끼게 됩니다. 그리고 그 놀이 속에서 아이와 자연스럽게 이야기를 나눠볼 수 있습니다.

"와, 이렇게 노니까 정말 재밌다! 친구랑 놀다가 이런 상황이 생겼다면, 어떻게 할 수 있을까?"

"지금 기분 어때? 이런 기분이 들면 어떤 행동을 해볼 수 있을까?"

이런 식으로 감정과 상황을 연결해보는 대화는 놀이 안에서 사회적 상황을 미리 경험하고 연습해보는 기회가 됩니다. 그리고 그렇

게 쌓인 경험은 아이가 다른 상황이나 친구들과의 관계 속에서 더 능숙하게 대처할 수 있는 기반이 되어줍니다. 말하자면, 놀이 속에서 이미 비슷한 상황을 겪어본 기억이 아이를 한 뼘 더 자라게 하는 것이죠. 앞에서 다룬 소셜 스토리 교육법과 같은 효과를 얻을 수 있는 것입니다.

아이의 관심사를 존중하고
공감대 형성하기

이 모든 과정에서 대화의 핵심이 되는 중요한 부분이 하나 있습니다. 그건 바로 아이의 디지털 게임에 대해 부모가 부정적인 태도로만 반응하지 않는 것입니다. 아이가 자신이 좋아하는 것을 부모와 나누고 싶어 할 때, 그 대화를 무시하거나 단칼에 끊어버린다면 아이는 엄마, 아빠는 나를 이해해주지 않는다고 여겨 거리감을 느끼게 됩니다. 반대로, 자신의 관심사에 대해 부모가 관심을 보이고 대화를 나눠준다면 아이는 '부모님이 나를 진짜 사랑하는구나' 하고 느껴 관계가 더욱 단단해집니다.

조금만 시간을 내어 아이가 좋아하는 게임의 캐릭터나 규칙, 흐름을 함께 알아보세요. 거기에 깊이 빠질 필요는 없지만, 약간의 게임 지식을 갖추고 대화에 응해준다면 아이에게는 센스 있는 엄마, 이해심 있는 아빠로 다가갈 수 있습니다. 이처럼 신뢰와 친밀감을 바탕으로 나누는 대화는 아이에게도 더 잘 스며들어요. 그래서 부모의 말도 아이의 마음에 더 깊이 전달될 수 있습니다. 결국 좋은 관계 위에서 이루어지는 대화가 가장 좋은 결과를 만들어내는 법이죠.

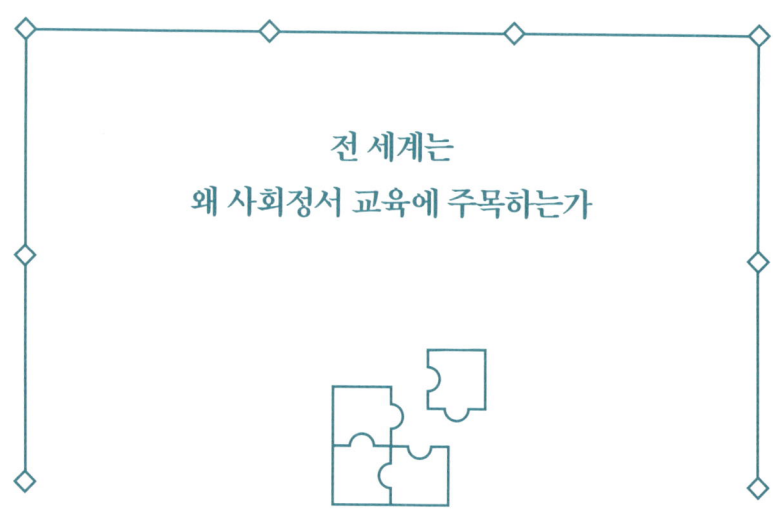

전 세계는
왜 사회정서 교육에 주목하는가

미국을 비롯해 영국, 캐나다, 호주, 일본, 싱가포르 등 여러 나라에서는 아이들의 전인적인 발달과 더불어 삶의 질을 높이기 위한 사회정서 교육(SEL, Social and Emotional Learning) 프로그램을 도입하고 있습니다. 사회정서 교육이란 아이들이 자신의 감정을 이해하고 다루는 법, 타인과 건강한 관계를 맺고 유지하는 법, 책임 있는 의사결정을 하는 데 필요한 다양한 기술들을 체계적으로 배우는 교육 과정입니다.

수학이나 과학처럼 지식을 전달하고 암기하는 방식의 수업이 아니라, 아이들이 일상 속에서 사람들과 교류하는 경험을 통해 자연스럽게 익히고 적용해가는 통합적 학습이라고 할 수 있습니다. 즉 이론

이 아닌 생활 속에서 몸으로 겪고 배우는 과정인 것이죠.

　　사회정서 교육의 핵심은 아이들이 다양한 사회적 상황에서 마주할 수 있는 갈등이나 어려움을 미리 예방하고, 사람들과의 관계 속에서 건강하게 반응하고 소통할 수 있는 능력을 길러주는 데 있습니다. 그래서 미국에서는 각 학교의 아이들 특성과 필요에 맞추어 체계적이면서도 유연하게 사회정서 교육을 운영하고 있습니다. 별도의 시간표 안에 사회정서 교육 시간이 포함되기도 하고, 국어·과학·미술 등 교과 수업과 자연스럽게 연계하기도 해요. 점심시간, 쉬는 시간, 방과후활동 등 학교생활 전반에 걸쳐 지속적으로 녹여내는 방식으로 진행되기도 합니다.

　　이처럼 사회정서 교육은 아이들이 자신의 내면을 이해하고 조절하며, 다른 사람과 더불어 살아가는 힘을 기를 수 있도록 돕는 중요한 교육입니다. '똑똑한 사람'이 아니라 '더불어 살아갈 줄 아는 사람'으로 성장시키기 위한 전 세계적인 교육의 흐름이기도 하죠.

지식 중심 교육에서
정서 중심 교육으로

　　　　　　　　　　　사회정서 교육 프로그램은 1960년대 예일대학교의 제임스 코머 박사의 연구에서 시작되었습니다. 코머 박사는 학업 성취도가 낮은 학생들을 대상으로, 아이들의 가정과 학교에서의 경험이 학습에 어떤 영향을 주는지를 연구했습니다. 그 결과, 긍정적인 환경과 분위기가 아이들에게 안정감을 주고, 문제 행동을 줄이며 학업 성취도를 높일 수 있다는 사실을 확인했어요.

이 연구는 당시 미국 사회가 겪고 있던 학교 폭력, 청소년 범죄 증가, 빈곤, 인종차별, 사회·경제적 격차 등으로 인한 교육 현장의 위기에 대한 하나의 해답을 제시했습니다. 그리고 이는 사회정서 교육의 중요성에 대한 관심을 높이는 계기가 되었죠. 이후 다양한 연구와 교육 정책에 영향을 주며, 교육의 한 축으로 자리 잡기 시작했습니다. 하지만 1970~80년대는 여전히 지적 능력을 중시하던 시대였어요. 학교에서의 사회성 교육은 주로 사회적 규범이나 예절 지도에 머물렀고, 정서적인 부분은 여전히 간과되곤 했습니다.

사회정서 교육 프로그램이 본격적으로 주목을 받은 건 1994년 학업적·사회적·정서적 학습을 위한 협력 단체(CASEL, Collaborative for Academic, Social and Emotional Learning)가 설립되면서부터입니다. 2000년대 이후에는 미국 내 일부 주에서 사회정서 교육을 정식 교육과정에 포함하기 시작했고, 2010년부터는 이 교육의 효과에 대한 연구와 관심이 더욱 활발해졌습니다. CASEL이 27만 명 이상의 초·중·고등학생을 대상으로 실시한 대규모 연구가 대표적입니다. 연구 결과 사회정서 교육 프로그램에 참여한 학생들은 다음과 같은 긍정적인 변화를 보였습니다.

- 사회정서적 기술 향상: 23%
- 학업 성취 향상: 11%
- 우울감 감소: 10%
- 문제 행동 감소: 9%
- 타인과 학교에 대한 긍정적 태도 향상: 9%
- 친사회적 행동 향상: 9%

또한 로버트 우드 존슨 재단에서는 1955년부터 2015년까지, 20년에 걸친 종단 연구를 통해 사회정서 교육의 장기적인 효과를 분석했는데요. 유치원 시기부터 공감, 협력, 문제 해결 능력 같은 사회정서 역량을 잘 갖춘 아이들은 이후 학업 성취도가 향상된 것은 물론, 폭력 행동이 감소했다고 해요. 갈등 상황에서 서로 협력해 문제를 해결하는 능력이 향상되었고요. 건강한 대인 관계, 높은 대학 졸업률, 더 안정적인 직업적 성공을 이루는 경향을 보였습니다.

반대로, 사회·정서적 기술이 부족했던 아이들은 성장하면서 범죄나 약물 문제에 연루될 가능성이 높았고, 삶의 만족도나 행복감에서도 차이를 보였습니다. 이러한 결과들은 사회정서 교육이 단순히 '학교 안에서의 교육'에 머무르는 것이 아니라, 삶의 질, 인간관계, 개인의 행복에까지 장기적인 영향을 미치는 핵심 역량임을 잘 보여줍니다.

아이의 사회성을
완성시키는 열쇠

세계의 여러 나라가 도입하고 있는 사회정서 교육은 5가지 핵심 역량으로 구성됩니다. 첫 번째는 '자기 인식'으로 자신의 감정 및 강점, 약점을 이해하는 능력입니다. 두 번째는 '자기 관리'로 자신의 감정을 조절하여 설정한 목표를 실천하는 능력입니다. 세 번째는 '사회적 인식'으로 타인의 감정을 이해하고 공감하며, 다양한 입장이나 관점과 상황을 이해하는 능력입니다. 네 번째는 '관계 기술'로 타인과의 갈등을 해결하며 건강한 대인 관계를 이어

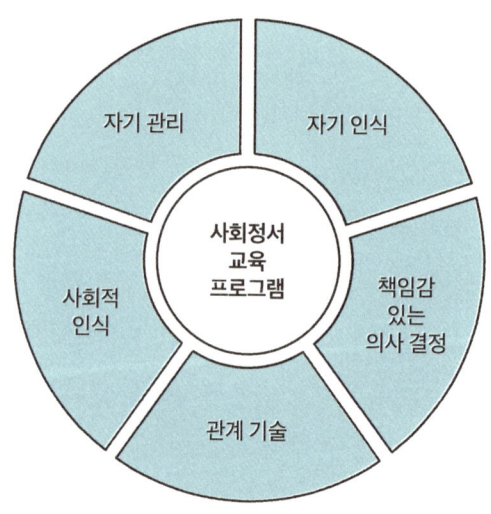

사회정서 교육의 5가지 핵심 역량

갈 수 있는 능력입니다. 마지막 다섯 번째는 '책임감 있는 의사결정'으로 윤리적이고 책임 있는 선택을 하는 능력입니다.

○ **자기 인식:** 내 감정과 생각 알아차리기

자기 인식(Self-Awareness)은 자신의 감정과 생각을 알아차리고, 그것이 행동에 어떤 영향을 주는지를 이해하는 능력입니다. 사회정서 역량에서 자기 인식을 가장 먼저 다루는 이유는 자신에 대한 이해가 다른 모든 사회적 기술의 출발점이 되기 때문입니다. 예를 들어, 아이가 기쁘거나 속상할 때, 그 감정의 원인을 스스로 연결지을 수 있다면 자연스럽게 자신의 행동을 돌아보게 되고, 그 행동이 타인에게 어떤 영향을 미칠 수 있는지도 인식합니다. 이처럼 자기 인식은 아이가 감정을 조절할 수 있는 첫 번째 문을 열어줍니다.

내가 무엇을 좋아하고, 잘하고, 어려워하는지 아는 것도 중요한 자기 인식의 일부입니다. 자신이 잘하는 것을 아는 아이는 자기 효능감이 높아지고, 이는 자존감 형성으로 이어집니다. 반대로 어려워하는 부분을 스스로 인식하는 것도 중요한 능력입니다. 이를 통해 아이는 현실적인 목표를 세우고, 도움이 필요할 때는 도움을 구할 수 있는 힘을 키우게 되죠. 이러한 자기 인식의 힘은 감정 조절, 자기 관리, 더 나아가 건강한 자아 형성과도 연결됩니다. 결국 자기감정을 모르면 조절도 어렵고, 나아가 타인과의 관계에서도 어려움이 생기므로 자기 인식은 사회정서 교육의 기초이자 중심이 됩니다.

○ **자기 관리:** 욕구를 조절하며 목표 실천하기

자기 관리(Self-Management)란 다양한 상황 속에서 내 감정과 생각, 행동을 조절하고, 나에게 가장 좋은 선택을 하는 힘입니다. 사람은 누구나 상황에 따라 기분이 달라지고, 컨디션이나 주변 사람의 말과 행동에 영향을 받습니다. 그런 환경 속에서도 나를 잘 다스리는 것이 바로 자기 관리 능력이죠.

친구들과 놀다가 갈등이 생기면, 아이들은 울음을 터뜨리거나 화가 나서 과격한 행동을 하기도 합니다. 하지만 자기 관리 능력이 있는 아이는 감정을 행동으로 옮기기보다는 "나는 지금 속상해" "이렇게 말하니까 기분이 나빴어"처럼 자신의 감정을 말로 표현하며 대처합니다. 혹은 잠시 자리를 벗어나 심호흡을 하며 감정을 가라앉히려고 노력하기도 합니다.

또한 자기 관리는 목표를 세우고, 그 목표를 이루기 위해 꾸준히 노력하는 힘이기도 합니다. 스스로를 잘 아는 자기 인식이 바탕이 되어야, 현실적이고 적절한 목표를 세울 수 있어요. 그리고 그 목표에 도달하기 위해 동기를 부여하죠. 끝까지 해내려는 끈기와 책임감도 함께 따라옵니다. 그래서 자기 관리가 잘 되는 아이들은 숙제를 제때 해내고, 해야 할 일을 끝낸 후 놀고, 하고 싶은 욕구를 조절하며, 맡은 일을 성실히 마무리하려는 모습을 보입니다. 즉 자기 관리 능력은 학습 능력과도 깊이 연결되어 있습니다. 뿐만 아니라, 예기치 못한 상황이나 스트레스를 이겨내는 회복탄력성 역시 자기 관리의 중요한 요소입니다. 실패하거나 실수했을 때 쉽게 무너지지 않고, 감정에 휘둘리지 않으며 다시 도전해보는 힘이죠.

○ **사회적 인식:** 타인을 이해하고 존중하기

사회적 인식(Social Awareness)이란 다른 사람의 감정이나 입장을 이해하고, 다양한 관점과 상황을 존중하며 받아들이는 능력입니다. 쉽게 말해, 상황을 잘 파악하고, 눈치 있게 행동하는 능력이라고도 할 수 있죠. 우리는 일상에서 다양한 사회적 규칙과 분위기 속에서 살아갑니다. 상황에 맞는 행동을 하고, 친구나 선생님의 입장을 이해하고요. 나와 다른 생각이나 가치도 존중하는 것이 바로 사회적 인식의 기본입니다.

그래서 아이들에게 타인을 이해하고 배려하는 연습을 일상 속에서 자주 경험하도록 해주는 것이 중요합니다. 사회적 인식이 자란 아이는 친구를 공감하고, 더 친절하고 배려 깊게 행동하며, 나와 생각이 다른 친구를 만나도 불편함보다 존중과 포용의 태도를 가질 수 있게 됩니다. 무엇보다, '다름'을 인정하고 받아들이는 힘은 결국 자기 자신을 있는 그대로 존중하는 힘으로도 이어집니다. 사춘기나 성인이 되었을 때도, '나는 왜 친구들과 달라?'라는 불안보다 '그래도 난 나야'라는 건강한 자아 존중감을 지니고 살아갈 수 있는 바탕이 되는 것이죠. 이는 그만큼 더 따뜻하고 안정된 관계를 맺으며 살아갈 수 있는 힘이 됩니다.

○ **관계 기술:** 건강한 소통으로 갈등 조율하기

관계 기술(Relationship Skills)이란 아이가 타인과 건강한 관계를 맺고 이어갈 수 있는 능력을 말합니다. 자신의 생각이나 감정을 말로 표현하는 능력, 친구의 말도 귀 기울여 들으며 공감하고 반응하는 소통 능력, 다른 사람과 함께 규칙을 지키며 협력하는 능력, 문제가 생겼을 때 원만하게 해결해나가는 힘까지 모두 관계 기술에 포함됩니다. 이런 관계 기술은 사실 아이가 처음 사회를 경험하는 가정, 어린이집, 유치원 시절부터 조금씩 자라납니다. "슬퍼" "화나" "기뻐" 같은 기본 감정 언어를 배우고, 친구나 어른에게 인사를 하거나, 놀이 안에서 간단한 규칙을 지키는 것부터가 작은 사회적 훈련이죠.

초등학교에 들어가면서부터는 사회적 규칙이 훨씬 더 복잡하고 미묘해집니다. 아이의 인지 능력이 점점 섬세해지고, 관계에서 느끼는 감정도 훨씬 더 복잡해지기 때문이에요. 그래서 관계 기술은 아이의 발달 단계에 맞게 끊임없이 연습하고 다듬어나가야 합니다.

학교생활을 하다 보면, 나와 다른 생각을 가진 친구와 마주하게 됩니다. 어떻게 말하고 풀어야 할지 몰라 실수하거나 상처를 주고받기도 합니다. 하지만 바로 이 과정들이 아이에게는 관계 기술을 키울 수 있는 훈련의 장입니다. 다양한 배경과 기질을 가진 친구들과 부딪히며 그 안에서 서로의 다름을 이해하고 인정하는 경험을 쌓아갑니다. 자신의 감정을 점점 더 명확하게 표현하고 조절하는 법, 그리고 갈등을 풀어나가는 방법을 배워가게 됩니다.

관계 기술이 잘 자란 아이는 타인을 이해하고 존중하는 태도를 바탕으로 학교생활을 더 즐겁게 해나갈 수 있습니다. 또한 정서적으로 안정감을 느끼며, 학습에서도 자기 주도적인 태도를 보이게 되죠.

○ **책임감 있는 의사결정:** 주어진 상황 안에서 최선의 선택하기

책임감 있는 의사결정(Responsible Decision-Making)이란 도덕적이고 윤리적인 기준을 바탕으로 가장 바람직한 선택을 내리는 능력입니다. 자신의 결정이 다른 사람에게 어떤 영향을 미칠지 고려하고, 그에 따른 결과와 책임까지 감당할 수 있는 힘을 기르는 것이죠.

이 역량을 기르기 위해서는 타인의 입장을 이해하고 배려하는 능력이 필요합니다. 상황을 다양한 시각에서 바라보며 필요한 정보를 모으고, 그 안에서 최선의 선택지를 찾아내는 사고력과 추진력도 필요합니다. 또 "내가 지금 이 결정을 했을 때 어떤 결과가 따라올까?" 하는 인과 관계에 대한 이해도 함께 자라야 하죠.

책임감 있는 의사결정은 단지 옳고 그름의 판단을 넘어서, 아이의 생활 습관과 태도를 형성하는 중요한 토대가 됩니다. 책임감 있는 의사결정들이 쌓이면서 자신에 대한 믿음과 자존감이 자라나죠. 나중에는 타인에게 신뢰를 주며 긍정적인 영향력을 끼치는 사람으로 성장하게 됩니다. 더 나아가, 이런 경험을 여러 번 해본 아이는 더 큰 사회 안에서도 책임감 있는 시민으로 살아갑니다. 선한 리더십을 발휘하며 건강한 공동체를 위해서도 기여하게 되죠.

최근 한국에서도 사회정서 교육에 대한 관심이 점차 높아지고 있습니다. 왕따, 학교 폭력, 사이버 괴롭힘, 청소년 우울증과 자살 등 심각한 정서적 문제들이 사회적으로 대두되었죠. 그래서 교육부 차원에서도 한국형 사회정서 교육 프로그램을 개발해 도입할 예정이라고 합니다. 이제는 문제가 생긴 후에 수습하는 방식이 아니라, 아이들의 정서와 관계를 건강하게 키워주는 선제적 접근이 필요하다는 인식이 자리 잡기 시작한 것이죠.

앞서 소개한 사회정서 교육 프로그램의 5가지 핵심 역량은 매우 의미 있는 구조예요. 하지만 막상 가정에서 바로 실천하기에는 개념이 너무 추상적이고 어렵게 느껴질 수 있습니다. 그래서 이 책에서는 사회정서 교육 프로그램의 5대 역량을 한국 부모님과 아이들이 직관적으로 이해하고 실천할 수 있도록, 11가지 '사회성 퍼즐 조각'으로 풀어 설명하고자 합니다.

왜 '퍼즐'이냐고요? 사회성은 단 하나의 능력으로 완성되지 않기 때문입니다. '자기감정을 아는 힘(자기 인식)'과 '타인의 감정을 아는 힘(사회적 인식)'이 모두 있어야 '좋은 관계(관계 기술)'를 맺을 수 있는 것처럼, 각각의 조각이 연결되어야 비로소 온전한 사회성이 완성됩니다. 또한 퍼즐을 하나하나 모아가는 과정은 사회정서 교육 프로그램이 추구하는 체계적이고 지속적인 성장과도 닮아 있습니다.

이 책은 아이의 사회성이 자연스럽게 자라날 수 있도록 학교, 가정, 지역 사회가 함께 따뜻한 정서 환경을 만들어가는 데 필요한 이야기와 실천 방법들을 담고 있습니다. 그리고 그 첫걸음은 바로, 가정에서 아이의 작은 사회성 조각을 하나하나 발견하고, 따뜻하게 이어주는 부모의 마음입니다.

2장

•기초편•

나를 잘 알고 지키기 위해 필요한 역량

자기 신뢰

거절이나 실패에도
무너지지 않는 힘

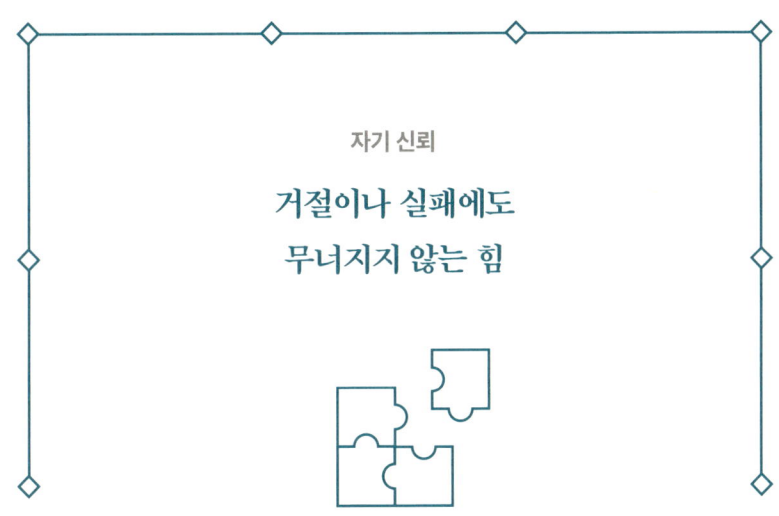

친구들과 어울려 노는 것을 좋아하는 5세 수아는 놀이터에서 유치원 친구들을 만나자 신나게 뛰어가서 인사를 합니다. "얘들아, 우리 그네 타러 갈래?" 하지만 친구들은 잡기 놀이를 하던 중이라 수아의 제안을 거절합니다. 수아는 머리를 떨구며 엄마에게 와서는 "친구들이 나 싫어해. 집에 갈래"라고 합니다.

수아처럼 친구들의 말에 쉽게 영향을 받고, 작은 말 한마디에도 상처를 받는 경우가 있습니다. 때로는 친구들에게 맞추려고 애쓰다가 관계에서 어려움을 겪기도 하지요. 이러한 행동은 친구들을 당황하게 만들거나 때로는 불편함을 느낀 친구들이 거리를 두는 원인이 되기도 합니다. 이런 아이들은 자존감과 자기 신뢰가 부족한 경우가 많습니다. 자존감과 자기 신뢰는 자신을 믿는 마음이라는 측면에서 비슷한 개념이지만 서로 조금 다릅니다. 자존감은 자신의 존재 자체를 소중하게 느끼는 마음이고, 자기 신뢰는 자신의 생각이나 능력을 믿는 마음입니다.

    자존감과 자기 신뢰는 심리학, 교육학, 아동발달학 등 여러 학문 분야에서 중요하게 다루는 개념입니다. 특히 아동발달학 분야에서는 자기 신뢰가 자존감의 기초가 된다고 보는 경향이 있습니다. 자신의 감정과 생각, 능력을 믿고 신뢰하는 것이 자존감 형성의 토대가 된다는 것이죠. 발달 초기부터 아이들은 스스로 해냈다는 경험, 자신의 선택과 행동이 긍정적인 결과로 이어졌다는 경험들을 통해 자기 신뢰를 쌓아갑니다. 부모나 양육자가 아이의 감정을 존중하고, 아이가 스스로 선택하고 시도할 기회를 충분히 제공할 때 아이의 자기 신뢰는 더욱 견고해지죠. 이렇게 형성된 자기 신뢰를 바탕으로 아이들은 점차 자신을 가치 있고 소중한 존재로 여기고, 건강한 자존감을 발달시켜 나갑니다.

작은 성공의 경험을
쌓아가도록

아이들이 자신에 대해 믿음을 갖지 못하면, 자신의 생각을 표현하거나 감정을 솔직하게 말하기도 어려워집니다. 그래서 '자기 인식'을 길러주는 데 있어 꼭 필요한 요소 중 하나가 바로 자기 신뢰예요. 그리고 이 자기 신뢰의 바탕이 되는 것이 바로 '내가 해냈다!'는 경험이 주는 자기 효능감입니다. 하지만 그 '해내기' 벽이 너무 높다면 어떨까요? 아직 준비되지 않은 아이에게 어려운 목표만 제시되면, 성취감을 느껴보기도 전에 포기해버릴 수 있어요. 또 결과가 기대에 못 미치면 쉽게 좌절하고, 자신을 믿는 마음은 점점 작아지게 되죠.

그래서 아이에게 작은 성공의 경험을 차곡차곡 쌓게 해주는 것이 중요합니다. 어렵지 않게 시작할 수 있는 아주 작은 미션 하나를 정하고, 그걸 성공했을 때 해냈다는 기쁨을 느낄 수 있게 해주는 거예요. 완벽주의 성향의 아이는 스스로 목표를 너무 높게 잡는 경우가 많고, 자신감이 부족한 아이는 아예 시작조차 두려워할 수 있어요. 이럴 땐 부모가 작은 단계의 미션을 제시해보세요.

예를 들면 이런 식입니다.

"오늘은 자기 전에 양말을 직접 벗어 봐."

"내일은 책가방을 혼자 정리해볼까?"

아이가 하나하나 성공할 때마다 부모가 기뻐해주고, 그 성취의 경험을 눈으로 확인할 수 있다면 더 큰 자신감으로 연결됩니다. 아이의 키가 자랄 때 벽에 키를 표시하며 "와, 이렇게 컸네!" 하고 눈으로 확인하지 않았나요? 아이의 마음도 그렇게 시각화해주는 도구가 필요해요. 이를 테면 다음에 제시되는 나의 목표 사다리, 나의 도전 계단, 나의 성장 나무 같은 도구를 활용해보세요. 아이의 성취를 눈으로 보여주며 '나는 할 수 있다'라는 마음이 조금씩 자라도록 만들어주는 거예요.

작은 성공 경험이 반복해서 쌓이면 아이의 마음속에 '스스로를 믿는 힘'이 서서히 자라나요. 그 힘은 자존감과 연결되고, 결국 사회성이라는 큰 그림의 밑바탕이 됩니다. 이때 중요한 것은 '무엇을 해냈느냐'가 아니라 '아이가 스스로 해냈다는 것 자체'에 집중해주는 거예요. 그런 경험이 쌓일수록 아이는 자기 마음을 믿게 되고, 세상과 만날 준비도 더 단단히 하게 됩니다. 우리 아이가 오늘 올라간 작은 계단, 그 첫걸음이 내일의 자존감 꽃을 피우는 밑거름이 될 거예요.

아이의 마음에 심어주는
믿음의 말

"나는 할 수 있어." 이 짧은 한마디가 아이에게 주는 힘은 생각보다 훨씬 큽니다. 아이가 자기 자신에게 긍정적인 메시지를 건네는 것, 이것이 바로 자기 확언입니다.

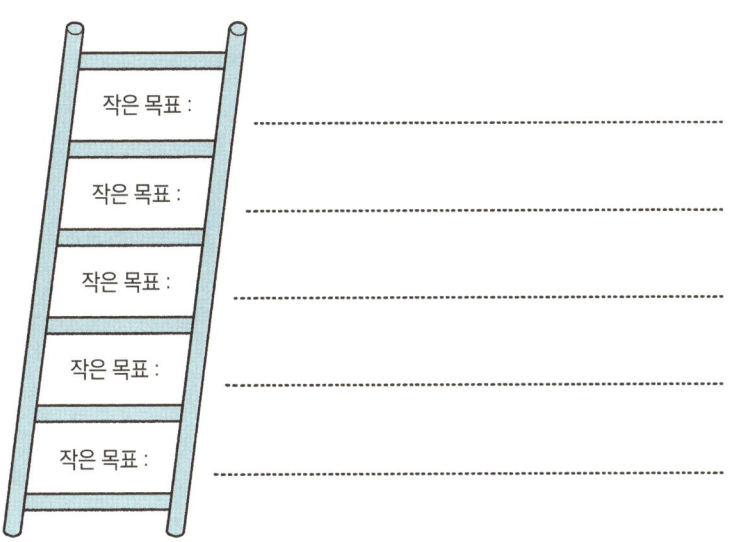

성공 경험 시각화 도구①: 나의 목표 사다리

'내가 해냈다'는 성취감을 맛보려면 '나는 할 수 있다'는 믿음이 먼저 있어야 해요. 하지만 목표가 너무 크고 높기만 하다면 아이는 쉽게 좌절하게 됩니다. 그럴 때는 부모님과 함께 작은 목표들을 사다리처럼 만들어보세요. 오늘 할 수 있는 일, 내일 도전해볼 일을 적어가며 사다리를 쌓아 올리는 거예요. 비록 작은 성취일지라도 한 계단 한 계단 밟아 올라가는 경험이 내일의 자신감이 된답니다.

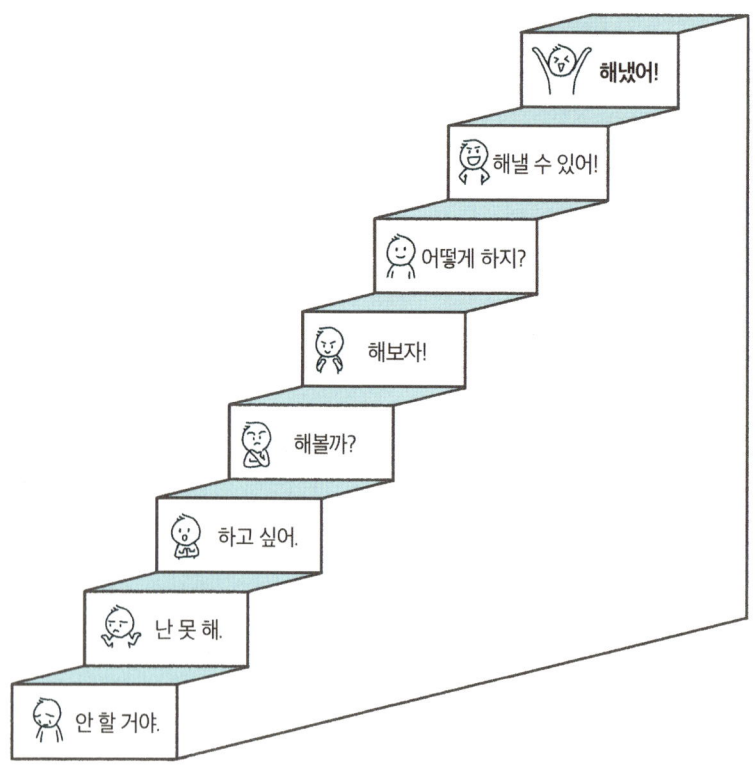

성공 경험 시각화 도구② : 나의 도전 계단

새로운 도전 앞에서 아이는 "안 할 거야" "난 못 해" 같은 부정적인 감정을 느끼기 마련입니다. 이는 자연스러운 반응이에요. 하지만 포기하지 않고 작은 발걸음이라도 내딛는 것이 중요합니다. '나의 도전 계단'은 아이의 마음이 변화하는 과정을 눈으로 보여줍니다. "해볼까?"에서 "해낼 수 있어!"로 이어지는 과정을 통해 아이는 도전에 대한 자신감을 키워갑니다. 부모님도 아이의 작은 시도를 격려하고 응원해주세요.

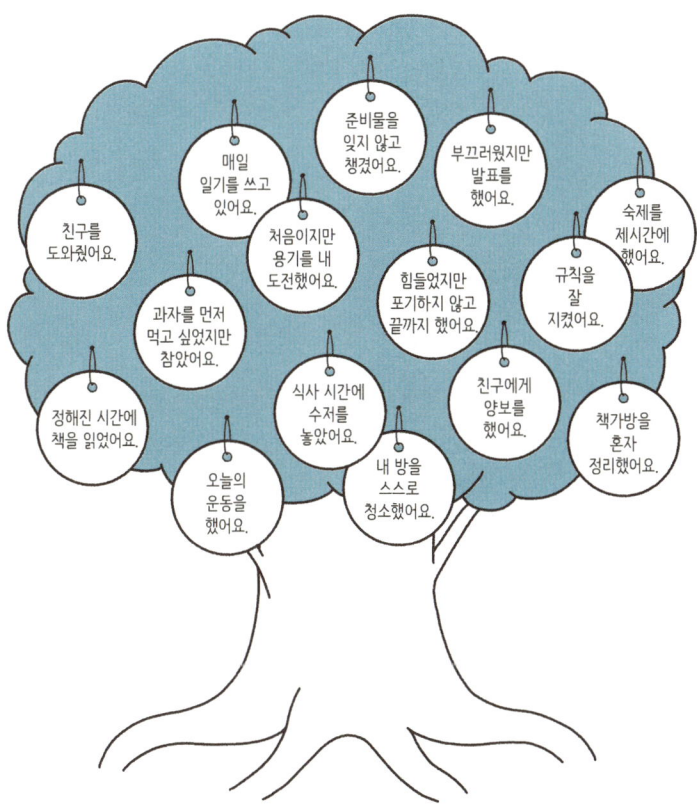

성공 경험 시각화 도구③ : 나의 성장 나무

내가 이뤄낸 성공의 경험들을 눈으로 확인한다면 '나는 할 수 있다'라는 자신감이 더욱 단단해집니다. 아이가 용기 내 이뤄낸 일들을 적어 열매처럼 나무에 달아주세요. 오늘 열린 작은 열매들이 쌓이고 쌓여 내일의 자신감이 된다는 사실을 일깨워주세요. 힘들 때 그 열매들을 보며 스스로를 응원할 수 있도록 격려해주세요. 풍성하게 매달리는 열매의 숫자만큼 아이의 자존감도 쑥쑥 자라날 거예요.

자기 확언은 말 그대로 '자신에게 확신을 주는 말'을 반복함으로써 스스로의 가치를 인식하고 자신감을 키우는 심리적인 전략입니다.

자기 확언은 단순히 기분을 좋게 하는 말에 그치지 않습니다. 자신의 능력이나 장점을 스스로 인식하고 받아들이게 하죠. 그리고 스스로에 대한 믿음을 강화시켜줍니다. 이러한 과정은 아이가 부정적인 생각에 빠졌을 때, 그것을 긍정으로 전환시키는 힘이 되기도 합니다. 실제로 자기 확언은 불안감을 낮추고 스트레스를 줄이며, 긍정 정서를 끌어올려 줍니다.

심리학자 루이스 헤이는 자기 확언이 부정적인 사고를 줄이고 자기 이미지에 긍정적인 힘을 불어넣기 때문에 자존감 발달의 기초가 된다고 강조했습니다. 역사학자 찰스 로젠버그는 "나는 할 수 있어"라는 말을 반복할 때 생기는 믿음이 아이의 감정과 행동에까지 영향을 미치는 '플라시보 효과'를 이야기했죠. 스탠퍼드 대학교의 캐롤 드웩 교수 역시 '믿음이 실제 성취로 이어질 수 있다'는 성장 마인드셋 이론을 통해 자기 확언의 중요성을 뒷받침했습니다.

결국 자기 확언은 아이에게 단순한 말이 아닌 '자신에 대한 긍정적인 태도'를 심어주는 과정입니다. 반복되는 긍정의 말은 아이가 스스로를 더 소중하게 여기게 만들고, "나는 괜찮은 사람이야" "나는 충분히 해낼 수 있어"라는 자기 인식을 키워줍니다. 이러한 자기 신뢰는 사회성의 바탕이 되며, 친구들과의 관계에서도 안정감을 느끼고, 낯선 상황이나 어려운 일 앞에서도 쉽게 포기하지 않고 나아갈 수 있는 내면의 힘이 되어줍니다.

자기 확언을 효과적으로 하기 위해서는 무엇보다 '꾸준한 반복'이 중요합니다. 하루 한 번, 잠자기 전, 아침에 눈 뜨고 거울을 보며, 엄마와 함께 손을 잡고 산책하면서, 익숙하고 따뜻한 순간에 아이 스스로 긍정적인 말을 해볼 수 있게 해주세요. 자기 확언 문장은 현실적이고, 이해하기 쉬운 표현이 좋아요.

"실수해도 괜찮아."
"나는 새로운 걸 배우는 중이야."
"오늘도 열심히 한 내가 멋져."

그리고 이 자기 확언이 말에만 머무르지 않고, 실제의 경험으로 이어지도록 연결해주는 것이 중요합니다.

"오늘 도전해본 거, 정말 멋졌어. 네가 '나는 할 수 있어'라고 말한 그대로 했네!"

이렇게 이야기해주면 아이는 자기가 한 말을 스스로 증명한 경험으로 받아들이게 됩니다. 이런 경험이 쌓일수록 아이는 점점 더 스스로를 믿고, 더 단단하고 유연한 마음을 갖게 됩니다. 우리 아이가 자기 자신에게 따뜻하게 말할 줄 아는 사람으로 자라도록, 매일 한 줄씩 자기 확언 문장을 건네보세요. 그 말들은 아이 마음속 깊이 심어져 평생을 지탱할 내면의 뿌리가 되어줄 거예요.

자기 확언을
루틴으로 만드세요

자기 확언은 아이가 거울을 보며 "나는 소중해" "나는 할 수 있어"와 같은 말을 스스로에게 들려주는 것에서 시작할 수 있어요. 이런 문장들을 필사해서 써보거나, 아침마다 '오늘의 한마디'로 외치는 습관을 만들어보는 것도 좋습니다. 녹음 기능이 있는 앵무새 인형이나 장난감을 활용해보는 것도 아이들에게 즐거운 놀이처럼 다가갈 수 있고, 자신만의 자기 확언 노래를 만들어 부르는 것도 효과적입니다.

물론 몇 번만 한다고 해서 바로 눈에 띄는 변화가 일어나는 건 아니에요. 자기 확언은 꾸준하고 반복적인 연습이 필요합니다. 아이의 발달 수준에 맞는 문장을 사용하는 것도 중요합니다. 너무 높은 기대나 비현실적인 문장은 오히려 거리감을 느끼게 하죠. 현실적인 문장을 통해 실제 경험과 연결되었을 때 자기 확언은 비로소 아이에게 '믿음'으로 자리 잡습니다.

다음과 같은 자기 확언을 되뇌는 것을 하루의 리추얼(의식)로 만들어보세요. 등교 전이나 잠자기 전 등 하루 중 시간을 정하는 것이 좋습니다.

"나는 소중해."

"나는 특별해."

"나는 용감해."

"나는 친절해."

"나는 할 수 있어."

"나는 항상 노력해."

"나는 강해."

"나는 내 생각(감정)을 말로 표현할 수 있어."

"오늘도 잘될 거야."

"다시 할 수 있어."

"난 좋은 친구야."

예를 들어, 아침 등교 전에 "나는 항상 노력해"라고 말하는 리추얼을 행한다고 해보죠. 그런데 아이가 오후에 숙제를 하다 어려움에 부딪힌다면 이렇게 용기를 북돋아줄 수 있겠죠.

"우리 오늘 아침에 뭐라고 했었지? 맞아, 항상 노력한다고 했지. 지금 ○○는 그 노력을 하고 있는 중이야. 포기하지 않으면 반드시 해낼 수 있어."

이렇게 긍정의 말이 일상의 경험과 이어질 수 있도록 상기시켜 주세요.

"나는 좋은 친구야"라는 자기 확언을 했다면, 좋은 친구는 어떤 말과 행동을 하는지 구체적으로 함께 이야기를 나눠볼 수 있습니다.

"넌 친구 이야기를 잘 들어주잖아. 또 물건도 사이좋게 나눠 쓰고, 항상 먼저 하려고 고집부리지도 않지."

이렇게 실천 가능한 행동으로 풀어서 설명해주면 자기 확언의 효과는 더욱 좋아집니다.

"나는 내 생각과 감정을 말로 표현할 수 있어."

이런 말을 외친 아이에겐 가정에서 아이의 의견을 존중해주는 경험이 꼭 필요합니다. 무엇을 입고 싶은지, 어떤 책을 읽고 싶은지, 무엇을 배우고 싶은지 등 일상 속 작은 선택을 통해 아이는 자신이 존중받고 있다고 느낍니다.

자기 확언은 단순한 '긍정의 말'이 아닙니다. 아이 스스로 자신을 믿게 하고, 성장의 동기를 심어주는 마음의 훈련입니다. 아이의 입에서 나오는 "나는 할 수 있어"는 스스로를 향한 가장 따뜻한 격려이자 가장 강력한 약속일지 모릅니다.

자존감의 씨앗을 심어주세요

자존감과 자기 신뢰가 높은 아이는 게임에서 지거나 시험을 못 봐도 '열심히 했으니까 괜찮아'라고 생각합니다. 잘하지 못해도, 이기지 못했어도 '다음엔 더 잘할 수 있어'라는 긍정적인 태도를 갖습니다. 또한 친구가 자신의 말을 안 들어주거나 거절해도 '지금은 놀고 싶은 기분이 아니구나, 다음에 놀면 되지' 하며 타인에게 휘둘리지 않는 당당함을 지녔죠. 또한 자신의 능력을 믿기에 친구와 갈등이 생겨도 '이렇게 하면 해결될 거야'라며 적극적으로 문제를 해결하려고 합니다.

반면 자존감과 자기 신뢰가 부족한 아이는 친구들의 말과 행동에 쉽게 휘둘리고, 작은 거절에도 크게 상처를 받습니다. 자신의 의견을 표현하기보다 친구들에게 맞추려고 하고, 눈치를 보며 관계를 유지하려고 합니다. 또한 도전이 필요한 상황에서 '난 못해'라며 쉽게 포기하거나 갈등을 회피하려는 모습을 보이기도 하죠.

아이들이 건강한 사회성을 키우려면, 자신을 소중히 여기고(자존감), 자신의 능력을 믿는 힘(자기 신뢰)을 길러야 합니다. 자존감이 높은 아이는 거절을 당해도 무너지지 않고, 자신을 존중하며 타인의 감정을 이해하는 여유를 가지죠. 또 자기 신뢰가 높은 아이는 어려운 상황에서도 해결책을 찾고, 도전에 주저하지 않는 태도를 보입니다. 이 2가지가 균형을 이루면, 아이는 앞으로 살아가면서 마주할 다양한 도전과 역경을 포기하지 않고 헤쳐나가는 힘을 가질 수 있습니다.

자존감을 아이에게 설명할 때는 이렇게 말해줄 수 있어요.

"자존감은 나를 사랑하는 마음이야. 또 '나는 할 수 있어!'라고 믿는 마음의 힘이기도 하지."

하지만 이런 설명도 아이들에겐 조금 어려울 수 있어요. 그래서 자존감을 아이 눈높이에 맞춰 비유로 풀어주는 것이 좋습니다.

"사람마다 마음속에 아주 작고 특별한 씨앗이 하나씩 있어. 그 씨앗의 이름은 바로 '자존감 씨앗'이야. 엄마도 있고, 아빠도 있고, 너도 있어. 그런데 씨앗이 가만히 있다고 저절로 자랄까? 아니야. 물도 주고, 햇볕도 필요하고, 때로는 거름도 줘야 하지.
자존감 씨앗도 똑같아. 그냥 두면 자라지 않아. '나는 할 수 있어' '나는 이런 걸 잘해' 하고 스스로 긍정적인 생각을 할 때 씨앗이 쑥쑥 자라. 또 처음 해보는 걸 도전하거나, 실수해도 다시 해보려는 용기를 낼 때, 그리고 끝까지 해냈을 때, 마치 좋은 거름을 준 것처럼 자라나게 돼.
하지만 '난 못하겠어' '난 바보인가 봐' 같은 부정적인 말들을 자주 하면, 씨앗이 시들시들 작아질 수도 있어. 그래서 네 마음속 씨앗을 건강하게 키우려면, 스스로에게 좋은 말을 해주고, 도전하고, 포기하지 않는 연습을 해야 해. 그렇게 하다 보면 자존감 씨앗에서 싹이 나고, 잎사귀가 열리고, 꽃이 피어나게 될 거야."

이런 이야기를 아이와 나눈 다음에는 직접 자존감 씨앗을 키우는 미술 활동을 함께 해보는 것도 좋아요. 예를 들어, 씨앗 모양 종이에는 아이의 장점을, 빗방울 모양 종이에는 아이가 들은 칭찬이나 긍

자존감 씨앗 키우기

정적인 말을, 햇살 모양 종이에는 아이가 스스로 해낸 일이나 도전한 일을, 바람결 모양 종이에는 친구들과 함께 이뤄낸 일을 적어보는 거예요. 그리고 이 모든 조각들을 모아 꽃으로 피워내는 자존감 작품을 완성해보는 거죠.

- **씨앗 모양 종이:** 나의 장점을 적어요.
  예) "친구를 잘 도와줘요." "색칠을 꼼꼼하게 해요."

- **빗방울 모양 종이:** 내가 스스로 해낸 일이나 용기내서 해본 일을 적어요.
  예) "스스로 신발을 신었어요." "수줍었지만 발표를 했어요."

- **햇살 모양 종이:** 내가 들었던 칭찬, 긍정적인 말을 적어요.
  예) "따뜻한 마음을 가졌네." "용기를 낸 모습이 멋졌어."

- **바람결 모양 종이:** 친구들과 함께 성취해본 경험을 적어요.
  예) "친구들과 함께 블록을 쌓았어요." "친구들과 사이좋게 나누어 썼어요."

이 과정에서 아이는 눈으로, 손으로, 마음으로 자신의 성장을 확인할 수 있어요. 그리고 말해줄 수 있겠죠.

"엄마 아빠도 너의 자존감 씨앗이 무럭무럭 자라도록 늘 응원하고 있어. 하지만 진짜 중요한 건, 이 씨앗은 너 스스로 키워야 한다는 거야. 자, 우리 같이 마음속 씨앗을 잘 돌봐보자."

자기 인식

"몰라" 대신 "슬퍼"라고 말하는 아이로 키워라

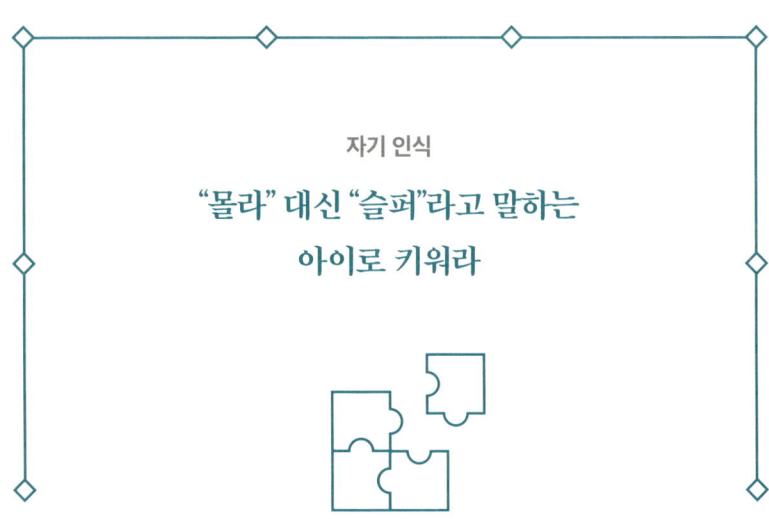

서진이는 친구들과 모래로 성을 쌓고 있습니다. 트럭에 모래를 잔뜩 실어서 옮겨가며 더 큰 성을 지을 계획입니다. 그런데 지나가던 친구가 모아놓은 흙을 실수로 밟고 지나갑니다. 서진이는 소리를 지르며 화를 냅니다. 친구가 "미안해. 실수로 그랬는데, 왜 화를 내?"라고 하자, 서진이는 "내가 언제 화냈다고 그래?"라며 계속 소리를 지르고 방어적 태도를 보입니다.

서진이는 자신의 감정을 정확히 인식하지 못했습니다. 그래서 그 감정에서 비롯된 자신의 행동도 부정해버렸죠. 혹여 자기감정을 인식했더라도, 그 감정을 인정하기 싫어서 방어적 태도를 보인 것일 수도 있습니다. 이처럼 아이들이 타인과 어울리는 상황에서 갈등을 겪고, 그 안에서 자신의 감정을 제대로 인식하지 못할 때 문제는 더 커질 수 있습니다.

사회성 교육이라고 하면 친구들과 잘 어울리는 방법, 갈등 상황에서의 언어적 대응을 먼저 떠올리지만, 그보다 더 먼저 기반이 되어야 할 중요한 능력이 자기 인식입니다. 자기 인식이란 자신의 감정과 생각, 행동을 인식하고, 그것이 자신과 주변에 어떤 영향을 주는지를 이해하는 능력입니다. 감정은 생각이나 행동에 비해 아이들이 상대적으로 쉽게 인식할 수 있는 대상입니다. 분노, 슬픔, 기쁨 같은 기본 감정은 어린 시기부터 경험하고 표현하기 때문이죠. 반면 자신의 생각이나 행동 동기를 파악하기 위해서는 좀더 복잡한 인지 능력이 필요합니다.

자신의 감성을 잘 알아야 타인의 감성도 제대로 알아차릴 수 있고, 그에 맞는 반응도 할 수 있습니다. 그것이 자기 인식의 첫걸음인 셈이죠. 그런데 서진이처럼 내가 어떤 감정을 느끼고 있는지도 모른 채 행동이 먼저 튀어나오는 경우, 감정의 흐름과 그 결과를 스스로도 인식하지 못하게 됩니다.

감정을 인식하지 못한 채 행동으로 바로 튀어나오는 아이들, 또는 자신이 어떤 감정을 느끼는지도 모르겠다고 말하는 아이들을 우리는 종종 만납니다. 선생님이 "기분이 어때?"라고 물어도 "몰라요"

또는 "그냥 괜찮아요"라고만 대답하죠. 뭔가 하고 싶은 말이 있어 보이지만 감정을 표현할 적절한 말이 입 밖으로 쉽게 나오지 않는 것입니다.

자기 인식이
이루어지는 3단계

이처럼 어떤 아이들은 감정을 인식하지 못하거나, 느끼더라도 표현하지 못하고, 때론 애써 부정하려고도 합니다. 왜 그럴까요? 그 이유는 다양합니다. 감정을 설명할 수 있는 어휘가 부족해서일 수도 있고, 감정을 표현했다가 부정적인 반응을 경험한 적이 있어서일 수도 있습니다. 또는 평소 부모나 어른들로부터 "그 정도 가지고 왜 울어?" "좀 참아야지" 같은 말을 자주 들었다면 감정을 드러내면 안 된다고 받아들였을 수도 있습니다.

하지만 감정을 억누르거나 외면한 채로는 타인과 진심으로 연결되기 어렵습니다. 격한 감정을 인식하지 못하면 자기 조절도 어려워지고, 결국 불쑥 튀어나온 행동이나 말로 인해 갈등을 빚기도 합니다. 또 자신의 감정이 어떤 행동으로 이어졌는지 이해하지 못하면, 왜 그런 상황이 벌어졌는지 제대로 파악하지 못하게 되고요. 그래서 자기 인식은 사회성의 첫걸음입니다. 내가 나를 잘 알아야 타인과도 건강하게 어울릴 수 있어요.

아이들의 자기 인식을 키워주고 싶다면 먼저 '모든 감정은 괜찮다'는 메시지를 전해주세요. 기뻐도 되고, 화가 나도 되고, 속상해도 괜찮다고 말해주는 것이죠. 그리고 아이가 감정을 표현할 기회를 자주 줘야 합니다. 아이의 감정을 부모나 교사가 진심으로 들어주고 공감해주는 경험이 반복될수록 아이는 점차 감정을 더 정확히 인식하고 표현할 수 있게 됩니다.

또한 자기 인식은 감정뿐 아니라 자신이 무엇을 좋아하고 싫어하는지, 어떤 걸 잘하고 어떤 부분이 어려운지, 자신만의 강점과 약점, 성향과 욕구를 이해하는 것까지 포함합니다. 자신에 대한 이해가 깊어질수록 자기 신뢰가 자라나고, 자존감도 단단해집니다.

그럼 자기 인식 역량은 어떻게 자라나는 걸까요? 자기 인식은 다음의 3가지 단계에 따라 이루어집니다.

1단계: 감정 식별하기

감정을 제대로 인식하거나 표현하지 못하는 아이들의 경우, 감정 어휘 자체가 부족할 수 있습니다. 눈에 보이지 않는 감정을 인지하려면, 먼저 감정을 언어로 명명해주는 연습이 필요합니다. 일상 속에서 감정을 말로 표현하는 것이 반복될수록, 아이는 감정의 미묘한 차이를 구분해낼 수 있습니다. 그러면 자신의 감정을 더 정확하게 표현할 수 있게 되죠.

연령별 아이가 식별 가능한 감정

0~2세		3~4세		5~6세		7~8세	
긍정	부정	긍정	부정	긍정	부정	긍정	부정
좋음	싫음	신뢰감	속상함	고마움	실망	감동	불안함
기쁨	슬픔	평온함	지루함	뿌듯함	질투	기대감	초조함
편안함	불편함	즐거움	부끄러움	안심	긴장감	믿음	억울함
놀라움	두려움	감사함	미안함	궁금함	짜증	희망	부당함
호기심	분노	자랑스러움	창피함	용감함	외로움	공감	후회감
		사랑스러움	부러움	자신감	혼란스러움	영감	소외감

예를 들어, 아이가 울고 있을 때 "슬퍼 보이네"라고 말해주거나, 화가 난 듯한 친구를 보며 "찡그린 얼굴을 보니 화가 났구나"라고 이야기해주세요. 동화책을 읽으며 등장인물의 표정을 보고 감정을 추측해보는 것도 좋은 방법입니다.

감정 식별은 연령에 따라 그 폭이 넓어집니다. 기본 감정인 기쁨, 슬픔, 분노, 두려움, 혐오 같은 5대 감정에서 시작해서 점차 실망, 부끄러움, 질투, 감동 같은 더 섬세한 감정으로 확장되어 갑니다.

2단계: 감정 인식하기

아이들은 기쁨이나 분노, 두려움처럼 기본적인 감정은 비교적 쉽게 말할 수 있습니다. 하지만 때로는 알고 있는 감정조차도 인정하지 않으려는 모습을 보이곤 해요. 특히 화와 같은 감정은 부정적인 것으로 여기거든요. 그래서 "나 화 안 났어!"라고 부정할 수 있어요. 속으로는 불안하거나 짜증이 나는데도 겉으로는 아무렇지 않은 척하는 경우도 있죠.

이처럼 감정을 인식하고 인정하는 것은 단순한 표현의 문제가 아닙니다. 그보다는 사회정서 역량의 가장 기초가 되는 자기 인식의 문제입니다. 감정을 제대로 알아차리지 못하면 적절한 말이나 행동으로 표현하기 어렵죠. 타인의 감정을 이해하거나 상황에 맞는 대응을 하는 데도 한계가 생깁니다. 반면 감정을 인식하고 받아들이는 능력이 자라면 불필요한 갈등이 줄어들고, 문제 상황에서 더 나은 해결책을 찾을 수 있습니다. 그래서 감정 인식은 사회성의 기반이 됩니다.

아이의 감정 인식 능력을 키워주기 위해 다음의 3가지 연습을 해주면 좋습니다.

○ **신체 변화와 감정 단어 연결하기**

어린아이들에게 감정은 보이지 않는 것이라 더욱 어렵게 느껴질 수 있습니다. 특히 다양한 경험이 부족한 시기에는 자신의 감정이 어떤 신체 반응을 일으키는지도 잘 모를 수 있어요. 예를 들어 두려워서 가슴이 벌렁거리거나, 속상해서 눈물이 나는데도 그게 '무서움'이나 '슬픔'이라는 감정과 연결된다는 걸 인지하지 못하는 경우가 많습니다.

이럴 땐 부모가 감정과 신체 반응을 연결해주는 언어적 모델링을 해주어야 합니다. 아이가 미끄럼틀 위에서 주저하고 있다면 "무서워?" 하고 묻는 대신 "배 속이 간질간질한 느낌이 들어? 높은 곳에 있으니 무서운 마음이 드는구나" 하고 감정과 신체의 반응을 자연스럽

신체 반응과 감정 단어를 연결하는 예

상황	신체 반응	감정 단어
미끄럼틀 위에서 주저할 때	배 속이 간질간질한 느낌이 들어?	높은 곳에 있으니 무서운 마음이 드는구나.
발표회 전 긴장될 때	손에서 땀이 나고, 가슴이 콩닥거리니?	많은 사람들 앞에 서려니까 가슴이 떨리는구나.
장난감이 망가졌을 때	얼굴이 빨개졌네?	화도 나고 속상하구나.
큰 선물을 받았을 때	입이 딱 벌어졌네?	깜짝 놀라고 기분도 좋구나.
엄마한테 혼났을 때	몸이 움츠러들고 눈물이 나?	슬프고, 무섭기도 하구나.
친구들과 싸웠을 때	얼굴을 찡그리고 주먹도 꽉 쥐었네.	짜증나고, 화도 나고, 기분이 안 좋구나.
동생이 이상한 말을 할 때	고개를 갸우뚱하게 되지?	혼란스럽고 당황스럽니?
게임에서 졌을 때	입이 삐죽 나왔네?	아쉽고 속상하구나?

게 연결해주고, 발표회 전에 긴장하는 아이에게는 "손에 땀이 나는 걸 보니 긴장했구나. 많은 사람들 앞에서 발표하려니 떨리는 거지?"라고 말해주는 식이죠.

앞에서 제시한 신체 반응과 감정 단어를 연결해주는 부모의 말 예시처럼 일상에서 아이의 표정과 행동, 몸짓을 읽어 감정 언어로 연결해주는 연습을 꾸준히 해주세요. 이 과정을 통해 아이는 점점 자신의 감정을 더 잘 인식하고 표현할 수 있게 됩니다. 그리고 감정을 알아차리는 힘은 결국 자기 이해와 자기 조절로 이어지는 사회성의 첫걸음이 되어줍니다.

○ **'나 화법'으로 말하는 법 알려주기**

'나 화법(I-message)'은 아이에게 자기감정을 건강하게 표현하는 방법을 알려주는 아주 좋은 도구입니다. 아이가 자신의 감정을 인식하고 표현할 수 있도록 도와주고, 동시에 상대방을 공격하지 않으며 관계를 지키는 데도 효과적이지요.

"나는 □□해" "나는 □□라고 느껴" "나는 □□라고 생각해"처럼 자기감정을 중심에 두는 표현을 일상에서 자주 쓰도록 유도해주세요. 처음에는 '나는 + 상황 + 감정'으로 시작해서, 익숙해지면 '이유'까지 더해주는 방식으로 확장할 수 있습니다.

예를 들면 이런 식입니다.

"나는 네가 소리를 지르면(상황) 깜짝 놀라(감정)."

이렇게 '나는'으로 시작해서 '상황'을 설명한 뒤 '감정'을 이야기하는 것입니다. 두 가지를 먼저 연습하다가, 아이가 표현하는 것이 자연스러워지면 이유를 추가해줍니다.

"나는 네가 새치기하면(상황) 슬퍼(감정). 내가 먼저 기다리고 있었거든(이유)."

이런 공식을 사용하면 아이가 자신을 중심으로 감정을 말하기가 쉬워집니다. "너 때문이야"라는 표현 대신 "나는 □□라고 느꼈어"라고 말하면, 갈등 상황에서도 더 차분하게 소통할 수 있어요. 또 아이 스스로 감정을 조절하고 상황을 이해하는 데도 큰 도움이 됩니다. 상대방도 비난받는 느낌이 덜해서 방어적인 반응을 줄일 수 있고요.

일상에서 자주 나오는 말을 '나 화법'으로 바꿔봅시다. 다음 예시를 아이와 함께 연습해보세요.

"넌 내 말은 절대 안 듣지?!"
→ "난 네가 내 말을 안 들으면 슬퍼. 내 생각을 너에게 잘 전해주고 싶거든."

"야, 내 거 그만 써!"
→ "난 네가 내 물건을 물어보지 않고 가져가면 화가 나. 나한테 소중한 물건이거든."

"지금이 몇 시야? 너 거북이냐?"
→ "난 네가 늦게 와서 속상해. 더 빨리 너랑 같이 놀고 싶었거든."

"넌 맨날 약속 까먹지?"
→ "난 네가 약속 시간을 놓쳐서 안타까워. 다 같이 놀면 더 재미있었을 텐데."

이런 표현들을 반복해서 연습하다 보면, 아이는 감정을 알아차리고 말로 풀어내는 능력이 자연스럽게 길러집니다. 이는 곧 자기 인식, 자기 조절, 관계 기술 모두를 키워주는 중요한 사회성 연습이 됩니다.

○ **감정을 인지하고 완화시키는 매직 파우더 놀이**

세 막내딸은 감정에 유난히 예민한 아이입니다. 평소에도 감정의 폭이 큰 편이라, 남들이 보기엔 별일 아닌 상황에도 얼굴을 찌푸리거나 팔짱을 끼며 즉각적으로 반응하죠. 발을 쿵쿵 구르며 걷는 걸 보면, 굳이 말하지 않아도 아이의 감정 상태가 훤히 읽힙니다. 그런데 정작 본인은 "나 화 안 났어"라고 말하며 부정하는 경우가 많습니다. 감정을 인지하지 못하거나, 인식하고도 받아들이지 않는 모습이 종종 보여요.

그래서 저는 아이가 자기감정을 자연스럽게 인식할 수 있도록,

아주 유쾌한 방법 하나를 고안해냈습니다. 이름하여, 매직 파우더 놀이입니다. 매직 파우더는 실제로는 존재하지 않는 상상의 파우더예요. 아이가 얼굴을 찡그리고 있거나 기분이 나빠 보일 때 저는 슬그머니 다가가서 제 손가락을 가볍게 쥐었다가 탁 풀면서 "매직 파우더 발사~!" 하고 외칩니다. 손가락을 살짝 꼬물꼬물 비비는 듯한 동작과 함께, 얼굴에 상상의 가루를 '톡' 뿌리듯 손짓을 해주는 것이죠.

처음엔 아이도 깜짝 놀라더니 이내 웃음을 터뜨렸습니다. 이제는 제가 "매직 파우더 발사~!"를 외치면 아이는 무조건 미소를 짓게 되었어요. 사람의 감정은 표정이나 제스처에 영향을 많이 받습니다. 찡그린 얼굴을 펴고 한 번이라도 웃으면, 그 순간 감정의 물살이 잠깐 멈추고, 자기감정을 돌아볼 여유가 생깁니다. 이 놀이의 목적은 바로 그 지점에 있습니다. 감정을 억누르거나 무시하지 않고, 스스로 알아차리도록 가볍게 터치해주는 것. 그리고 그 감정을 잠깐 이완시키고 누그러뜨릴 수 있는 시간을 만들어주는 것.

아이와의 일상 속에서 놀이는 언제나 훌륭한 교육의 도구가 됩니다. 감정을 다루는 일도 예외는 아니에요. 거창한 교훈을 말하기보다는 이렇게 웃으며 마주 볼 수 있는 순간 하나가 아이에게는 자기를 이해하고, 스스로 다독이는 힘이 되어줍니다. 아이의 얼굴에 매직 파우더를 뿌릴 때마다 저는 아이가 점점 더 자신의 마음을 알아차리고, 조금씩 말로 꺼내는 연습을 하고 있다는 것을 느낍니다.

3단계: 감정 인정하기

아이가 자신의 감정을 잘 알고, 그 감정이 왜 생겼는지 원인까지 연결해낼 수 있다고 해서, 곧바로 그 감정을 온전히 받아들이고 표현하는 것은 아닙니다. 말하자면 감정을 '아는 것'과 '인정하는 것'은 또 다른 이야기죠. 아이들이 감정을 쉽게 인정하지 못하는 이유는 다양합니다. 어떤 아이는 일상에서 감정을 표현하는 어른의 모습을 자주 보지 못했을 수 있고, "화를 내면 나쁜 아이야" 같은 말을 들으며 자랐을 수도 있습니다.

특히 한국 문화는 속마음을 드러내는 걸 삼가고, 속내를 감추는 걸 예의로 여기는 경향이 있죠. 그래서 부정적인 감정을 드러내는 것이 어색하고 낯설게 느껴질 수도 있어요. 하지만 아이가 자신의 감정을 인정하고 받아들여야만, 그것을 건강하게 표현할 수 있습니다. 모든 감정은 자연스러운 거예요. '좋은 감정'만 있는 것도, '나쁜 감정'만 있는 것도 아닙니다.

우리가 흔히 부정적으로 여기는 감정, 이를테면 화, 불안, 짜증, 서운함 등도 모두 나에게 무언가를 알려주는 소중한 신호입니다. 화는 내가 원하지 않는 일이 벌어졌다는 걸 알려주고, 불안은 나에게 지금 무언가 낯선 일이 발생했으며 조심해야 하는 상황이라고 경고해주죠. 이처럼 모든 감정이 다 의미가 있고, 나를 지키고 도와주기 위한 신호임을 아이에게 알려주세요. 그러면 아이도 자연스럽게 그 감정을 '받아들이는 연습'을 할 수 있습니다.

물론 감정을 인식하고 인정하는 것으로 끝나는 것이 아니라, 그 감정을 '어떻게' 표현하느냐도 중요합니다. 아무리 화가 났다 해도 소리를 지르거나 물건을 던지기보다는 그 감정을 말로 표현하고, 다른 방법으로 풀 수 있도록 도와주는 것이 필요하겠죠. 감정을 인정하고 받아들이는 힘은 결국 아이의 사회성과 깊이 연결됩니다. 자신의 감정을 잘 알아차리고, 그 감정을 있는 그대로 받아들일 줄 아는 아이는 타인의 감정에도 더 민감하게 반응하고 공감할 수 있습니다. 그래서 갈등 상황에서도 타인을 이해하고 소통하며, 관계를 건강하게 유지할 수 있는 아이로 자라납니다.

또한 자신이 어떤 감정을 자주 느끼는지 잘 아는 아이는 쉽게 흔들리지 않습니다. 누가 뭐라고 해도 중심이 단단하니까요. 그래서 감정을 있는 그대로 인정하는 것은 건강한 자존감을 키워가는 시작이기도 합니다.

자기 인식을 돕는
'나의 슈퍼 파워 찾기'

어린이집에 다니는 2~5세 아이들은 무언가를 혼자서 해보려는 욕구가 아주 강합니다. 밥을 혼자 먹겠다고 하고, 신발 한 짝을 거꾸로 신고도 뿌듯해하며 "내가 했어!" 하고 자랑스럽게 말하죠. 발달 심리학자 에릭슨이 말한 것처럼, 이 시기의 아이들은 자율성이 한창 자라나는 중입니다. 어른을 따라 하기도 하고, 새로운 것에 도전하며 스스로 해내려는 열망이 큽니다.

하지만 아이가 유치원 시기인 6~8세가 되면 조금 달라집니다. 이제는 또래 친구들과 자신을 비교하기 시작하고, 부모나 선생님, 친구의 시선도 의식합니다. 그 과정에서 '나는 왜 이것밖에 못하지?' '나는 왜 저 친구처럼 안 될까?' 하는 마음이 생길 수 있어요. 처음에 자신만만하게 덤볐던 도전들이 어느 순간 주춤해지기도 합니다. 그토록 활발하던 "내가 할래!"의 기세는 "몰라, 못해"라는 말로 바뀌며 꺾이기도 하죠.

이럴 때 필요한 것이 바로 '자기 인식'을 돕는 경험입니다. 내가 무엇을 좋아하는지, 무엇을 잘하는지, 어떤 점은 더 연습이 필요한지 스스로 아는 것. 그리고 그걸 바탕으로 작은 목표를 세워 하나씩 이루어나가는 경험이 꼭 필요합니다. 그래야 아이가 자기 자신을 믿고, 실패해도 다시 도전할 용기가 생깁니다.

'나의 슈퍼 파워 찾기' 활동은 바로 그 첫걸음이 되어줄 수 있어요. 아이가 스스로 잘하는 걸 찾아보고, 좋아하는 걸 말해보며 자기만의 강점을 찾아보는 놀이입니다. '슈퍼 파워'라는 말 하나만으로도 아이들의 눈이 반짝반짝해지죠. 부모님도 함께 참여하면 더 좋아요.

"엄마는 그림 그리는 걸 좋아해. 처음엔 잘 못했는데 자꾸 그리니까 더 재밌어졌어. 그래서 지금은 그림 그리는 게 엄마의 슈퍼 파워야."

"아빠는 요리가 슈퍼 파워야. 맛있는 걸 좋아하니까 요리도 배우고, 매일 요리를 하다 보니 점점 더 잘하게 됐거든."

이렇게 이야기해주면 아이도 자신의 이야기를 꺼내기 더 쉬워집니다. 그래도 아이가 자신의 슈퍼 파워 찾기를 어려워한다면 다음과 같은 구체적인 말로 도와줄 수도 있습니다.

"선생님이 너는 발표할 때 목소리가 또렷하다고 칭찬했잖아. 그거 멋진 슈퍼 파워야."

"친구 울 때 네가 토닥여줬다며? 친절이라는 슈퍼 파워를 가졌네."

이런 과정을 통해 아이는 자기 자신을 조금씩 긍정적으로 바라보게 됩니다. 그리고 다른 사람의 강점도 존중할 수 있는 눈을 갖게 되죠. 나만의 슈퍼 파워가 있다는 믿음은 아이의 자존감을 키워줍니다. 이처럼 자신의 강점을 인식하는 자기 인식을 통해, 앞에서 소개한 자기 신뢰도 쌓을 수 있습니다. 그리고 다양한 관계 속에서도 건강하게 나를 지키며 타인을 존중하는 사회성의 밑바탕도 마련됩니다.

우리 아이가 자신만의 반짝이는 힘을 발견하고, 그 힘을 소중히 여기며 자라날 수 있도록 함께 이야기해보세요. 아이의 마음에 '나, 꽤 괜찮은 사람이야'라는 믿음이 자라나기 시작할 거예요.

자기 표현

소통은 자기감정을 꺼내는 연습에서 시작된다

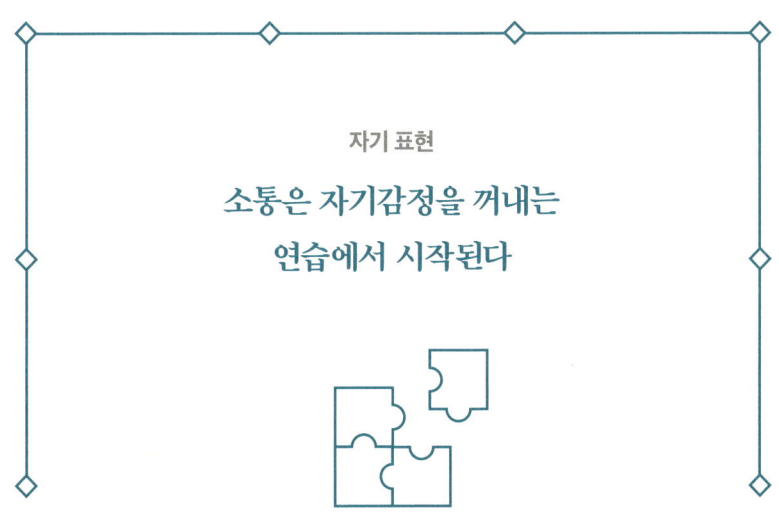

도영이는 친구들과 함께 자석 타일로 탑을 쌓고 있습니다. 그런데 탑이 계속 무너지자 한 친구가 탑 말고 주차장을 만들자고 제안합니다. 도영이는 친구의 말에 아무 반응을 하지 않고 파란색 타일을 계속 모아서 더 높은 탑을 만들자고 말합니다. 그런데 타워가 또 무너지고 맙니다. 친구들은 하나둘씩 도영이를 등지고 자기들끼리 합심해서 주차장을 만듭니다.

도영이의 소통이 단절된 게 보이죠. 친구의 말을 귀담아듣지 않고 자기주장을 굽히지 않아요. 그리고 친구들이 하나둘씩 떠나는 비언어적 신호도 읽지 못하죠. 아이들이 겪는 소통의 어려움은 다양한 모습으로 나타납니다. 어떤 아이는 친구가 말하고 있는 중에도 불쑥 자신의 이야기를 이어갑니다. 대화가 단절되어 친구들과 원활한 관계 맺기가 어려워집니다. 또 다른 아이는 자신의 감정을 잘 표현하지 못해 소통에 어려움을 겪기도 합니다. 병원 놀이를 할 때, 나는 의사 역할이 하고 싶지만, 친구가 환자 역할을 맡기자 그대로 따릅니다. 내키지 않아도 친구가 시키는 대로 하다 보니 점점 병원 놀이가 싫어집니다. 이처럼 속마음과 다르게 행동하고 자신의 의견을 표현하지 못할 때, 아이는 점점 자기 표현을 피하게 되고 친구들과의 놀이에서도 흥미를 잃어갑니다.

겉보기엔 대화를 나누고 있는 것처럼 보여도, 이렇게 자기 말만 하거나, 반대로 자기 생각을 꾹 눌러 담고 있는 경우엔 진짜 소통이 이루어지고 있다고 보기 어렵습니다. 의사소통이란 단순히 말을 주고받는 것 이상의 역량을 필요로 합니다. 자신의 생각과 감정을 명확히 전달하는 표현 능력, 상대방의 말을 주의 깊게 듣고 이해하는 경청 능력, 상대방의 입장을 헤아리는 공감 능력, 표정이나 말투, 몸짓 등 비언어적 신호를 읽어내는 능력, 그리고 생각이나 입장이 다를 때 갈등을 조율하는 능력까지도 포함되죠.

진정한 의사소통은 자신과 타인을 연결해주는 다리이자, 건강한 관계 형성의 기초가 되는 중요한 기술입니다. 특히 어린 시절부터 말로 감정과 생각을 표현하는 연습을 충분히 해본 아이는 자신을 이해하고, 타인을 존중하며 살아가는 데 더 큰 힘을 얻게 됩니다.

자기 이야기만 계속하는 아이, 다른 사람의 말을 자주 끊는 아이, 자기 의견을 속에만 담아두는 아이에게는 각기 다른 소통의 어려움이 있습니다. 이 아이들이 자신의 어려움을 인식하고, 조금씩 표현하고, 반응하고, 조율하는 과정을 배워가야겠죠. 소통의 조각을 하나하나 맞춰가며 따뜻하고 튼튼한 사회성의 기반을 다질 수 있습니다.

**행동 뒤에 숨은
감정 찾아주기**

감정 표현은 사회성의 중요한 열쇠입니다. 감정을 말로 표현할 수 있어야 상대방과 진정한 소통이 이루어지고, 관계가 건강하게 유지될 수 있기 때문이죠. 앞서 감정을 명명하고, 인식하고, 인정하는 단계까지 차근차근 연습해왔다면, 이제는 감정을 실제로 말로 표현해보는 단계입니다.

하지만 실제로 이 과정은 생각보다 쉽지 않습니다. 어떤 아이는 타고난 기질이나 언어 능력으로 인해 감정을 비교적 자연스럽게 표현하기도 해요. 하지만 많은 아이가 자신의 감정을 말로 꺼내는 것을 어려워합니다. 특히 '착한 아이'로 자라온 경우, 감정을 표현하는 것 자체가 어색하거나 금기처럼 느껴질 수도 있어요. '착한 아이 증후군'은 자신보다 타인을 우선시하며, 자신의 감정을 억누르고 남에게 맞추는 데 익숙해진 상태를 말합니다. 이런 아이들은 '싫다'는 말을 하지 못해 무조건 따라가고, 속상해도 "괜찮아"라고 말하며 자신의 마음을 숨깁니다. 겉으로는 조용하고 잘 지내는 것처럼 보일 수 있지만, 속마음은 억울하고 슬픈 감정으로 가득 차 있을 수 있죠.

어린아이들은 어휘가 충분하지 않기 때문에 '말'보다 먼저 행동으로 감정을 표현하려는 경향이 큽니다. 기쁘면 깔깔 웃고, 슬프면 울고, 화가 나면 발을 동동 구르거나 물건을 던지기도 해요. 그런 행동 뒤에 어떤 감정이 숨어 있는지를 함께 말로 연결해주는 것이 중요합니다.

"지금 화가 나서 소리 지른 거구나. 속상한 마음이 있었구나."

이런 식으로 언어화할 수 있도록 반복적으로 도와주세요. 그러면 아이는 점차 말로 감정을 표현하는 방법을 익히게 됩니다. 또한 문화적으로 감정 표현을 억제하는 분위기, 예를 들면 "남자는 울면 안 돼" "그까짓 일로 왜 속상해해" 같은 말도 아이의 감정 표현을 어렵게 만드는 요인이 될 수 있습니다. 따라서 아이가 감정을 표현할 때는 "그래, 그럴 수 있지. 속상했겠다" "그런 기분이 들 수도 있어" 하고 감정을 인정해주는 것이 먼저입니다.

아이들이 감정을 잘 표현하려면 그전에 많이 말해봐야 해요. 실수도 해보고, 누군가의 반응을 받아보기도 하고요. 감정을 꺼내는 연습은 안전한 환경에서 반복되어야 합니다. 그런 일상의 기회를 의도적으로 자주 마련해주세요.

이제부터 아이의 감정 표현을 도와주는 놀이를 소개할게요. 아이와 즐겁게 연습해보세요.

○ **'몸으로 말해요' 게임**

'몸으로 말해요' 게임은 말보다 행동이 먼저 발달하는 아이들에게 아주 효과적인 감정 표현 놀이입니다. 언어로 감정을 표현하기 어려워하는 아이들도 얼굴 표정이나 몸짓으로는 훨씬 자연스럽게 자신의 감정을 드러낼 수 있죠. 이 게임은 그런 아이들의 강점을 활용하여, 감정을 좀더 쉽게 인식하고 표현하도록 도와줍니다.

❶ 게임을 시작하기 전, 감정 카드를 준비합니다. 아직 글을 모르는 아이를 위해서 감정 카드를 얼굴 표정 그림으로 만들 수 있습니다. 앞서 감정 식별 단계에서 사용했던 다양한 감정 언어들을 활용해도 좋습니다. 아이의 연령이나 발달 수준에 따라 카드의 난이도를 조절해주세요. 예를 들어, 영아기 아이에게는 기쁨, 슬픔, 화남, 놀람 같은 기본 감정을, 조금 더 큰 아이들에게는 부끄러움, 질투, 속상함 등 좀 더 복합적인 감정을 제시할 수 있습니다.

❷ 카드를 뽑은 사람이 해당 감정을 말하지 않고 표정과 몸짓으로 표현합니다. 나머지 사람은 그 감정이 무엇인지 맞춥니다. 처

음에는 부모가 먼저 시범을 보여주고, 아이가 맞춰보게 하세요. 이후에는 아이가 감정을 표현해보고, 부모가 맞추는 식으로 바꿔보세요. 아이가 훨씬 더 몰입해서 즐길 수 있어요.

❸ 조금 더 확장된 활동으로는 '상황 카드'를 추가해볼 수도 있습니다. 친구가 같이 놀자고 했을 때, 게임에서 졌을 때, 엄마가 칭찬해줬을 때처럼 특정 상황을 카드로 만들고, 그 상황에서 느껴지는 감정을 아이가 몸으로 표현하게 하는 거예요.

이 놀이는 감정이라는 추상적인 개념을 구체적인 움직임으로 연결해줍니다. 특정 상황에서 감정을 인식하고 표현하는 연습이 되기 때문에 사회적 맥락을 이해하는 능력까지 기를 수 있어요. 특히 언어 발달이 늦은 아이들은 이 놀이를 통해 감정 언어와 행동, 표정을 자연스럽게 연결하는 연습을 할 수 있어요. 말로는 잘 표현하지 못하지만, 몸으로 표현하면서 감정의 의미를 이해하게 되고, 점차 언어로 옮길 수 있게 되죠. 무엇보다 이 게임의 장점은 아이에게 감정을 안전하고 자유롭게 표현할 기회를 준다는 것입니다. 익숙해지면 가족 모두가 참여하는 놀이로 확장해도 좋아요.

○ **역할 놀이**

역할 놀이는 아이가 일상에서 마주할 수 있는 다양한 감정 상황을 자연스럽게 연습해볼 수 있는 아주 효과적인 방법입니다. 실제로 겪었던 일이거나 앞으로 겪을 수도 있는 감정 유발 상황을 놀이 형식으로 구성하여 아이가 그 순간 느끼는 감정을 직접 표현해보도록 유도하는 것이 핵심입니다.

예를 들어, 친구가 내 장난감을 갑자기 가져갔을 때, 내가 이야기하는데 아무도 들어주지 않을 때, 친구들이 나만 빼고 놀 때 같은 상황을 부모님이 짧은 시나리오처럼 구성해봅니다. 이때 엄마가 친구 역할, 아빠가 선생님 역할 등을 맡아 상황을 연출하고, 아이는 주인공이 되어 감정을 말과 표정, 행동으로 표현해보는 것이죠.

놀이 중에는 "그럴 때 어떤 기분이 들어?" "그 기분을 몸으로 보여줄 수 있을까?" "그 기분을 말로 표현하면 어떤 말이 될까?" 같은 질문을 던지며 감정을 인식하고 언어화하도록 도와주세요. 처음에는 익숙하지 않아 아이가 잘 못하더라도, 반복할수록 감정 표현이 점점 자연스러워지고, 다양한 상황에서 감정을 정확하게 인식하고 조절하는 힘도 길러집니다.

○ **미술로 표현하기**

아이들이 말을 통해 감정을 표현하는 것이 부담스러울 때는 미술 활동이 좋은 대안이 될 수 있습니다. 감정에 따라 색을 칠하거나 그림을 그리며 감정을 드러낼 수 있도록 도와주세요. 슬프면 파란색으로 눈 주변을 칠하고, 화가 나면 심장 부위를 빨간색으로 칠해보는 식입니다. 이렇게 신체 감각과 감정의 연결을 눈으로 확인하면, 감정 인식의 수준이 더 깊어집니다.

감정을 다양한 미술 재료를 사용하여 자유롭게 표현해볼 수 있습니다. 격한 감정은 크레파스를 세게 눌러 빠르게 색칠해가며 표현해볼 수도 있고, 붓을 물감에 푹 담갔다가 뿌려볼 수도 있겠죠. 크고 작은 점이나 직선이나 곡선, 엉킨 모양 등 자유롭게 표현해보며, 작품이 완성된 후에 아이에게 설명해보게 하는 것도 감정 표현에 도움이 됩니다.

○ **음악으로 표현하기**

음악은 아이의 감정을 자연스럽게 끌어내고 해소할 수 있도록 도와줍니다. 빠르고 강한 박자로는 신나는 기분이나 분노를, 느리고 조용한 리듬으로는 슬픔이나 불안을 표현해볼 수 있어요. 여러 물건을 직접 두드려보며 "이건 어떤 기분일 때 어울리는 소리일까?" 하고 이야기 나누는 것도 좋습니다. 아이가 음악에 맞춰 몸을 움직이고, 노래 가사에 따라 감정 표현을 해보는 시간은 말로 하기 어려운 감정들을 풀어내는 데 큰 도움이 됩니다.

때로는 조용한 음악을 틀어놓고, 함께 숨을 쉬며 감정에 잠시 머물러보는 것도 좋습니다. 음악을 들으며 어떤 기분이 드는지, 어떤 장면이 떠오르는지 대화해보세요. 이런 활동을 통해 아이는 자신의 감정을 마주하고, 조절하고, 표현하는 법을 배워갑니다.

**잘 말하려면
듣는 연습부터**

소통 능력을 키우는 데 경청은 빼놓을 수 없는 핵심 요소입니다. 우리 어른들도 상대방이 내 말을 듣고 있는지 아닌지를 금방 알아채지 않나요? 듣지 않고 말만 하면 '소통이 안 된다'는 생각이 들 수밖에 없습니다. 진정한 소통은 일방적으로 말하는 게 아니라 주고받는 대화에서 나옵니다. 서로의 말에 귀를 기울이고, 이해와 반응이 오가는 상호 작용이 있어야 하죠.

그런데 자기중심적인 사고가 지배적인 영유아기에는 아이들이 자기 이야기를 먼저 하고 싶어 안달이 나요. 선생님이 "주말에 뭐 했니?"라고 물으면 아이들은 서로 먼저 말하려고 목소리를 높이고 중간에 끼어들기 일쑤입니다. 그래서 이 시기에는 '듣는 연습'이 따로 필요합니다. 들어야 대화가 가능하고, 들어야 소통도 가능하니까요. 아이들이 '듣기'를 즐겁게 배울 수 있는 간단한 놀이를 소개합니다.

○ '마트에 가면…' 놀이

이전 사람이 말한 물건을 기억해 다음 사람이 이어 말하는 게임입니다. "마트에 가면 사과가 있고" "마트에 가면 사과가 있고 바나나가 있고" "사과, 바나나, 토마토가 있고…" 하는 식으로 점점 이어가며 나열하는 게임이죠. 듣기와 기억력을 동시에 자극하며, 순서를 기다리는 인내심도 함께 기를 수 있습니다.

○ **한 문장 이야기 만들기**

　이번에는 창의력을 발휘할 차례입니다. 앞 사람이 한 말을 기억하고, 거기에 한 문장을 덧붙여 이야기를 만들어가는 놀이예요.

- 엄마: 옛날 옛날에 공주가 살았대.
- 아이: 그 공주는 드레스를 싫어했대.
- 엄마: 그래서 갑옷을 입었대.

　이렇게 서로서로 이야기의 흐름을 이어갑니다. 자연스럽게 상대방의 말을 집중해서 듣고, 맥락에 맞춰 생각을 확장하는 힘을 길러줍니다.

○ **스티커로 눈 맞추기 연습**

　상대방의 눈을 잘 보지 못하거나 대화 도중 자리를 떠나버리는 아이들이 있죠. 이런 아이들에게는 '스티커 눈 맞춤' 연습이 효과적입니다. 아이의 이마, 볼, 코 등에 스티커를 붙이세요. 그러곤 스티커를 보면서 말하는 놀이입니다. 점차 눈과 눈 사이로 스티커 위치를 옮기면서 자연스럽게 눈 맞춤을 유도할 수 있습니다. 시선을 고정하는 연습이 되는 동시에 대화에 집중하는 법도 익힐 수 있어요.

○ **공 주고받기 대화 놀이**

작은 공 하나를 준비하세요. 말하고 싶은 사람은 그걸 손에 쥐고 말합니다. 공을 가진 사람이 말을 하면, 상대방은 기다려야 해요. 공을 받았을 때 자기 말을 하는 것입니다. 공을 주고받는 동작은 시각적 신호가 되기 때문에 차례를 기다리는 연습에 효과적입니다. 자연스럽게 대화의 리듬과 예절도 익힐 수 있죠. 무엇보다 아이의 자세나 시선이 상대방을 향하도록 유도해줍니다.

이렇게 놀이를 통해 듣는 법을 자연스럽게 익히도록 해주세요. 아이는 점차 '내 말만 하는 것'에서 벗어나 '상대의 말을 듣는 것'의 중요성을 깨닫습니다. 경청은 아이의 말하기를 더 풍성하게 만들고, 깊은 소통의 문을 열어줄 것입니다.

말 너머의 감정과
의도를 읽는 법

비언어적 신호, 흔히 말하는 '눈치'는 소통의 또 다른 언어입니다. 말을 하지 않아도 표정이나 몸짓, 목소리의 미세한 변화에서 우리는 상대의 감정과 생각을 읽어낼 수 있지요. 그런데 사회적 신호에 둔감한 아이들은 이 눈치를 읽지 못해 소통에서 자주 어려움을 겪습니다. 친구가 싫어하는 기색을 보여도 알아채지 못하고 계속 같은 행동을 하거나, 자신의 말에 친구가 지루해하는 눈빛을 보내는데도 멈추지 못하기도 하지요.

이런 아이들에게는 먼저 '사회적 신호'가 무엇인지 알려주는 것이 중요합니다. 이렇게 설명해보세요.

"사회적 신호는 말하지 않아도 얼굴, 몸, 목소리로 보내는 비밀 코드 같은 거야. 그 코드를 잘 풀면 친구가 어떤 마음인지 알 수 있어. 우리가 형사가 되어서 비밀 코드를 찾아보는 탐정 놀이를 해볼까?"

이런 식으로 흥미를 유발하며 접근하면 아이는 부담 없이 '눈치 보는 법'을 배우기 시작합니다. 다음은 사회적 신호를 읽는 놀이 방법들입니다.

○ **표정 읽기:** 얼굴에 숨어 있는 신호 해석하기
거울을 활용해 얼굴 표정을 바꾸어보며 그 표정이 담고 있는 감정을 함께 찾아보세요.

"눈썹이 올라갔네? 깜짝 놀랐나 봐."
"입이 삐죽 나왔어. 속상하거나 삐졌을 수도 있겠다."
"눈이 반짝이고 입꼬리가 올라갔네? 기분이 좋은가 보다."

이런 식으로 일상적인 표정을 구체적으로 언어화하는 연습은 아이의 감정 이해력과 공감 능력을 동시에 키워줍니다.

○ **몸짓 읽기:** 몸에 숨겨진 신호 해석하기

앞서 했던 '몸으로 말해요' 게임처럼, 몸짓을 통해 감정을 추측해 보는 활동도 효과적입니다.

"어깨가 축 처지고 터벅터벅 걷는 모습은 기운이 빠지고 속상한 상태일 수 있어."

"팔짱을 끼고 고개를 돌리는 모습은 기분이 상하거나 화가 난 거야."

"눈을 흘기는 건 짜증이 났거나 무시하는 태도일 수도 있어."

이러한 제스처에 감정을 연결해주는 연습을 반복하다 보면 점점 더 미묘한 신호도 감지할 수 있게 됩니다.

○ **목소리 톤 읽기:** 귀에 들리는 신호 해석하기

같은 말이라도 목소리 톤에 따라 의미가 다르게 전달된다는 것을 아이가 이해하는 것이 중요합니다. 예를 들어 "알았어"라는 말도 톤에 따라 이렇게 다를 수 있어요.

- 상냥한 톤: "응, 기꺼이 해줄게!"
- 느릿하고 늘어진 톤: "에휴, 어쩔 수 없지 뭐…."
- 짧고 단호한 톤: "더 말하지 마. 짜증 나."

이런 식으로 "괜찮아" "미안해" "진짜야?" 같은 일상적인 단어들을 다양한 목소리로 말해보세요. 그리고 어떤 감정이 느껴지는지 아이와 함께 맞춰보는 '비밀 코드 탐정 놀이'를 해보세요. 아이는 자연스럽게 말 너머의 감정과 의도 읽는 법을 배우게 됩니다.

자기 조절 ① 감정 조절
감정은 스스로 다스릴 수 있는
'마음의 에너지'

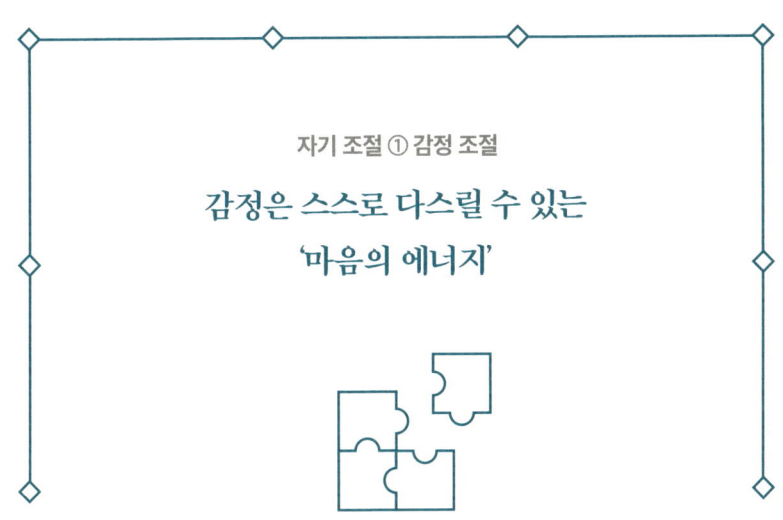

보영이는 놀이터에서 친구들과 세발자전거를 타기로 합니다. 줄을 서서 기다리던 중 한 친구가 갑자기 달려와 새치기를 하더니 자전거를 낚아채 타고 가버립니다. 너무 분하고 속상한 마음에 보영이는 그만 바닥에 털썩 주저앉아 엉엉 울고 말았지요. 한참 후에 울음을 그친 보영이는 마음을 추스르지 못해 더 이상 놀이에 참여하지 못합니다.

이전에도 보영이는 그림을 그리던 중, 동그라미가 타원형이 되자 실망했고, 다시 그린 동그라미가 약간 찌그러졌다는 이유로 눈물을 터뜨린 적이 있었습니다. 친구가 "그래도 잘 그렸어"라고 위로했지만, 이미 커져버린 감정을 다스리기엔 역부족이었죠. 이처럼 감정이 갑자기 커지면, 자신을 통제하지 못하고 그 감정에 완전히 휩싸이는 아이들이 있습니다. 자기감정을 적절하게 조절하지 못하는 거죠.

주환이는 수학 문제를 제일 먼저 풀자 "앗싸! 신난다! 내가 일등이다!"라며 기쁨을 소리로 표현했습니다. 아직 문제를 푸는 친구가 있으니 조용히 해달라는 친구의 말에 "내가 신나서 그러는데 왜 그래?"라며 고양된 기분을 조절하지 못했습니다. 또 놀이터에서 친구가 실수로 자신의 발을 밟았을 때는 "아, 진짜 짜증나! 너 왜 내 발 밟아? 저리 가"라며 버럭 화를 냈습니다. 놀란 친구는 상처를 입고 다른 친구에게 가버렸고, 주환이는 자신도 모르게 친구를 잃어버렸습니다.

두 아이 모두 감정 조절을 배워야 합니다. 감정 조절은 아이가 자신의 감정을 인식하고, 그것을 숨기거나 억누르지 않되, 상황에 맞게 조절하는 능력입니다. 물론 감정은 있는 그대로 존중받아야 합니다. 하지만 그 표현 방식이 항상 즉흥적이고 충동적일 필요는 없습니다. 보영이처럼 감정에 압도되어 문제 해결 능력을 잃는 경우도 있고, 주환이처럼 거침없는 표현으로 관계가 틀어지는 일도 생기기 때문입니다.

감정을 조절한다는 건 단순히 참는 것이 아닙니다. 화가 나거나 속상할 때, 마음속에서 커져가는 감정을 스스로 인식하고, 그것이 적절하지 않은 행동으로 이어지지 않도록 조절해보는 것이죠. 감정 조절에 관해 아이에게 이렇게 말해줄 수 있습니다.

"화나거나 짜증날 때, 슬프거나 속상할 때 마음이 갑자기 커지잖아. 그래서 소리치거나 울어버리기도 하지. 그럴 때, 감정의 크기를 조금 줄여보는 거야. 감정이 폭발하기 전에 브레이크를 밟는 거지."

이야기를 더 쉽게 풀어주고 싶다면, 자동차에 비유하는 것도 좋습니다.

"범퍼카 타봤지? 너무 빠르게 달리면 부딪힐 수 있잖아? 그럴 땐 브레이크를 밟아야 속도를 줄이거나 멈출 수 있어. 그리고 핸들을 오른쪽이나 왼쪽으로 돌리면 피할 수도 있지. 감정도 마찬가지야. 네 감정이 마구 튀어나오려고 할 때는 잠깐 멈춰야 해. 핸들을 돌리듯이 조절할 수 있어. 어떤 감정이 찾아오더라도, 어떻게 반응 할지는 네가 정할 수 있단다."

감정 조절력은 하루아침에 생기지 않습니다. 말로 가르치는 것도 중요하지만, 아이가 직접 자신의 감정을 돌아보고, 다양한 방법으로 조절해보는 경험을 반복해야 합니다. 감정 조절을 배우는 놀이를 몇 가지 소개합니다. 아이와 함께 연습해보세요.

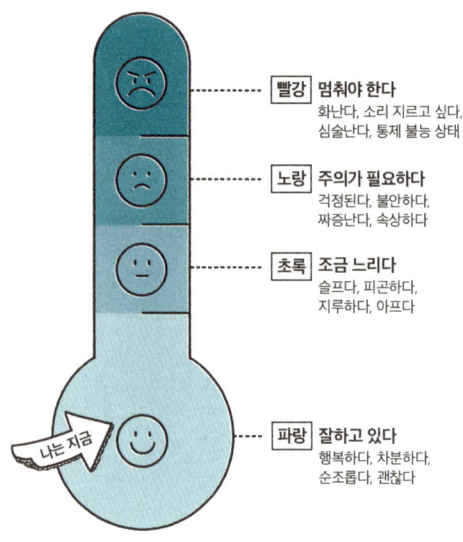

감정 온도계

감정 구역을 4단계로 나타낸 감정 온도계를 아이와 만들어보세요. 두꺼운 종이를 화살표 모양으로 오리고 '나는 지금'이라고 적습니다. 벨크로를 활용해 이 화살표로 지금의 내 감정 상태를 표시할 수 있어요.

○ **감정 온도계 :** 내 마음의 온도 알아차리기

아이가 느끼는 감정을 온도계로 표현해보는 활동입니다. 기분이 나쁠수록 눈금은 높아지고, 마음이 편안해지면 다시 내려가는 식이죠. 색상을 활용해 감정의 강도를 구분할 수도 있습니다. 이 활동은 단순히 지금 기분이 좋다, 나쁘다를 표현하는 데 그치지 않고, 얼마나 좋고 나쁜지를 스스로 느끼고 조절하는 데 도움을 줍니다.

저희 딸아이도 스스로 만든 작은 감정 온도계를 주머니에 넣고 다녔습니다. 속상할 때면 온도계의 온도를 올렸다가, 잠시 숨을 고르고 다시 내려보는 거예요. 아이는 이렇게 자신만의 방식으로 감정을 표현하고 조절하는 법을 배워갔죠.

○ **마법의 반짝이:** 마음을 천천히 가라앉히기

　감정이 요동칠 때, 아이의 마음을 천천히 가라앉혀주는 마법 같은 병이 있어요. 투명한 병에 물과 글리세린, 그리고 반짝이를 넣어 '마법의 반짝이 병'을 만들어보세요. 아이가 화가 나거나 불안할 때 이 병을 잡고 흔들게 해주세요. 병 속의 반짝이가 세차게 흔들리는 동안, 아이는 자신의 감정도 함께 흔들어 밖으로 내보낼 수 있습니다.

　그다음엔 반짝이가 천천히 가라앉는 모습을 보며 심호흡을 해봅니다. "지금 내 마음도 반짝이처럼 가라앉고 있어"라고 말하며 마음을 가라앉히는 연습을 할 수 있어요. 감정이 폭발할 것 같을 때 손에 쥘 수 있는 도구가 있다는 것만으로도 아이는 큰 위안을 받습니다.

○ **감정 신호등:** 감정을 멈추고 바라보기

　빨간불, 노란불, 초록불. 우리가 매일 보는 신호등의 색깔을 감정 조절에도 활용할 수 있습니다. 빨간불은 '멈춤'입니다. 감정이 격해지면 행동하기 전에 먼저 멈추는 거예요. 노란불은 '생각하기', 어떻게 하면 좋을지 다양한 방법을 떠올려보는 시간이죠. 초록불은 '행동하기', 내가 생각한 방법 중 하나를 골라 실천에 옮기는 단계입니다. 이 신호등을 아이와 함께 만들어 벽에 붙여놓고, 감정이 격해질 때마다 그 앞에 서서 함께 말해보는 것도 좋아요.

"지금은 빨간불이니까 일단 멈추자. 그리고 우리가 할 수 있는 걸 생각해보자."

감정에 즉각적으로 반응하기 전에 잠깐의 '멈춤'을 배우는 것이 감정 조절의 시작입니다.

○ **감정 상자:** 마음을 담아두는 작은 그릇

감정을 말로 표현하기 어려운 아이들에게 '감정 상자'는 아주 좋은 도구가 됩니다. 작은 택배 상자, 투명한 병, 예쁜 바구니 등 어떤 것도 괜찮아요. 아이와 함께 감정 상자를 만들고 꾸며보세요. 이름도 직접 붙여봅니다. '마음 바구니' '감정의 병' '속상함 통'처럼요. 그리고 그 안에 아이가 자기 마음 상태를 표현한 감정 그림, 감정 색깔 카드, 감정 단어 카드를 넣어두는 거예요. 속상할 때는 "이 감정은 여기다 담아야지" 하며 쏙 넣어보는 거죠.

감정이 가라앉은 후에는 병 속에 넣어뒀던 종이를 함께 꺼내서 그 감정을 어떻게 다루는 게 좋을지 이야기해봅니다. 감정을 담고, 꺼내고, 말해보는 경험을 통해 아이는 점차 감정과 친구가 됩니다.

감정은 조절할 수 있습니다. 감정이 너무 커졌다고 해서 무조건 터뜨릴 필요는 없고, 너무 작다고 해서 무시할 필요도 없어요. 감정은 내가 주인이 되어 다룰 수 있는 '내 마음의 에너지'라는 것을 아이에게 가르쳐주세요.

자기 조절 ② 생각 조절

포기하지 않고
더 나은 방법을 찾아내는 힘

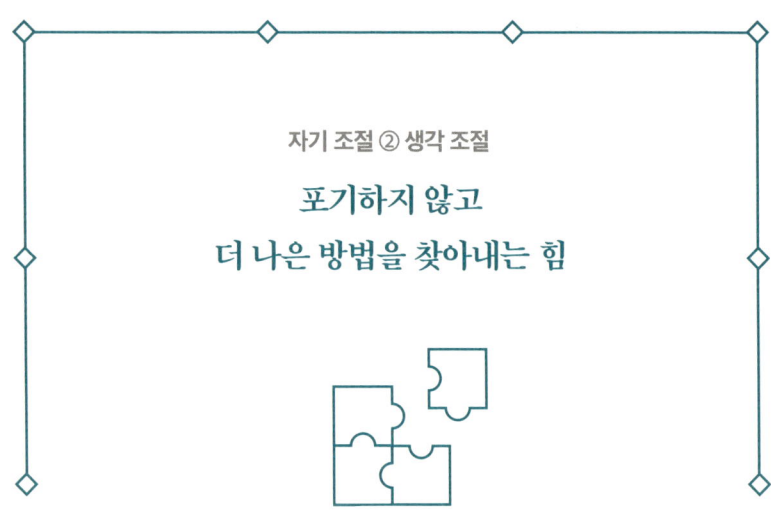

선생님이 미술 시간에 아이들에게 여러 가지 재료를 주고 반려동물의 집을 만들어보라고 합니다. 일곱 살 주아는 고양이가 살 3층짜리 캣타워를 만들기 위해 신발 상자 하나를 가지고 와서 색종이를 붙이기 시작합니다. 옆 친구는 강아지 집을 만든다며 박스 앞부분을 자릅니다. "여기는 강아지 집 입구야." 그 모습을 보니 주아도 강아지 집이 만들고 싶어져 친구를 따라서 박스를 자릅니다. 앞도 자르고, 옆도 자르고, 뒤도 자르다 보니 박스가 무너져버립니다. 그러자 "난 못 만들겠어. 친구가 만든 게 더 멋지잖아"라며 짜증을 내고 바로 포기해버립니다.

이처럼 목표를 끝까지 수행하지 못하고 쉽게 포기해버리는 아이에게는 인지 조절, 다시 말해 생각을 조절하는 능력이 필요합니다. 생각 조절이란 사회적 상황에서 적절한 선택을 하고, 충동적인 반응을 억제하며, 필요한 정보에 집중하여 문제를 해결해나가는 능력을 말합니다. 이것은 곧 집중력, 유연한 사고력, 문제 해결력으로 이어지며 아이가 자기 자신을 조절하는 데 중요한 역할을 하죠.

아직 어린아이들은 전두엽이 완전히 발달하지 않은 상태예요. 그래서 한 가지 생각이 떠오르면 그 생각에만 몰되는 경향이 있습니다. 고착적 사고로 인해 유연한 생각을 하거나 다양한 관점을 동시에 고려하는 것이 어렵죠. 여기에 경험도 부족하다 보니 생각을 정리하고 계획적으로 행동하기보다는 순간의 감정이나 충동에 쉽게 휘둘리곤 합니다.

예를 들어, 여덟 살 아라는 학교 숙제를 하다가도 영어 학원 숙제가 떠오르면 바로 영어 숙제를 시작해요. 동생이 놀자고 하면 또 금세 놀이로 넘어갑니다. 택배 상자가 도착하면 포장을 풀고요. 그러다 잘 시간이 다 되어서 엄마가 책가방을 싸라고 합니다. 책가방을 싸다 보니 그제야 못다한 숙제가 생각나죠. 아라는 괜히 엄마 탓, 숙제를 내준 선생님 탓을 합니다.

아라와 같은 모습은 우선순위를 파악하지 못하고, 주의 집중력이 약한 아이들에게서 자주 나타납니다. 이처럼 생각이 흐트러지거나, 하나에만 고착되는 아이들에게는 유연하게 사고하고 조절하는 훈련이 꼭 필요합니다. 이 훈련은 단기간에 이루어지지 않아요. 반복과 경험을 통해 점진적으로 향상됩니다. 부모가 인지적인 과정을 함께해주고, 아이의 사고 흐름을 도와주는 것이 매우 중요하죠.

"이건 꼭 오늘 안에 다 끝내야 할까?"

"지금 제일 먼저 해야 할 일은 뭐지?"

"그 생각 말고 다른 방법도 있을까?"

이렇게 아이가 스스로 생각을 멈추고 다시 조율해볼 수 있는 질문을 던져주는 것도 효과적입니다. 지금부터는 아이의 생각 조절을 도울 수 있는 실제적인 활동들을 소개해보겠습니다. 이를 통해 아이가 자신의 감정과 행동을 스스로 다스리는 법을 익힐 수 있을 거예요.

생각을 유연하게
바꿔가는 연습

엉킨 실타래나 목걸이를 풀어본 적이 있나요? 급하게 풀려고 잡아당기면 더 엉키거나 끊어져버리기 일쑤죠. 문제를 해결하는 것도 이와 비슷해요. 어떤 일이든 급하고 충동적으로 해결하려고 하면 뜻대로 되지 않고, 머릿속은 더 복잡해지기만 하거든요. 그럴 땐 엉킨 실을 평평한 곳에 올려놓고, 어디서 꼬였는지 손끝으로 조심스럽게 만지며 천천히 풀다 보면 조금씩 실마리가 보이기 시작하잖아요? 생각도 마찬가지예요. 마음이 복잡하고 감정이 요동칠 때, 생각을 하나씩 차근차근 구분하며 정리해나가다 보면 커다란 감정도 조금씩 가라앉죠.

생각을 조절할 수 있는 힘은 곧 문제를 해결할 수 있는 힘이에요. 상황을 제대로 인식하고, 분석하고, 이해하여 해결 방안을 찾아나가는 능력, 즉 문제 해결력은 자기 조절의 중요한 축이랍니다.

앞서 이야기한 주아와 아라의 사례를 떠올려볼까요? 주아는 3층짜리 고양이 집을 만들겠다고 계획했지만, 친구가 만든 강아지 집을 보며 갑자기 생각을 바꿔 따라 하기 시작했어요. 앞, 옆, 뒤를 자르다 보니 결국 박스는 무너져버렸고, 주아는 어떻게 다시 만들어볼 수 있을지 생각해보기도 전에 "난 못하겠어"라며 쉽게 포기해버렸죠. 짜증이라는 감정에 휩싸인 채 문제를 풀어보려는 시도조차 하지 않은 겁니다. 아라의 경우는 할 일들 중에서 무엇을 먼저 해야 할지 판단하지 못하고 생각나는 대로 행동했죠. 그러다 보니 결국 숙제를 끝내지 못했어요. 그 상황에서 감정은 복잡해지고, 집중은 더 어려워졌고요. 결국은 남 탓을 하며 감정에 휘둘렸어요.

이처럼 큰 감정이 몰려올 때, 머릿속은 하얘지거나 온통 복잡해지기 쉬워요. 생각이 엉켜서 아무것도 떠오르지 않고, 내 마음과 다르게 행동이 나가버리기도 하죠. 이럴 때 필요한 것이 바로 '생각 조절'이에요. 잠시 멈춰 서서 심호흡을 하며 감정을 가라앉히고 나면, 머리도 마음도 조금 차분해지고, 그제야 조금씩 길이 보이기 시작합니다. 기발한 아이디어가 떠오를 수도 있고, 친구의 입장을 새롭게 이해할 수도 있어요.

처음 드는 생각에만 집중하기보다는 생각을 유연하게 바꿔가는 연습이 필요해요. 그렇게 하면 맥락을 더 잘 이해할 수 있어요. 충동적인 결정은 줄어들죠. 더 나은 방법을 찾을 수 있는 눈이 열립니다. 문제를 단순히 해결하는 것을 넘어서, 관계를 지키는 태도까지도 함께 배우게 되는 거죠.

아이에게 이런 능력을 길러주고 싶지 않나요? 그렇다면 먼저 주어진 문제가 무엇인지부터 함께 파악해보세요. 그리고 그 문제를 풀기 위해 어떤 순서로 생각하고 행동해야 할지 정해보세요. 문제 해결 과정을 작은 단계로 나눠보는 연습을 해보는 거예요.

아이가 할 일을
눈에 보이게 만들기

아이들은 예측 가능한 하루를 좋아합니다. 무엇을 해야 하는지, 어떤 순서로 진행되는지 머릿속에 그림이 그려지면 마음도 덜 불안하고 해야 할 일에 더 잘 집중할 수 있죠. 아이의 하교 후 일정을 함께 정리해 루틴으로 만들어보세요. 말로만 설명하는 것보다 눈에 보이게 시각화하는 것이 훨씬 효과적입니다. 아이와 함께 대화를 나누며 '오늘의 할 일 체크리스트'를 만들어보세요.

숙제하기, 책상 정리하기, 독서 10분, 간식 먹기, 자유 놀이… 이런 식으로 아이가 해야 할 일들을 목록으로 작성해 하나씩 체크하고, 좋아하는 스티커를 붙여나가는 거예요. 이 과정을 통해 아이는 해야 할 일들을 스스로 정리하고 계획하는 힘을 기르게 됩니다. 일의 순서도 아주 중요합니다. 해야 할 일들을 시간 순서대로 나열해 벽에 붙이거나, 순서를 직접 정리해보게 하세요. 처음엔 부모가 도와주되, 점점 아이가 스스로 결정해보도록 이끌어주는 것이 좋습니다.

해야 할 일을 작게 나누는 것도 중요한 훈련입니다. 한꺼번에 많은 일을 하려면 어른도 힘들잖아요? 아이에게 이렇게 설명해보세요.

"너 퍼즐 좋아하잖아. 근데 1,000조각을 한 번에 맞추려고 하면 너무 힘들어서 하기 싫어질 수도 있어. 근데 '하루에 50조각씩만 하자' 하고 정하면 더 쉽고 매일 완성돼가는 모습도 보이니까 계속할 수 있겠지? 숙제나 정리 같은 것도 마찬가지야."

시간 관리도 꼭 알려줘야 하는 기술이에요. '언제까지' 해야 한다는 감각이 있어야 집중력도 생기고, 마무리도 가능해지거든요. 타이머를 활용해 이렇게 도와주세요.

"30분 안에 수학 숙제 끝내면 미션 성공!"
"10분 안에 책상 정리하면 성공!"

오늘의 할 일 체크리스트

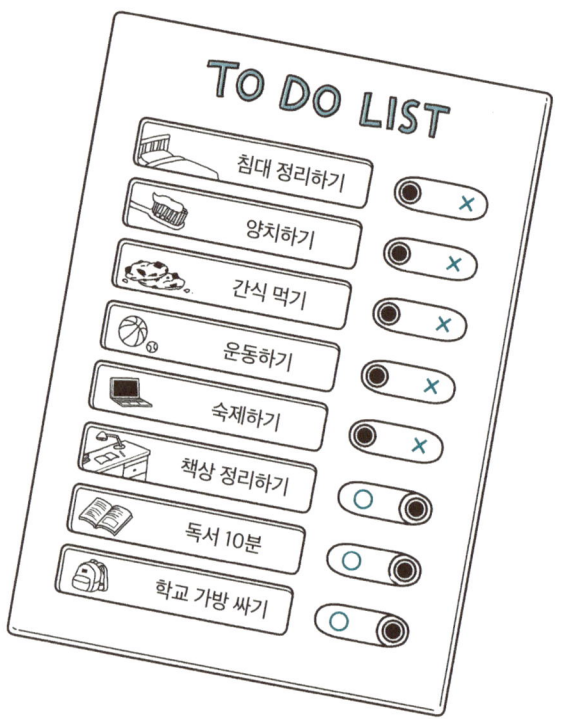

이렇게 게임처럼 시간 안에 해내는 재미를 더해주면, 아이는 성취감을 느끼며 즐겁게 일상 과제를 해낼 수 있어요. 해야 할 일을 작게 나누고, 순서를 정하고, 시간까지 정해두면 아이들은 자신만의 방식으로 하루를 계획하고 움직이는 법을 배워나갑니다. 이 경험들이 쌓이면, '나는 해낼 수 있다'는 자기 효능감도 자라나게 돼요.

산만한 아이를 변화시키는
5가지 주의 집중력

주의 집중력은 생각을 조절하는 힘의 핵심 요소로, 아이가 불필요한 자극은 걸러내고 중요한 정보에만 주목할 수 있게 해주어 감정과 행동을 효과적으로 조절할 수 있게 합니다. 이 능력이 발달할수록 아이는 충동적인 반응보다 계획적이고 의도적인 사고가 가능해져 자기 조절의 토대를 다질 수 있습니다.

아이들의 주의 집중력은 단순히 한 가지 일에 집중하는 능력만을 뜻하지 않습니다. 보고, 듣고, 느끼며 받아들인 정보를 바탕으로 주의를 유지하고, 필요한 정보와 불필요한 자극을 구별하며, 방해 요소를 억제하고, 정보를 분석하고 기억하며 수행하는 복합적인 능력을 포함합니다. 따라서 아이의 주의 집중력을 이해하려면 다양한 유형으로 나누어 살펴보는 것이 도움이 됩니다. 이렇게 하면 아이가 어떤 부분에서 어려움을 겪고 있는지 파악할 수 있고, 그에 맞는 맞춤 활동으로 아이를 도와줄 수 있습니다.

주의 집중력은 크게 5가지로 나눌 수 있습니다.

○ **지속적 집중력:** 숙제를 하다 말고 자리를 뜨거나, 책을 읽다가 금세 딴짓을 하며 끝까지 마무리를 못 한다면, 지속적 집중력이 부족한 아이일 수 있어요. 집중 시간이 짧고, 해야 할 일을 끝까지 유지하는 끈기가 부족한 편입니다.

지속적 집중력은 오랜 시간 한 가지 활동에 몰입할 수 있는 능력을 말해요. 공부나 독서, 퍼즐 맞추기, 도미노 쌓기처럼 끝까지 집중해서 완성해야 하는 활동에서 필요하죠. 아이마다 집중할 수 있는 시간은 다릅니다. 그러니 처음엔 "5분 동안만 이 퍼즐 맞춰볼까?"와 같이 짧은 시간부터 시작해 점진적으로 집중 시간을 늘려가는 연습이 필요합니다. 이때 타이머를 이용하면 좋아요. 또한 아이가 집중할 수 있는 신체 조건을 만들어주는 것도 중요해요. 자유롭게 뛰어놀 수 있는 시간을 충분히 보장해주세요. 유산소 운동이나 줄넘기, 수영 등 전신 운동으로 뇌를 활성화시키면 자연스럽게 집중력도 길러집니다.

○ **선택적 집중력:** 수업 중 쉽게 딴생각을 하거나, 누가 지나가거나 소리가 나면 금세 산만해지는 아이는 선택적 집중력이 부족할 수 있어요. 장난감이 옆에 있으면 공부에 집중을 못 하고, 말할 때도 주의가 자꾸 다른 데로 흐르곤 하죠.

선택적 집중력은 여러 자극 중 꼭 필요한 정보에만 주의를 기울이고, 방해 요소는 무시하는 능력이에요. 수업 시간 선생님 말씀에 집중하거나, 시끄러운 환경에서도 해야 할 일에 몰입하는 데 필요하죠. 이 능력을 키우기 위해서는 숨은그림찾기, 소리 듣고 손뼉치기 게임, 레고 더미에서 특정 색 찾기 같은 활동이 좋아요. 또 이야기 중 특정 단어가 나오면 박수를 치는 금지 단어 놀이도 선택적 집중력을 기르는 데 도움이 된답니다.

○ **분할 집중력:** 한 가지 일에 집중하면 다른 일을 전혀 못거나, 이야기하면서 무엇을 하자고 하면 멈칫하고 당황하는 모습을 보인다면 분할 집중력이 약할 수 있어요. 한 번에 여러 자극을 처리하는 데 어려움을 느낍니다.

분할 집중력은 흔히 말하는 '멀티 태스킹'이에요. 두 가지 이상의 일을 동시에 수행하는 능력이지요. 예를 들어, 수업을 들으며 필기를 하거나, 친구와 이야기하면서 블록을 조립하는 것처럼 말이죠. 이 능력을 키우기 위해서는 음악을 들으며 독서하는 것도 방법이에요. 물소리, 바람소리 같은 백색소음, 가사가 없는 잔잔한 클래식이나 재즈 음악은 오히려 집중력을 향상시키는 효과가 있거든요. 다만, 선택적 집중력이 약한 아이에게는 오히려 산만함을 줄 수 있어요. 그래서 처음에는 안정적인 환경에서 점진적으로 훈련해보는 게 좋아요. 369게임처럼 규칙을 기억하면서 움직이는 게임도 활용할 수 있어요. 이 게임은 소리와 율동이라는 두 가지 자극을 동시에 처리해야 하기 때문에 분할 집중력을 키우는 데 효과적입니다.

○ **전환 집중력:** 놀이를 멈추고 숙제로 전환하라고 하면 심하게 떼를 쓰거나, 수업 전환이 있을 때 따라가기 어려워하는 아이는 전환 집중력이 부족할 수 있어요. 익숙한 활동에서 새로운 활동으로 넘어가는 데 시간이 걸리고 거부감이 큽니다.

전환 집중력은 하나의 활동에서 다른 활동으로 주의를 자연스럽게 옮기는 능력이에요. 국어 시간이 끝나고 수학으로 넘어가거나, 놀다가도 시간이 되면 숙제를 해야 할 때 이 능력이 필요하죠. 이 집중력이 약한 아이들은 하던 일을 멈추는 것을 어려워하고, 루틴이 바뀌면 불안해하거나 짜증을 내기도 해요. 이럴 땐 "5분 후에 미술 시간 마칠 거야"처럼 활동 시작 전이나 끝나기 전에 시간을 미리 예고해주는 것이 중요해요. 규칙을 바꾸는 놀이로 변화에 유연하게 대응하는 훈련을 하는 것도 좋은데요, 예를 들어 대화 중 특정 숫자가 나오면 만세를 하는 식으로, 익숙한 규칙에서 새로운 규칙으로 유연하게 바꿔보는 연습을 할 수 있어요.

○ **실행 집중력:** 숙제를 하겠다고 책상에 앉았지만, 책만 펼쳐 놓고 딴짓을 하거나, 하다가 중간에 다른 일을 시작하고 마무리를 하지 못한다면 실행 집중력이 약할 수 있어요. 목표를 이루는 과정에서 산만함에 쉽게 휘둘립니다.

실행 집중력은 목표를 세우고, 방해 요소를 스스로 통제하며, 그 목표를 끝까지 실행하는 능력이에요. 학습 성과에도 큰 영향을 미치고, 문제 해결 능력과도 연결되죠. 실행 집중력이 약한 아이는 해야 할 일을 자주 잊고, 하다가 금세 딴 데로 새거나, 산만한 상태가 지속되기도 해요. 그럴 때는 아이와 함께 시각적인 계획표나 체크리스트를 만들어보세요. 목표를 작게 쪼개어 하나씩 실행해보는 미션 클리어 방식도 아주 효과적입니다. 3~4세라면 8분 정도, 5~6세라면 12분 정도, 7~8세라면 15~30분 정도 집중하는 활동이 적합해요. 10분 안에 책상 정리하기, 30분 안에 수학 숙제 끝내기 같은 시간 제한 미션을 주고, 성공하면 스티커나 작지만 의미 있는 보상을 제공하는 것도 좋습니다. 무엇보다 아이가 방해 요소를 스스로 인식하고 조절하는 연습이 필요해요.

"나는 집중할 때 음악이 있으면 좋아."

"내가 자주 산만해지는 건 책상 위의 장난감 때문이야."

이런 식으로 자기 상태를 스스로 파악하고 조절하는 훈련이 중요합니다.

우리 아이는 어떤 주의 집중력 유형에서 어려움을 겪고 있나요? 그 부분을 키워줄 수 있도록 위에 제시된 방법을 실천해보길 바랍니다. 덧붙여, 주의 집중력은 아이의 생활 환경과 생활 패턴에도 큰 영향을 받습니다. 어수선한 집안 환경, TV나 소음의 지속적인 노출, 정리되지 않은 학습 공간은 집중력을 분산시키는 요인이 됩니다. 반대로, 예측 가능한 일과표, 깔끔하고 정돈된 환경, 규칙적인 생활 루틴은 아이가 안정된 집중 상태를 유지하는 데 큰 도움이 됩니다.

또한 신체 활동은 집중력 향상에 매우 효과적입니다. 충분한 에너지 발산과 감각 자극은 전두엽을 자극하여 인지 기능과 자기 조절력을 높여주기 때문입니다. 특히 자전거 타기, 줄넘기, 축구, 수영 같은 전신 운동은 두뇌 활성화에 탁월한 효과가 있습니다. 아이의 주의 집중력을 키우는 일은 단기간에 성과를 내기보다는 장기적이고 일상적인 실천이 중요한 과정입니다. 아이의 특성과 발달 단계에 대한 이해와 맞춤형 접근으로 하나씩 익혀나간다면 집중력은 분명히 향상될 수 있습니다.

자기 조절 ③ 행동 조절

충동을 알아차리고
만족을 지연하는 연습

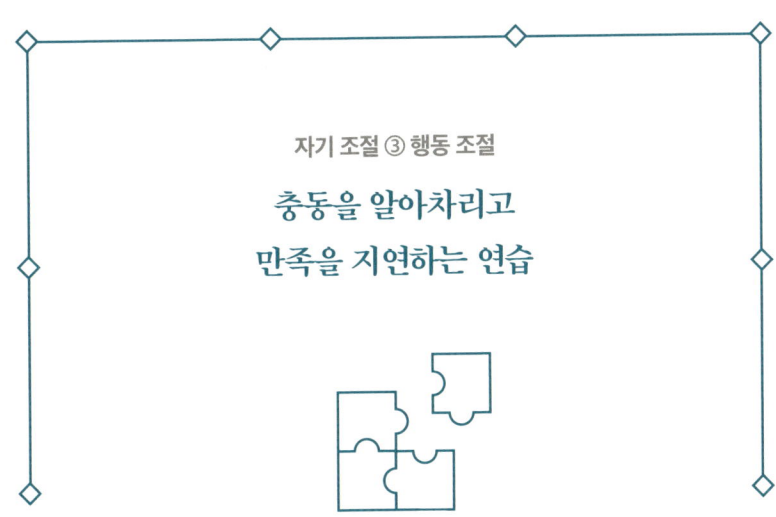

네 살 현민이는 궁금한 것도 많고, 하고 싶은 것도 많습니다. 교실에 들어서자마자 공룡 바구니를 꺼내 놀더니, 이내 자석 테이블로 자리를 옮겨 자석을 다 꺼내 붙입니다. 그것도 잠시, 이번엔 다른 공간으로 가서 인형에게 옷을 입히기 시작하지요. 그러다 얼마 뒤 동화책 읽는 시간이 되어 자리에 앉습니다. 하지만 몸이 가만히 있질 못합니다. 옆 친구의 머리카락을 만지작거리다 친구가 "만지지 마"라고 하자 또 다른 친구에게 몸을 기댑니다.

현민이는 몸이 먼저 움직이는 아이입니다. 보고 싶고, 만지고 싶고, 해보고 싶은 게 눈앞에 있으면 곧장 손이 나가고 몸이 따라가지요. 아직 '기다림'이나 '멈춤'이 익숙하지 않습니다. 행동 조절은 아이가 자기 안의 충동이나 욕구를 바로 행동으로 옮기지 않고, 상황에 맞게 멈추거나 조절할 수 있는 능력을 말합니다. 하고 싶은 마음이 들어도 기다릴 줄 알고, 친구가 말할 때는 말을 끊지 않고 기다리는 것, 그리고 너무 들뜬 기분이 들어도 공공장소에서는 조용히 하는 것. 이 모두가 행동 조절과 관련된 충동 억제 능력이죠.

하지만 어린아이일수록 이 충동 억제가 어렵습니다. 자기 조절 능력을 담당하는 뇌의 전두엽은 아직 충분히 발달하지 않았고, 논리적인 사고보다는 감정이 먼저 앞서는 시기이기 때문입니다. 따라서 아이가 행동을 조절하지 못한다고 해서 무작정 야단칠 일만은 아닙니다. 오히려 이 시기에는 충동을 알아차리고 다스리는 경험을 반복하면서 점진적으로 배워가야 합니다.

행동 조절은 충동을 멈추는 것에서 시작하지만, 그 안에는 더 많은 조각이 들어 있습니다. 행동 전에 '계획을 세우는 힘', 계획한 것을 차근차근 '실행하는 힘', 도중에 방해 요소를 물리치고 집중하는 '주의 집중력', 예상치 못한 일이 생겼을 때 유연하게 '수정하고 대처하는 힘'도 모두 행동 조절의 중요한 요소입니다. (이 부분은 생각 조절 조각에서 자세히 다루었죠.) 이러한 조절 능력은 머리로만 배우는 것이 아니라, 반복되는 일상에서 다양한 상황을 경험하며 익혀나가는 것입니다. 생활 속에서 행동 조절을 도와줄 수 있는 활동을 소개합니다.

○ **멈춤 버튼:** 일단 멈추는 연습

미국 공립학교에서 만난 한 아이는 화가 날 때마다 말도 듣지 않고 행동이 격해졌습니다. 어느 날, 제가 마시던 음료수의 빨간 병뚜껑을 아이 손에 쥐여주며 이렇게 말해주었습니다.

"이건 너만의 멈춤 버튼이야. 너무 화가 나고 어떻게 해야 할지 모르겠을 때, 이 버튼을 꾹 누르고, 숨을 크게 쉬어보는 거야."

물론 버튼을 누른다고 바로 화가 멈추진 않습니다. 하지만 단 1초라도 멈추고, 그사이 숨을 한 번 고르면 감정이 행동으로 폭발하는 걸 막을 수 있습니다. 말하자면 시간을 버는 셈이죠.

아이와 '멈춤 버튼'을 함께 만들어보세요. 단추, 스티커, 종잇조각, 작은 돌멩이 등 어떤 것이든 아이의 손안에 들어갈 수 있는 것이라면 충분합니다. 아이는 그 버튼을 누르며 '나는 지금 멈출 수 있어'라는 작은 믿음을 갖게 됩니다.

○ **매직 리모컨:** 행동을 조절하는 연습

'멈춤 버튼'이 익숙해졌다면, 그다음은 '매직 리모컨'을 만들어볼 차례입니다. 멈춤, 느림, 빠름, 재생 버튼이 있는 리모컨을 아이와 함께 만들어보세요. 그리고 부모가 먼저 이 리모컨에 따라 움직여보는 겁니다. 아이가 "빠름!"이라고 하면 부모는 갑자기 바쁘게 움직이고,

"멈춤!" 하면 딱 멈춰보는 것이죠. 아이는 깔깔 웃으며, 누군가의 행동을 조절해보는 경험을 합니다. 이 경험은 단순한 놀이가 아닙니다. 아이는 자신의 행동도 마찬가지로 조절할 수 있다는 메시지를 몸으로 익힙니다.

"지금 너무 흥분돼서 뛰어다니네. 우리 '느림'을 눌러볼까?"

"조금 꾸물거리고 있는 것 같아. '빠름'을 눌러보자."

이렇게 자신의 상태를 점검하고, 리모컨을 누르며 행동을 조절하는 연습을 반복할 수 있습니다.

○ **규칙을 알려주고, 선택하게 하기**

어른의 눈에는 당연한 일도 아이에게는 낯설 수 있습니다. 예를 들어 "공공장소에서는 조용히 하자"는 규칙도 아이는 왜 그런지를 체험하지 않으면 모를 수 있어요. 그래서 '떠들지 않는다, 돌아다니지 않는다' 등 간단한 행동 규칙을 알려줘야 할 때가 있습니다. 이럴 땐 아이의 눈높이에 맞는 그림이나 상징적인 이미지를 활용해 규칙을 시각화하는 것이 효과적입니다. 예를 들어 검지를 입에 대고 "쉿" 하는 그림, 제자리에 앉아 있는 이미지 등을 보여주며 반복적으로 설명해주는 거죠. 이렇게 규칙을 직관적으로 전달하면 아이가 쉽게 이해하고 기억할 수 있어 실천으로 이어질 가능성이 높아집니다.

행동에 선택지를 주는 것도 매우 효과적입니다.

"지금 초콜릿 하나 먹을래? 아니면 저녁 먹고 두 개 먹을래?"

"지금 10분 혼자 놀고 숙제할래, 아니면 숙제 끝내고 30분 다 같이 놀래?"

이처럼 작은 선택의 기회는 아이에게 '내가 선택했어'라는 자기결정감을 느끼게 하고, 충동을 억제하고 만족을 지연하는 연습이 됩니다. 이런 경험들이 쌓이면, 아이는 일상 속에서 조금씩 스스로를 조절하는 힘을 갖게 되죠.

충동 억제는 어른에게도 쉽지 않은 일입니다. 하물며 모든 것이 새롭고, 감정이 앞서는 아이에게는 더더욱 어려운 일이죠. 그렇기에 아이가 조금 잘못된 행동을 하더라도 "왜 그러니!" 하고 다그치기보다, '지금 아이는 배워가는 중'이라는 시선으로 바라봐야 합니다.

그리고 아이의 성장을 도울 수 있는 따뜻한 장치들을 일상에 하나씩 심어주세요. 아이에게는 멈춤 버튼, 매직 리모컨, 선택의 기회 같은 작은 도구들과 함께 부모의 인내와 따뜻한 지지가 필요합니다. 반복되는 경험을 통해 아이의 뇌는 충동을 조절합니다. 그 결과 아이는 스스로 선택하고 행동할 수 있는 사람으로 자랍니다.

행동 조절은 단순히 '얌전히 있기' 위한 연습이 아닙니다. 아이가 자신의 욕구와 감정을 잘 다루고, 타인과도 건강하게 어울릴 수 있도록 돕기 위한 훈련입니다. 그 힘은 집중력이 되고, 장기적인 목표를 향한 끈기로 이어집니다.

경계

관계 속에서 '지켜야 할 선' 가르치는 법

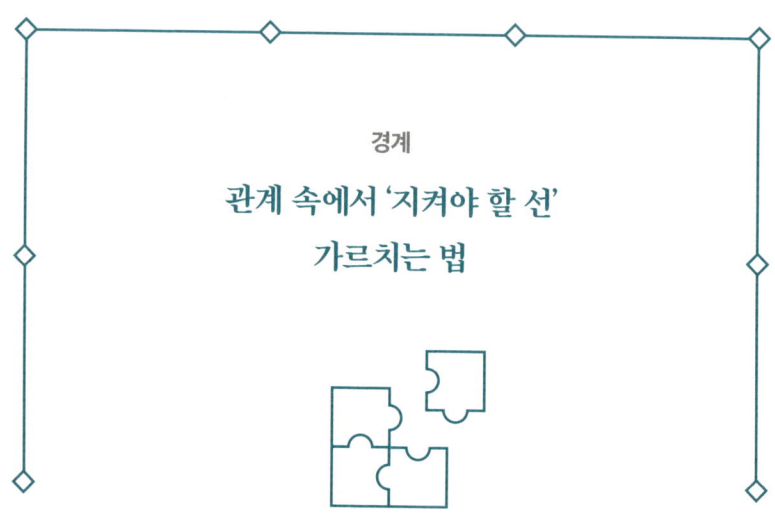

다섯 살 지우는 유치원에서 친구 민호와 정말 친하게 지냅니다. 무엇이든 같이 하고 싶고, 놀이 시간에도 꼭 붙어 다닙니다. 그런데 요즘 지우는 조금 힘들어합니다. 민호가 자꾸 지우의 물건을 허락 없이 만지거든요. 지우가 놀이를 하고 있을 때 끼어들거나, 혼자 있고 싶다는 말에도 계속 따라붙고요. 어느 날, 지우는 민호에게 조심스럽게 말합니다. "민호야, 내 연필은 내가 쓸 거야. 마음대로 쓰지 마." 하지만 민호는 지우의 말을 진지하게 받아들이지 않고 웃으며 또 연필을 가져갑니다. 지우는 속상한 마음에 울음을 터뜨립니다.

경계(바운더리)는 나와 타인 사이에 존재하는 존중의 거리입니다. 이 경계는 사람 사이를 갈라놓는 차가운 벽이 아니라, 서로의 마음과 몸을 안전하게 지켜주는 따뜻한 울타리입니다. 아이에게 경계를 가르치는 것은, 결국 자신을 지키는 힘을 길러주는 일입니다. 친구가 지나치게 요구하거나, 불편한 행동을 할 때 "싫어" "하지 마"라고 말할 수 있어야 합니다. 그리고 상대방이 거절할 때, 그 경계를 존중하고 물러서는 능력도 함께 길러야 하지요.

특히 어린아이들은 자기중심적 사고에 머물러 있기 때문에 "친구니까 괜찮잖아" "나는 그냥 장난이었어"라는 식으로 상대방의 경계를 침범하곤 합니다. 이런 경험 속에서 상대방도 나처럼 불편할 수 있다는 감각을 길러주는 것이 중요합니다. 또한 나는 괜찮아도, 상대방은 나와 다를 수 있다는 것도 일깨워줘야 하죠. 마찬가지로 누군가가 나를 불편하게 한다면 그걸 감지하고 표현할 수 있어야 합니다.

몸의 경계

나를 보호하고
타인을 존중하는 울타리

아이들에게 경계를 설명하는 일은 쉽지 않습니다. 경계는 눈에 보이지 않으니까요. 그래서 처음 경계를 소개할 때는 이렇게 설명해주는 것이 좋습니다.

"사람들은 저마다 자기만의 커다란 비눗방울 속에 들어가 있어. 그 비눗방울은 눈에 보이지 않지만, 각자에게 아주 소중하고 안전한 공간이란다."

이 개념을 구체적으로 체험할 수 있는 활동이 있습니다. 간이 수영 풀에 물과 비누 거품을 풀어요. 그다음에 큰 훌라후프를 담그고, 아이가 중앙에 서게 합니다. 그리고 훌라후프를 조심스레 들어 올리면 아이는 커다란 비눗방울 안에 들어간 듯한 모습이 됩니다. 유치원이나 학교 같은 기관이라면 여러 아이들이 모인 자리에서 이 활동을

비눗물과 훌라후프를 활용해
몸의 경계를 시각적으로 보여주는 활동

해보면 좋습니다. 가정에서는 이를 간소화해서 아이에게 훌라후프를 돌리게 하면서 이렇게 알려줄 수 있습니다.

> "훌라후프로 만들어진 이만큼의 공간이 너의 안전지대야. 누가 이 안으로 들어오면 너의 비눗방울이 터져서 네가 불편해질 수 있어. 친구도 자기만의 비눗방울이 있겠지? 그래서 서로 너무 가까이 가면 비눗방울이 터질 수 있거든? 그러니까 서로의 비눗방울이 터지지 않도록 지켜줘야 하는 거야."

이렇게 하면 아이는 몸으로 '거리'를 느끼게 되고, 그 거리를 지켜주는 것이 친구를 존중하는 일이라는 걸 자연스럽게 배웁니다. 친구가 다가와 내 몸을 만질 때 불편했던 기억, 내가 친구에게 너무 가까이 다가가서 친구가 싫어했던 장면이 아이의 기억 속에서 연결되겠죠.

우리의 몸은 아주 소중한 것이기에, 가장 먼저 나 자신부터 내 몸을 소중하게 대하는 태도가 필요합니다. 그리고 타인 역시 나의 몸을 소중하게 여기고 존중해줘야 하죠. 그래서 친구와 함께 있을 때도 이 비눗방울이 터지지 않도록 두 팔을 양옆으로 쭉 벌린 정도의 공간은 꼭 지켜주는 것이 중요하다고 설명해주세요.

또한 아이가 자신의 몸이 소중하다는 사실을 인지하고, 불편하거나 싫은 상황을 마주했을 때는 "싫어" "안 돼"라고 분명하게 말할 수 있어야 한다는 점도 함께 일깨워주세요. 친구가 너무 가까이 다가와서 불편할 때는 "너무 가까이 오면 불편해"라고 말하고, 친구가 내 머리를 만지는 것이 싫으면 "나는 머리를 만지면 기분이 좋지 않아. 안 만지면 좋겠어"라고 말하는 연습을 해보는 것이죠.

경계는 단지 몸의 거리만을 말하는 것이 아닙니다. 마음과 시간의 경계에 대해서도 설명해줄 수 있습니다.

| 마음의 경계 |

서로의 마음이
다치지 않도록

아이들에게 마음의 경계를 알려주는 일은 중요합니다. 자신의 생각과 감정이 타인과 다를 수 있음을 아이들이 이해하게 되거든요. 그러면 아이들은 내 마음을 스스로 보호하거나 적절히 표현할 수 있는 능력도 기를 수 있어요. 동시에 타인의 감정과 생각 역시 소중하다는 것을 배우고 존중하는 태도를 익히게 됩니다.

몸의 경계를 설명할 때 비눗방울이라는 상징을 활용한 것처럼, 마음의 경계를 가르쳐줄 때도 상징적인 이미지를 활용하면 아이가 훨씬 더 쉽게 이해하고 받아들일 수 있습니다. 아이에게 이렇게 이야기해주세요.

"사람들 가슴속에는 마음 항아리가 하나씩 있어. 그 안에는 기쁨, 슬픔, 화남, 걱정, 부끄러움 같은 다양한 감정들이 담겨 있단다. 이 마음 항아리는 아무나 열 수 없어. 나만이 열 수 있고, 내가 꺼내고 싶을 때만 꺼내는 아주 소중한 항아리야."

친구들도 모두 자기만의 마음 항아리를 갖고 있다는 것도 알려주세요. 우리는 서로의 감정을 함부로 꺼내 보거나, 다그치거나, 상처 주지 않도록 조심해야 한다고 말해주세요. 마음의 경계를 지키는 것은 내 감정을 조절하며 그것을 건강하게 표현하는 것이고, 친구가 자신의 감정을 표현할 때도 그 마음을 소중히 대하며 적절히 반응해주는 것이라고 설명해줍니다.

아이들과 함께 '서로의 마음이 다치지 않게 말하는 법'에 대해 이야기를 나눠보세요.

"왜 그렇게 울어?" 대신 "무슨 일이 있었어? 속상했겠다."

"그건 말도 안 돼" 대신 "나는 다르게 생각해. 네 생각도 궁금해."

이처럼 다정한 말투, 부드러운 표정과 제스처를 부모나 교사가 먼저 보여주는 모델링이 중요합니다. 마음의 경계를 배운 아이는 자신의 감정을 소중히 여길 줄 알고, 타인의 감정도 소홀히 여기지 않습니다. 그렇게 감정을 존중받고 존중하는 경험을 쌓으며, 아이는 긍정적인 대인 관계를 맺고 이어갈 수 있는 사람으로 자라납니다.

| 시간의 경계 |

나의 시간도,
친구의 시간도 소중해

"조금만 더 놀고 싶어요!" "왜 벌써 끝나요?" "기다리는 거 너무 힘들어요!"

아이들이 자주 하는 말이죠. 그만큼 시간의 흐름을 느끼고, 그 시간 안에서 스스로 행동을 조절하는 일은 아이에게 참 어려운 일입니다. 그래서 '시간의 경계'를 알려주는 것은 단순히 스케줄을 지키는 훈련이 아니라, 자기 조절력, 책임감, 타인과 협력하는 능력까지 함께 길러주는 중요한 삶의 연습이 됩니다.

시간의 경계를 처음 배울 때는 아이가 시간의 흐름을 '느끼는 것' 부터 시작해야 합니다. "지금 10분이야"라고 말해도 아이는 그 10분이 얼마나 되는지 잘 감이 오지 않죠. 그래서 타이머, 모래시계, 시계 초침 같은 시각적인 도구를 사용하면 훨씬 이해가 쉬워집니다.

예를 들어, 블록 놀이를 10분 하기로 약속하고, 모래시계를 뒤집어 "모래가 다 떨어지면 정리하는 거야"라고 알려줍니다. 친구와 순서를 정해놓고 번갈아가며 장난감을 가지고 놀 때, 타이머를 활용해 "5분이 지나면 친구 차례야"라고 정해줍니다. 이렇게 하면 앞에서 이야기한 실행 집중력과 전환 집중력도 기를 수 있고, 시간 안에서의 규칙과 기다림을 자연스럽게 익히게 됩니다.

시간의 경계를 배운 아이는 나의 시간이 소중하다는 것을 압니다. 동시에 친구의 시간도 소중하다는 걸 인식하죠. 발표 수업을 할 때 "지금은 친구가 말할 시간이에요"라고 알려주면 아이는 말을 끊지 않고 기다릴 수 있습니다. 또 식사 준비 시간에 "엄마는 지금 요리 중이라서 같이 놀 수 없단다. 조금만 기다려줘"라고 이야기하면, 아이는 '지금은 내가 혼자 놀아야 하는 시간이구나' 하고 받아들일 수 있습니다.

이처럼 시간의 경계를 안다는 것은 누가 언제 어떤 활동을 하는지 알고, 그것을 기다려주는 힘을 기르는 일입니다. 아이는 이 경험을 통해 차례를 지키고, 상황에 맞는 행동을 하고, 상대를 배려하는 태도를 배워갑니다.

하루의 일정을 미리 알려주고, 시간표를 함께 만들어보는 것도 시간의 경계를 익히는 좋은 방법입니다.

"지금은 책 읽는 시간, 그다음은 블록 놀이 시간, 그리고 마지막은 정리 시간이야."

이렇게 하면 아이는 스스로 계획하고, 실천해보는 자기 주도성도 함께 키워가게 됩니다. 시간 조절 능력은 나중에 공부를 할 때도 큰 힘이 됩니다. 숙제 시간을 지키고, 놀 시간과 쉴 시간을 스스로 조율할 수 있으니까요. 학습 태도와 성취도에서도 긍정적인 효과를 기대할 수 있습니다.

아이는 몸의 경계를 통해 나의 공간을 지키는 법을 배우고, 마음의 경계를 통해 감정을 존중하는 법을 익힙니다. 또 시간의 경계를 통해 질서와 배려, 그리고 책임감을 하나씩 쌓아갑니다. 이렇게 다양한 경계를 연습해나가는 과정에서 아이는 무엇이 허용되고, 어디에서 멈춰야 하는지를 스스로 판단할 수 있습니다. 그리고 사회적 규범과 예의, 자기 행동의 결과에 대한 이해도 넓어집니다.

경계는 아이를 가두는 울타리가 아닙니다. 아이의 몸과 마음을 지켜 건강하게 자라나게 하고, 세상과 연결해주는 따뜻한 선입니다. 그 선을 잘 지키는 연습을 통해 아이는 자기 조절이 가능한 사람, 타인과 더불어 살아갈 줄 아는 사람으로 성장할 것입니다.

3장

• 심화편 •

함께 살아가기 위해
배워야 할 가치

규칙

불필요한 오해과 갈등을
줄여주는 삶의 기술

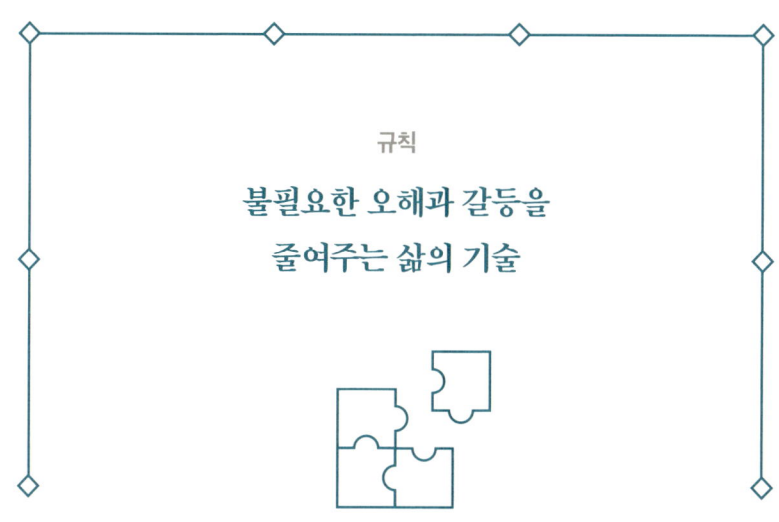

유치원 자유 놀이 시간이 5분 정도 남았을 무렵, 선생님이 아이들에게 말합니다. "5분 후에 노래를 틀 거예요. 그러면 가지고 놀던 장난감 정리하고, 카페트 앞으로 모여주세요." 아이들은 손을 멈추고 선생님 말씀을 듣습니다. 그러나 혁수는 여전히 블록 놀이에 푹 빠져 있습니다. 정해진 시간이 되자, 선생님은 노래를 틀고 정리 시간이 되었음을 알립니다. 아이들이 하나둘 놀이를 마무리하고 자리에 모이지만, 혁수는 아랑곳하지 않고 계속 놉니다. 선생님이 다가가 "이제 정리할 시간이야"라고 말해도 혁수는 고개를 들지도 않고 "아직 안 끝났어요! 더 놀 거예요"라고 말하며 계속 블록을 이어붙입니다.

이처럼 공동체 안에서 정해진 규칙을 따르지 않는 아이를 종종 보게 됩니다. 어떤 아이들은 유독 '지켜야 할 규칙'에 민감하지 않고, 그 순간 자신이 하고 싶은 일에만 몰입하죠. 식당에 가면 자리에서 잠시도 가만히 있지 못하는 아이도 있습니다. 엄마가 "위험하니까 앉자" 하고 주의를 줘도 잠시뿐 금세 또 일어나 테이블 사이를 뛰어다닙니다.

사회성은 함께 어울려 살아가는 능력입니다. 그리고 그 어울림의 바탕에는 반드시 '규칙'이라는 약속이 존재합니다. 사회가 기대하는 질서, 문화, 예절, 규범 등을 이해하고 따르는 능력은 사회성의 핵심이라고 할 수 있어요. 공동체 안에는 정해진 규칙과 약속들이 존재하죠. 유치원에서는 놀이가 끝나면 장난감을 정리하고, 식당에서는 자리에 앉아 기다리고, 수업 중에는 선생님 말씀을 방해하지 않는 것. 이런 규칙은 단순히 '지켜야 할 것'이 아니라, 함께 지내기 위해 필요한 '배려와 질서'입니다.

몇몇 아이들이 이 규칙을 잘 따르지 못하는 이유는 뭘까요? 규칙이라는 개념 자체를 아직 충분히 이해하지 못했을 수도 있어요. 혹은 충동이나 감정을 조절하는 힘이 약해서 당장의 욕구에 집중하는 경우도 많습니다. 때로는 주의 집중력이나 신체 지각 능력, 감각 정보 처리 능력에서 어려움을 느끼는 아이들도 있습니다. 혹은 가정에서 규칙을 일관되게 지키는 경험을 해보지 못한 아이일 수도 있어요. 부모님이 말로는 "하지 마"라고 해놓고 결국 아이가 원하는 대로 받아주는 일이 반복된 거죠. 그러면 아이는 '끝까지 우기면 내 뜻대로 된다'는 잘못된 믿음을 갖게 됩니다.

이처럼 아이마다 규칙을 이해하고 따르는 데 어려움을 겪는 이유는 다양합니다. 그러나 그럼에도 우리가 아이를 도울 수 있는 기본적인 지도 방법은 분명히 존재합니다. '규칙'이라는 개념을 어떻게 설명해주느냐, 그리고 그 규칙을 어떤 방식으로 전달하느냐에 따라 효과는 크게 달라질 수 있습니다.

말로만 알려주지 말고,
몸으로 느끼게 해주세요

어린이집이나 유치원 생활이 시작되면, 아이는 집이라는 작은 사회에서 공동체라는 더 큰 사회로 첫 발걸음을 내딛습니다. 함께 생활하는 사람의 수는 많아지고, 공간도 넓어지며, 그 속에서 지켜야 할 약속들도 복잡해지죠. 하지만 이 시기의 아이들은 아직 언어, 논리, 사회성, 신체 발달이 한창 진행 중입니다. 사회적 경험도 제한적이죠. 그래서 규칙이라는 개념이 생소하게 느껴질 수밖에 없습니다. '왜 그래야 하지?' '꼭 지켜야 해?' 하는 마음이 드는 건 너무도 자연스러운 일이에요.

이때 꼭 기억해야 할 점은, 규칙을 단순히 지시하거나 명령하듯 전달하는 것이 아니라, 아이의 눈높이에 맞춰 이해할 수 있도록 도와줘야 한다는 것입니다. 우선, 규칙이란 나만을 위한 것이 아니라 모두의 안전과 즐거움을 위해 함께 지켜야 하는 약속이라는 점을 알려주세요.

"복도에서 천천히 걷는 이유는 친구들과 부딪히지 않기 위해서야."
"놀이기구를 순서대로 타야 모두가 더 재밌게 놀 수 있어."

하지만 아직 이런 말로만 해서는 이해하기 어려운 아이가 많습니다. 그래서 줄을 설 때 너무 바짝 붙거나 친구를 밀치기도 하죠. 아이들에게 말보다 더 효과적인 것이 바로 시각 자료와 몸의 경험입니다. 아이들은 청각보다 시각, 촉각, 움직임을 통해 훨씬 더 깊게 몸으로 익히기 때문이에요.

앞에서 비눗방울로 설명한 것처럼 '적절한 거리'를 몸으로 느껴보는 경험이 필요합니다. 팔을 앞으로 뻗으며 "이 정도는 친구와의 안전거리야" 하고 직접 연습해보는 거죠. 그러면 말로 설명하는 것보다 훨씬 잘 받아들입니다.

'부드러움'과 '단단함', '빠르게'와 '천천히' 같은 개념도 말로 설명하기보다는 손으로 만져보고 몸으로 느껴봐야 실감할 수 있어요. 예를 들어, '부드러운 감촉'을 설명할 때는 털 인형이나 스펀지를 만져보게 하고, '부드럽게 만진다'는 것의 의미를 설명할 때는 손에 힘이 들어가는 강도의 차이를 직접 경험하게 해줘야 합니다. 손에 힘을 주지 않고 살포시 올려놓는 것, 손에 힘을 조금만 주고 조심스럽게 만지는 것, 손에 힘을 꽉 주고 잡는 것의 차이를 느껴보게 하는 거죠. '천천히 걷기'를 알려줄 땐 아이와 함께 거북이처럼 걷는 놀이를 해볼 수도 있습니다.

글을 읽지 못하는 영유아라면, 간단한 글과 함께 그림이나 이미지를 사용해 규칙을 설명해주세요. 예를 들어 "조용히 해요"라는 문구 아래, 검지 하나를 입술 위에 올려놓은 '쉿' 하는 그림을 넣어주는 거예요. 그럼 훨씬 이해하기 쉽고 기억에도 오래 남습니다. 간단한 규칙 노래를 만들어 아이와 함께 부르는 것도 아주 좋은 방법입니다.

"걸을 때는 천천히~, 말할 때는 조용히~, 줄을 서요 차례차례~, 약속해요, 우리 함께~."

이런 리듬과 반복은 아이의 일상에 자연스럽게 스며들고 규칙을 즐겁게 체득하게 해줍니다.

아이의 행동을 바꾸는
따뜻한 말의 힘

미국 학교에서는 매년 학기 초, 선생님들을 대상으로 한 세미나나 워크숍에서 빠지지 않고 강조하는 주제가 있습니다. 바로 '긍정의 언어'입니다. 교육 심리학자이자 스탠퍼드 대학교 교수인 캐럴 드웩 박사는 성장 마인드셋을 키우기 위해

선 비판보다는 격려, 제한보다는 가능성을 보여주는 말이 훨씬 효과적이라고 말합니다. 미국 교육부의 행동 지원 프로그램(PBIS, Positive Behavioral Interventions and Supports) 역시, 아이들의 행동을 지도할 때는 긍정적인 언어로 안내하는 것이 바람직하다고 권장해요.

아이에게 "뛰지 마세요" "밀지 마세요" 같은 부정형 문장을 반복해서 말해본 적이 있으시죠? 이런 말들은 아이에게 "하지 말라"는 경고는 줄 수 있지만, 대신 무엇을 해야 하는지에 대한 방향은 제시해주지 않습니다. 그래서 아이 입장에서는 '그래서 어떻게 하라는 거지?' 하고 혼란스러울 수 있고, 단순히 제지당했다는 기분만 남기도 합니다.

또한 부정적인 표현은 때로 명령이나 지시로 전달됩니다. 그래서 아이가 방어적으로 반응하거나 반감을 갖기도 합니다. 강요당한다는 느낌이 들면 스스로 따르고자 하는 동기도 자연스레 떨어지죠. 반면 긍정적인 언어로 제시된 규칙은 다릅니다.

"복도에서는 천천히 걷자."

"손은 무릎 위에 올려두자."

이처럼 단순하고 명료한 긍정 언어를 써보세요. 구체적으로 어떤 행동을 하면 되는지를 명확히 알려주고 있죠. 이런 표현은 아이 스스로 행동을 선택하고 실행할 기회를 줍니다. 아이는 이런 경험을 쌓으면서 자연스럽게 자기 조절 능력을 키워요. 이는 아이에게서 협조적인 태도를 끌어내는 데도 훨씬 효과적입니다.

부정어를 긍정어로 바꿔보기

부정어	긍정어
뛰지 마!	집 안에서는 조심조심 걸어다니자.
소리 그만 질러.	조용한 목소리로 말해볼까?
때리지 마.	말로 마음을 표현해봐.
싸우지 마.	서로의 마음을 꺼내어 이야기해보자.
게임 하면 안 돼.	게임은 정해진 시간에만 할 수 있어.
낙서하지 마.	종이에 멋진 그림을 그려볼까?
던지면 안 돼.	살며시 놓아두는 게 안전해.
손 빨지 마.	손을 주머니에 넣어보자. (또는) 주먹을 쥐어보자.
거짓말하지 마.	내 마음을 솔직하게 말해볼까?

흥미로운 사실은, 우리의 뇌는 부정보다 긍정에 더 쉽게 반응한다는 것입니다. "뛰지 마!"라는 말을 들으면 뇌는 먼저 '뛰는 장면'을 떠올린 다음 그 행동을 부정하려는 과정을 거칩니다. 하지만 "걷자"라고 하면 곧장 '걷는 장면'이 머릿속에 그려지죠. 그래서 실행으로 옮기기가 더 쉽습니다.

인사와 존댓말은
마음을 전하는 첫걸음

요즘 "안녕하세요"라는 인사를 부끄러워하거나, 굳이 해야 하느냐며 고개를 돌리는 아이들도 있습니다. 무언가 실수를 했을 때 "죄송합니다", 고마운 마음이 들 때 "감사합니다" 같은 말이 익숙하지 않다는 아이들도 점점 늘고 있죠.

존댓말과 표준말 사용도 마찬가지입니다. 온라인에서는 줄임말, 신조어, 반말이 익숙하고, 격식 없는 대화가 일상이 된 요즘이에요. 그러다 보니 굳이 존댓말이나 바른 말을 써야 할 이유를 잘 느끼지 못하는 아이들도 있는 거죠.

하지만 인사와 존댓말은 단지 예의가 아니라 마음을 표현하는 언어예요. 상대방을 존중하고 배려하고 있다는 걸 보여주는 따뜻한 방식이죠. 아이에게도 존댓말은 '윗사람에게 쓰는 말'이 아니라 '누군가를 소중히 여기고 존중할 때 쓰는 말'이라고 알려주세요. 동생에게도, 또래 친구에게도 존중의 언어를 사용할 수 있고, 그 안에는 '상대의 마음을 다치지 않게 하려는 섬세한 배려'가 담겨 있다는 걸 조금씩 경험으로 느끼게 해주세요.

존댓말은 단순한 언어 규칙을 넘어 우리 문화의 소중한 자산이기도 합니다. 한국어에는 높임말이라는 개념이 들어 있고, 말투만으로도 서로에 대한 존중의 마음을 섬세하게 표현할 수 있잖아요. 아이가 이러한 우리 문화의 우수성을 알고 자랑스럽게 여길 수 있도록 도와주는 것도 우리 어른들의 몫입니다.

바른 인사와 말은 책으로만 배우는 게 아닙니다. 아이들이 일상 속에서 자연스럽게 접하고 반복하며 익혀야 하는 삶의 방식입니다. 아이가 인사를 하거나 존댓말을 썼을 때는 따뜻하게 반응해주세요.

"와, 선생님께 인사했구나. 아주 멋졌어."
"동생한테도 예쁘게 말해줘서 고마워."

그 순간이 아이에게는 다시 그 행동을 하고 싶은 '기분 좋은 기억'이 됩니다. 사실 가장 좋은 방법은 어른이 먼저 보여주는 모델링입니다. 아침에 아이를 마주할 때 "좋은 아침이야~"하고 인사해주세요. 가게에서 물건을 건네받을 때 "감사합니다"라고 말하는 모습을 보여주세요. 아이에게 사회성의 기초를 길러주는 것은 특별한 기술을 가르치는 것이 아닙니다.

"안녕하세요."
"고맙습니다."
"죄송합니다."

이 짧은 말 한마디가 관계의 문을 열고, 마음을 잇고, 사회 속에서 따뜻하게 살아가는 힘이 되어줍니다. 아이의 말 한마디에 따뜻함이 담기도록, 그 말이 '나도 존중받고 싶다'는 마음의 표현이 되도록, 오늘 하루 어른인 우리가 먼저 미소짓고 인사하면 어떨까요? 아이들은 우리의 말과 표정을 따라 배우며 '어떻게 사람들과 어울려야 하는지'를 조금씩 익혀갈 것입니다.

또한 기본적인 예절 교육은 사회적 규범에 대한 인식을 길러주는 출발점이 됩니다. 사회적 규범이란, 어느 사회에서든 사람들이 함께 어울려 살아가기 위해 기본적으로 지켜야 하는 예절과 상황에 맞는 행동을 말합니다. 줄을 서고 차례 지키기, 영화관이나 도서관에선 조용히 하기, 공공장소에 쓰레기 버리지 않기. 이런 사회적 규범을 실천하는 아이는 불필요한 오해나 갈등을 줄이고, 다양한 사람들과의 관계에서 실수를 줄이며, 나와 다른 타인의 입장과 감정을 좀더 깊이 이해할 수 있습니다.

그리고 이 모든 시작에는 어른의 역할이 필요합니다. 아이에게 사회적 규범을 말로 설명하는 것보다 더 중요한 건 어른들이 직접 보여주는 것입니다. 아이에게 기대하는 인사를 내가 먼저 실천해 보이세요. 아이에게 바라는 존중의 말을 내가 먼저 건네보세요. 그렇게 말과 행동으로 보여주는 일상의 모델링이야말로 아이에게 가장 깊이 남는 사회성 교육입니다.

책임

실수를 두려워하지 않고
인정할 때 얻어지는 것

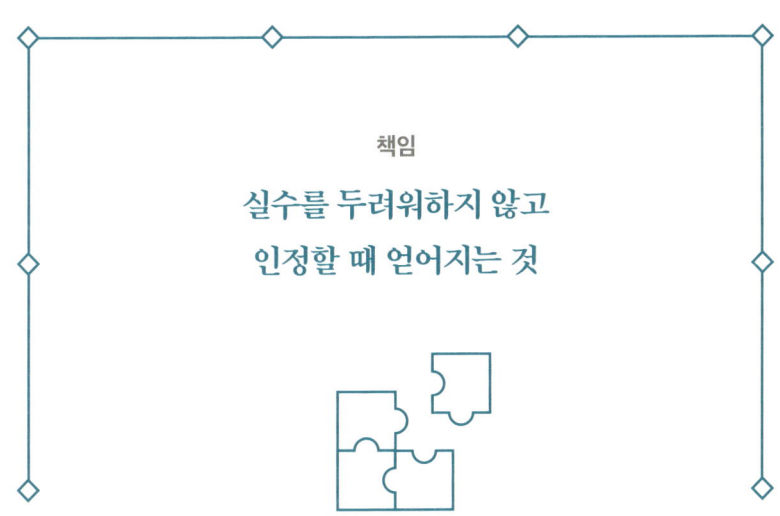

하얀이가 책상에 앉아서 크레파스로 그림 바탕을 색칠하다가 실수로 그만 책상도 칠해버리고 맙니다. 선생님이 지나가다가 크레파스가 칠해진 책상을 보고 "여기 누가 색칠했니?"라고 묻자 하얀이는 "저 아니예요"라며 발뺌을 합니다. 선생님은 "괜찮아. 물티슈로 닦으면 돼"라고 하지만 하얀이는 아무 말도 안 하고 가만히 있습니다. 옆에 있던 친구가 "하얀이가 그랬대요~"라고 말하자 하얀이는 울음을 터트립니다.

책임이라는 건 아이에게 너무나 큰 말처럼 느껴질 수 있습니다.

하지만 책임감은 '벌을 받는 것'이 아니라 내가 한 행동을 솔직하게 인정하는 것입니다. 그 결과를 수용하며 마무리까지 해내는 용기입니다. 하얀이처럼 아이들은 실수했을 때 자기도 모르게 "내가 안 했어요"라고 말해버릴 수 있습니다. 이는 일부러 거짓말을 하려는 마음이라기보다는 '혼날까 봐' '잘못했다는 말을 듣기 싫어서' 무의식중에 자신을 방어하려는 반응일 수 있습니다.

실수를 친구 탓으로 돌리는 일도 흔히 볼 수 있죠. 글씨를 쓰던 혁이는 글씨가 삐뚤어지자 "네가 옆에서 말해서 그렇잖아"라며 옆 친구를 원망합니다. 도미노를 쌓다가 무너져도 "너 때문에 망했어"라며 친구 탓을 합니다. 집에서도 뭔가가 뜻대로 되지 않으면 가족 탓을 하거나 변명을 합니다. 이런 반응 역시 실수 그 자체보다도 실수로 인한 감정을 감당하기 어려워 나오는 반사적인 방어입니다.

아이에게 책임감을 가르치려면 어떻게 해야 할까요? 우선 중요한 건 실수 자체보다 실수를 대하는 태도에 집중해주는 것입니다.

"괜찮아, 실수할 수 있어. 그런데 우리가 한 행동은 우리가 정리해보자."

이런 말 한마디가 아이에겐 '실수를 인정해도 괜찮구나'라는 안도감을 줄 수 있습니다. 책임감은 단시간에 만들어지는 덕목이 아닙니다. 그리고 타고나는 성격도 아닙니다. 작은 일을 시도해보고, 실수도 해보고, 다시 해보는 과정 속에서 차곡차곡 쌓아가는 힘입니다.

아이에게 책임을 가르치는 데 도움이 되는 몇 가지 방법을 소개합니다.

실수를 배움의 기회로
바꾸는 부모의 질문

실수는 누구나 합니다. 어른도, 아이도 처음부터 잘할 수는 없지요. 그런데도 우리는 종종 실수를 마치 '하면 안 되는 일'처럼 여깁니다. 아이가 실수했을 때도 "왜 그랬어?" "그걸 왜 몰라?" 같은 말이 먼저 나오곤 하죠. 하지만 실수는 잘못이 아니라 배우는 중이라는 증거입니다. 중요한 건 실수 그 자체가 아니라, 그 실수를 어떻게 받아들이느냐입니다.

물론 아이에게 실수는 단순한 개념이 아닙니다. 머리로는 '실수해도 괜찮아'라고 배웠다고 하더라도, 막상 실수를 저지른 순간에는 창피함, 당황스러움, 불안감 같은 감정이 먼저 밀려옵니다. 친구나 어른에게 피해를 주었다면 '지금 나한테 실망했을까?' 하는 걱정이 따라붙고요.

특히 실수했을 때 어른에게 혼난 경험이 반복해서 쌓이면 아이의 마음속에는 '실수 = 혼나는 일'이라는 인식이 자리 잡게 됩니다. 그러면 아이는 실수를 감추거나, 다른 사람 탓을 하거나, 혹은 시도 자체를 꺼릴 수도 있어요. 아이에게 실수를 대하는 건강한 태도를 심어주기 위해서는 실수했을 때 부모의 첫 반응이 매우 중요합니다. 실수한 것을 지적하기보다 이렇게 말해주세요.

"실수했구나? 괜찮아, 누구나 그럴 수 있어."

이 말에 아이는 안도감을 느낍니다. 그런 다음 아이가 실수를 배움의 기회로 전환할 수 있도록 질문을 던져주세요.

"오늘은 이 실수 덕분에 뭐 하나 배웠네?"
"다음엔 어떻게 하면 좋을까?"

이런 말은 아이의 사고를 긍정적인 방향으로 이끌어주고, 실수에 대한 감정을 재구성하게 도와줍니다. 실수를 두려워하고 감추기보다 인정하는 용기를 지니게 됩니다. 아이가 용기를 낸 그 순간 따뜻한 반응을 잊지 마세요. 이런 경험이 반복된다면, 실수는 아이를 성장시키는 자원이 됩니다. 아이가 실수와 친해질 수 있도록 도와주고, 그로부터 배울 수 있는 환경을 만들어주는 것이 바로 부모의 중요한 역할입니다.

진심으로 사과하는
4단계 말하기

실수했을 때 그걸 인정하고 "미안해요"라고 말하는 일은 생각보다 쉽지 않습니다. 어른도 때때로 사과가 어려운데, 아이에게는 얼마나 더 어려운 일일까요? 사과는 단순히 말을 꺼내는 것이 아니라, 자신의 실수를 인정하고 관계를 회복하고자 하는 마음을 전하는 행위입니다. 그 안에는 솔직함, 공감, 책임감, 그리고 용기가 모두 들어 있습니다.

아이들이 사과하기를 꺼리는 이유는 다양합니다. 사과하면 '내가 지는 것'이라고 느끼기도 합니다. 진심과 상관없이 그 상황을 빨리 넘기기 위해 "미안"이라는 말을 던지는 경우도 있죠. 때로는 어른의 압박이나 형제의 강요로 마지못해 말하기도 합니다. 또 어떤 아이는 사과할 타이밍을 놓쳐서, 사과를 어떻게 해야 할지 몰라서 조용히 넘어가버리기도 해요.

그래서 아이에게 "사과해야지"라는 말만 반복하는 것은 충분하지 않습니다. 오히려 그렇게 하면 아이는 사과라는 행동을 '상황을 모면하는 말'로만 받아들일 수 있습니다. 중요한 것은 사과의 의미와 방법을 제대로 알려주는 것입니다. 아이에게 이렇게 이야기해보세요.

"놀다가 넘어져서 무릎에 상처가 나면 반창고를 붙이잖아? 그럼 시간이 지나면서 상처가 천천히 아물지. 그런데 친구랑 싸우거나, 마음이 상하면 우리 마음에도 상처가 나. 그럴 땐 어떻게 해야 할까? 맞아, 상처를 낫게 해주는 반창고처럼 사과는 친구 마음의 상처를 천천히 낫게 도와주는 거야."

이렇게 '사과 = 마음의 반창고'라고 비유해 설명해주세요. 아이는 사과의 목적이 이기거나 지는 문제가 아니라 상처를 함께 아물게 하는 과정이라는 걸 자연스럽게 이해할 수 있습니다.

아이가 용기 내어 사과하거나 자신의 잘못을 솔직히 인정했을 때는 '사과 배지'를 만들어서 주는 것도 좋은 방법입니다. 이는 단지 보상을 위한 수단이 아니라 "진심을 표현한 너의 용기가 정말 자랑스러워"라는 메시지를 아이에게 심어주는 긍정적 강화가 됩니다.

사과가 진심으로 전해지려면 말과 행동이 일치해야 합니다. 그저 "미안해"라는 말만 던지는 것은 사과가 아닙니다. 다음은 아이가 진심 어린 사과를 할 수 있도록 도와주는 4단계입니다. 부모님도 함께 일상에서 연습해보면 좋아요.

❶ **1단계:** 내 실수나 잘못을 명확히 말하기
"내가 네 그림을 찢어서 정말 미안해."

❷ **2단계:** 친구의 감정 공감하기
"네가 정말 속상했을 것 같아. 나라면 마음이 많이 아팠을 거야."

❸ **3단계:** 화해하고 싶은 의지 표현하기
"앞으로는 더 조심할게. 다시는 안 그럴게."

❹ **4단계:** 문제 해결을 위한 행동 보여주기
"내가 찢었으니까, 내 새 종이 줄게. 같이 다시 그려보자."

아이들이 사과의 개념을 더 쉽게 이해할 수 있도록 감각적으로 전달해주는 활동을 해보는 것도 좋습니다.

**내 실수와
친해지는 연습**

아이들이 실수를 인정하고 사과도 할 수 있게 되었다면 그것만으로도 큰 용기입니다. 하지만 그 과정에서 어떤 것을 배우고, 어떻게 성장했는지를 함께 돌아보지 않는다면, 실수를 통해 책임감을 단단히 심어주는 데는 한계가 있을 수 있습니다. 단순히 실수를 '했냐, 안 했냐'가 아니라, 그 실수를 어떻게 마주하고, 어떤 태도로 해결했는지를 되돌아보는 경험이 중요해요. 이럴 때 활용해볼 수 있는 활동이 바로 '실수 배지 모으기'입니다. 실수를 '숨겨야 할 것'이 아닌, '기록하고 성장할 수 있는 경험'으로 바꿔주는 거죠.

실수 배지 카드

① 배지 모양으로 된 카드를 준비합니다. 카드 앞면은 배지 모양으로 마음껏 꾸밉니다.

② 카드를 열어 왼쪽 면에 실수를 그림이나 간단한 글로 적어 보게 합니다.
예) "ㄹ의 방향이 틀렸어요."

③ 카드 오른쪽 면에는 어떻게 해결했는지 기록합니다.
예) "이름표를 보고 다섯 번 바르게 써봤어요."

❹ 카드 뒷면에는 그 실수로 인해 얻은 결과를 적습니다.
예) "이름을 바르게 쓸 수 있어요."

이렇게 무슨 실수를 했는지, 어떻게 대처했는지, 어떤 성장을 이루었는지의 흐름으로 쓰게 합니다. 실수 그 자체보다 과정과 결과에 집중할 수 있도록 도와주는 활동입니다. 이런 실수 배지를 하나하나 모으다 보면 아이는 어느 순간 깨닫게 됩니다. 실수를 숨기지 않고 표현하는 것이야말로 진짜 용기 있는 사람의 모습이라는 것을요. 그리고 실수로부터 배워가는 자신이 점점 더 '성장하는 영웅'처럼 느껴지기 시작합니다.

더 좋은 선택을
하게 만드는 법

책임이란 단순히 "내가 했어요"라고 말하는 것을 넘어 자신의 선택에 따른 결과를 받아들이고 그에 따라오는 여러 상황들을 감당하는 것입니다. 그래서 아이에게 책임감을 가르치려면, 반드시 '선택'의 의미와 중요성을 함께 알려줘야 하죠.

하지만 아이에게 인과관계를 설명하는 것은 생각보다 어렵습니다. 하나의 선택이 가져오는 장점과 단점, 또 다른 선택을 했을 때 생길 수 있는 결과까지 비교하려면 머릿속이 복잡해지고, 그 결과 아무거나 하며 선택을 회피하거나 충동적으로 행동할 수도 있습니다.

　이럴 때 도움이 되는 것이 바로 '선택의 저울' 활동입니다. 무게와 균형이라는 시각적 이미지를 통해 아이는 각각의 선택이 갖는 책임의 무게를 직관적으로 느끼고 비교해볼 수 있습니다. 예를 들어, 내일까지 해야 할 숙제가 있는데 지금 게임이 너무 하고 싶을 때를 생각해봅시다. 저울의 한쪽에는 '숙제를 먼저 했을 때의 장점'을 올려놓습니다. 그리고 다른 한쪽에는 '게임을 먼저 했을 때의 장점'을 올려놓습니다.

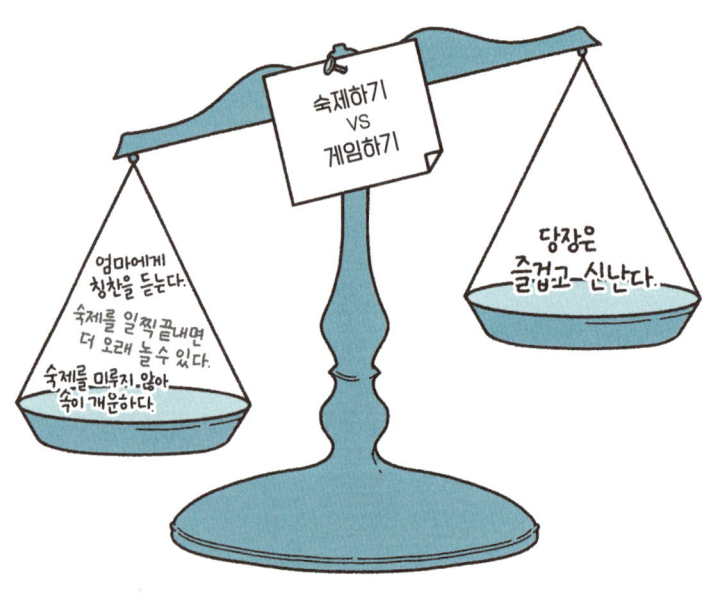

선택의 저울

이렇게 비교해보면, 저울이 어느 쪽으로 기울지 아이도 자연스럽게 알게 됩니다. 장점뿐만 아니라 단점을 비교해보는 것도 좋은 연습이 됩니다. 숙제를 미룰 경우에 생기는 단점은 엄마의 잔소리, 자기 전에 숙제를 해야 해서 피곤함, 놀 시간이 줄어듦 등 여러 가지가 있겠죠. 반면 숙제를 먼저 할 경우에는 '좀 어렵다'는 단점이 하나 있을 수 있습니다. 이 역시 저울 위에 올려놓고 비교해보는 거죠.

또 다른 방법은 각각의 선택에 점수를 매겨보는 것입니다. 즐거움의 지속 시간이나 결과의 무게를 기준으로 점수를 주는 거예요.

- 숙제를 먼저 끝내면 좋은 기분이 오래가니까 5점
- 게임은 순간의 즐거움이니까 3점

이런 식으로 점수를 매기며 '어떤 선택이 나에게 더 좋은 결과를 가져다줄까?'에 대해 자연스럽게 생각해볼 수 있어요. 선택의 저울과 선택의 점수 활동은 아이에게 단순히 '뭐가 재밌냐'가 아니라 '어떤 선택이 더 괜찮은 결과로 이어질까?'를 고민하게 만듭니다. 그리고 이런 경험이 반복되면 아이는 점점 더 책임감 있는 선택, 합리적인 선택, 좋은 선택을 할 줄 아는 사람으로 성장해나갑니다.

공감
서로 마음을 나누는 것은 왜 중요할까?

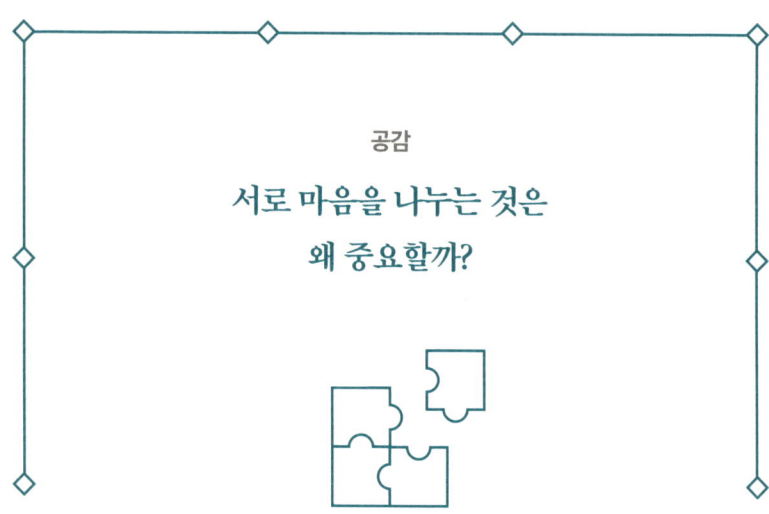

평소에 명랑했던 친구가 학교에 와서 힘없이 슬픈 표정으로 앉아 있습니다. 친구들이 옆으로 와서 무슨 일이 있냐고 물어봅니다. 친구는 주말에 집에서 키우던 반려견이 죽어서 너무 슬프다고 말하면서 눈물을 주르륵 흘립니다. 그러자 해리는 이렇게 말합니다. "원래 강아지는 사람보다 빨리 죽어. 우리 집 강아지는 이제 겨우 한 살이라서, 나랑 오래오래 같이 있을 거야. 얼마나 귀여운데."

해리의 말은 겉으로 보면 틀린 말이 아니지만, 그 상황에서 친구가 듣고 싶었던 말은 아니겠죠. 속상한 마음을 나누고 싶어 눈물을 흘린 친구에게 해리의 말은 오히려 더 큰 외로움과 슬픔을 안겨주고 말았습니다. 해리의 경우처럼 공감 능력이 부족한 아이들은 종종 분위기를 읽지 못하고, 엉뚱하거나 무심한 말을 던지곤 합니다.

공감은 단순히 상황을 아는 것이 아니라 그 사람의 마음을 이해하고, 그 감정에 맞게 반응하는 능력입니다. 슬프겠다고 생각하는 것을 넘어서 "나도 마음이 아파" "네 마음 이해돼" 같은 정서적 반응으로 이어지는 것이 진짜 공감이에요. 그리고 말뿐 아니라 위로가 되는 행동으로까지 연결될 때 공감 능력은 진정한 힘을 갖게 됩니다.

공감은 사회성에서 가장 따뜻하면서도 중요한 조각입니다. 공감 능력은 사회적 인식을 바탕으로 발달하는데, 사회적 인식이란 그 상황 속의 맥락, 사람들의 감정과 관계를 이해하고 헤아리는 힘입니다. 예를 들어, 새로 전학 온 친구가 점심시간에 혼자 앉아 있다면, 그 모습을 보고 '아직 친구가 없어서 불편하겠구나' 하고 느끼는 것이 사회적 인식이고, '같이 밥 먹자고 해볼까?' 하고 다가가는 행동이 바로 공감입니다. 또한 사회적 신호를 읽는 능력도 공감의 중요한 기반이 됩니다. 친구가 말로는 "괜찮아"라고 했지만, 표정은 울 것 같고 말투도 떨린다면, 말과 감정이 다르다는 걸 눈치챌 수 있겠죠.

공감 능력은 아이마다 타고난 기질이나 성향에 따라 차이가 있을 수 있어요. 감정에 민감한 아이들은 친구의 표정이나 말투만 봐도 금방 그 마음을 알아채고, 자연스럽게 위로의 말을 건네죠. 반대로, 감정에 덜 민감하거나 분위기를 잘 읽지 못하는 아이도 있어요. 이런 아이들은 친구가 속상해 보이더라도 왜 그런지 잘 모르거나, 어떤 말을 해야 할지 몰라 엉뚱한 말을 하기도 해요. 하지만 이런 차이는 충분히 연습하고 배워가는 과정 속에서 좋아질 수 있습니다.

친구의 표정을 읽는 연습, 그 상황을 이해해보는 연습, 내가 할 수 있는 공감의 말이나 행동 연습을 아이와 놀이하듯 해볼 수 있는 활동들이 있습니다.

감정 표현을 더 깊고
넓게 해보는 연습

공감이라는 단어는 아직 말이 서툰 유아들에게는 조금 어렵고 추상적인 개념일 수 있습니다. 하지만 '공감이 뭐야?'라는 질문에 아이들이 스스로 답할 수 있도록 쉽고 재미있는 방법으로 알려줄 수 있어요. 그중 가장 효과적인 설명은 바로 공감을 거울에 비유하는 것입니다.

아이에게 거울을 보여주고 이렇게 말해보세요.

"우리가 거울을 볼 때 내가 웃으면 거울 속의 나도 웃고, 내가 찡그리면 거울 속의 나도 똑같이 찡그리지? 공감도 그것과 비슷해. 친구가 웃으면 나도 같이 기분이 좋아지고, 친구가 슬퍼 보이면 나도 마음이 아파지는 게 바로 공감이거든."

이렇게 공감의 개념을 시각적으로 이해한 다음 '나를 따라 해봐요' 게임으로 연결해보세요. 이 게임은 놀이를 통해 공감 능력을 키우는 활동입니다. 방법은 아주 간단합니다.

❶ 식구들이나 친구들끼리 나란히 섭니다.
❷ 제일 앞에 선 사람이 제시어를 보고 몸이나 표정으로 감정을 표현합니다. 예를 들어 '기대된다'는 제시어를 보고 두 손을 맞잡고 까치발을 들어 보일 수 있겠죠. (표현)
❸ 두 번째 사람은 그 모습을 그대로 따라 합니다. (모방)
❹ 세 번째 사람은 앞사람의 표정과 몸짓을 관찰하고, 그 사람이 어떤 감정을 느끼고 있는지, 맞혀봅니다. (감정 추측)

"무언가 좋은 소식을 기다리는 것 같아."
"생일 선물 받을 것 같아서 기대되는 표정이야!"

이런 식으로 '표현 → 모방 → 감정 추측'의 흐름을 통해 아이는 공감이라는 것이 무엇인지, 그리고 감정을 나누는 것이 왜 중요한지를 자연스럽게 경험합니다. 4~5명이 릴레이처럼 이어서 해보면 더 재미있고 풍부한 활동이 되죠.

이 게임을 다양한 감정 어휘로 확장해볼 수도 있습니다. 예를 들어, 기쁘다는 말 외에도 행복하다, 신난다, 설레다, 만족스럽다, 기대

된다 등 기쁨의 감정을 여러 단어로 표현해볼 수 있고, 슬픔을 표현하는 말도 속상하다, 서운하다, 보고 싶다, 실망스럽다, 우울하다 등 다양하죠. 이렇게 감정 표현을 더 넓고 깊게 해주는 연습을 해보세요. 아이는 자신의 감정뿐 아니라 다른 사람의 감정도 더 섬세하게 이해할 수 있게 됩니다.

다른 사람 입장에서
바라보는 연습

아이에게 공감이 어려운 이유 중 하나는 바로 '관점 수용'이 아직 익숙하지 않기 때문입니다. 관점 수용이란 다른 사람의 입장에서 상황을 바라보고 이해하는 능력인데요. 어린아이에게는 이 과정이 결코 쉽지 않습니다. 다른 사람의 마음을 헤아린다는 것은 내가 겪어보지 않은 일을 상상하고 이해해야 하는 일이기 때문이에요.

또한 아이들은 아직 자신의 감정을 인식하고 조절하는 것만으로도 벅찬 시기입니다. 내 마음을 알아차리고 표현하는 것도 연습이 필요한데, 동시에 타인의 마음까지 고려하기란 쉽지 않죠. 이때 '역할 놀이'가 도움이 됩니다. 역할 놀이는 아이가 다양한 사람의 입장을 직접 경험해보는 연습을 할 수 있는 좋은 기회예요.

실수한 친구가 놀림을 받은 상황을 놓고, 한 명은 실수한 아이,

다른 한 명은 놀리는 아이, 또 다른 한 명은 그것을 지켜보는 친구 역할을 해보는 거예요. 그리고 이 역할을 서로 바꾸어가면서 놀이를 하다 보면 '이렇게 말하면 속상하겠구나' '저럴 땐 어떻게 행동해야 할까?'를 직접 생각해보고 느껴볼 수 있어요.

꼭 실제 상황이 아니어도 좋아요. 동화책이나 만화, 영화 속 인물의 감정을 따라가보는 것도 좋은 방법이에요.

"이 장면에서 주인공은 어떤 기분이었을까?"

"만약 내가 그 친구였다면 어떻게 했을까?"

부모님이 이런 질문을 던져주면 아이는 생각의 폭을 더욱 넓힐 수 있답니다.

할 말을 고르고
행동을 조절하는 연습

아이의 사회성을 길러주는 가장 효과적인 방법 중 하나는 '직접 경험처럼 느낄 수 있는 연습'입니다. 그 연습을 도와주는 도구가 바로 '상황 카드'입니다. 방법은 이렇습니다.

카드 한 장에는 하나의 상황을 적으세요. 그 상황을 아이와 함께 이야기하며 감정을 짚고, 그 상황에서 할 수 있는 말과 행동을 구체화해봅니다. 아이는 추상적인 개념이 아니라 눈앞에 펼쳐진 그림 같은 상황 속에서 나의 역할을 상상하고, 상대의 입장을 떠올려보게 되죠.

예를 들어, "친구가 소중히 여기던 목걸이를 잃어버렸다"라는 상황이 적힌 카드를 보여주며 아이에게 이렇게 물어봅니다.

"친구는 어떤 기분이 들었을까?"

"나는 그 상황에서 어떤 말을 해줄 수 있을까?"

"그리고 어떤 행동을 하면 좋을까?"

이런 식으로 상대의 감정을 짚는 것에서 시작해 아이 자신의 반응까지 구체적으로 말로 표현하는 연습을 해봅니다. 또한 아이가 유치원이나 학교, 일상에서 겪은 불편하거나 난처했던 경험을 떠올려보고, 그 상황을 직접 카드에 그려보는 것도 좋습니다. 혹은 이야기 형식으로 만들어보는 것도 좋은 방법입니다. 부모가 아이를 지켜보며 '어려움을 느끼는 순간들'을 포착해 카드에 담아낼 수도 있습니다.

다음은 상황 카드로 만들어볼 수 있는 주제들입니다.

- 친구가 나랑 놀지 않는 상황
- 친구가 양보를 절대 하지 않는 상황
- 친구가 내가 아끼는 물건을 함부로 쓰는 상황
- 친구가 내 말을 계속 무시하는 상황
- 친구가 나를 놀리는 상황
- 친구가 자기가 좋아하는 것만 하자고 하는 상황
- 친구가 내 말을 믿지 않는 상황
- 친구가 게임 규칙을 지키지 않는 상황

- 친구랑 함께 울고 있는 상황
- 친구가 혼자 떨어져 앉아 있는 상황

이처럼 다양한 상황을 아이와 함께 나누며 이야기해보는 것만으로도 아이는 '상대의 마음을 읽고, 할 말을 고르고, 행동을 조절하는 힘'을 조금씩 키워나갈 수 있습니다.

멋진 친구가
되어주는 연습

공감의 말이나 행동을 일상에서 실천으로 이어가는 일은 단기간 속성 과외로 완성되는 능력이 아닙니다. 특히 사회적 신호를 인지하는 데 어려움을 겪는 아이들에게는 더욱 그래요. 감정을 억지로 느끼게 할 수는 없지만, 특정 상황을 이해하고, 그 상황에 어울리는 적절한 말과 행동을 연습하는 것은 충분히 가능합니다. 아이가 그런 훈련을 일상 속에서 작게, 그러나 반복적으로 실천하다 보면, 어느새 마음 안에서 공감이라는 꽃이 피어납니다.

'멋진 친구 되기 미션'을 수행한다고 가정하고 게임처럼 접근하면 훨씬 즐겁고 자연스럽게 공감하는 법을 배울 수 있습니다. 아이와 함께 '미션 카드'를 만들어보세요. 아이가 하루에 한 가지씩 '멋진 친구 되기' 미션을 수행하고 실천했을 때 도장을 찍어주는 거예요.

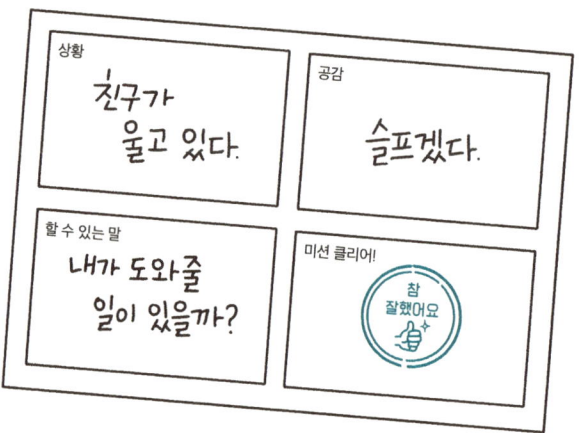

공감 미션 카드

카드는 총 네 칸으로 나눕니다.

❶ **상황 적기:** "친구가 넘어졌어요" "친구가 슬퍼해요"처럼 간단한 상황을 적습니다.
❷ **친구의 기분 상상하기:** 그 상황에서 친구가 어떤 기분일지 아이가 적어봅니다.
❸ **내가 할 수 있는 말과 행동:** 위로, 격려, 기다려주기 등 아이 스스로 선택해봅니다.
❹ **실천 도장 찍기:** 하루를 마무리하며 오늘 미션을 실천했는지 점검하고 도장을 찍습니다.

이렇게 매일 한 장씩 실천한 카드를 쌓아가면 '멋진 친구'로 자라는 모습이 카드에 고스란히 담기게 됩니다. 그리고 미션 카드에 도장을 모두 채운 날에는 작지만 특별한 보상을 해줄 수도 있겠죠? '멋진 친구' 배지를 가슴에 달아주거나, 가족이 다 함께 박수치며 축하해주는 거죠. 아이가 좋아하는 간식을 주거나 외식을 하는 것도 좋은 보상이 됩니다.

미션 카드에 담아볼 수 있는 문구는 다음과 같습니다.

미션 카드 문구 예시

상황	공감	할 수 있는 말
친구가 울고 있을 때	너무 속상한가 보다.	내가 도와줄 일이 있을까?
친구가 달리다가 넘어졌을 때	아이쿠, 아프겠다.	반창고 가져다줄까?
친구가 상을 타서 신났을 때	정말 기뻐하는구나.	네가 좋아하니까 나도 기분이 좋다. 축하해.
친구가 혼자 있을 때	피곤한가? 외로울 수도 있겠다.	내가 옆에 같이 있어도 돼?
친구가 화났을 때	화가 많이 났네.	무슨 일 있어?
친구가 재밌게 놀고 있는 우리를 쳐다볼 때	같이 놀고 싶을 것 같아.	너도 같이 놀래?
친구가 어려워하는 문제가 있을 때	문제가 안 풀리나?	문제가 어렵구나. 같이 풀어볼까? 넌 할 수 있어. 파이팅!
친구가 풀이 죽어 있을 때	힘든 일이 있을 수 있겠다.	나한테 털어 놓아볼래?

협력

경쟁보다 협력의 가치를
먼저 가르쳐야 하는 이유

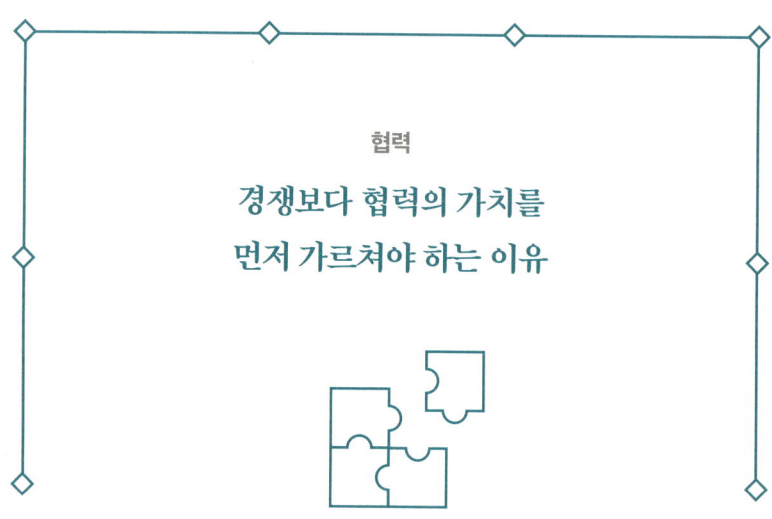

축구를 좋아하는 환이는 체육 시간에 축구를 하게 되자 신이 납니다. '내가 얼마나 공을 잘 차는지 보여줘야지' 하는 마음에 누구보다 열심히 운동장을 뛰어다닙니다. 드디어 공이 자신에게 오자, 환이는 혼자 골대까지 몰고 가려고 합니다. 하지만 상대 팀 아이들이 달려들어 결국 공을 빼앗깁니다. 두 번째 기회가 왔을 때도 마찬가지입니다. "내가 골 넣을 거야" 하며 끝까지 패스를 하지 않은 환이는 또다시 공을 빼앗기고 맙니다.

협력이란, 누가 더 잘하느냐를 겨루는 게 아니라 함께 잘해보기 위한 노력입니다. 서로 다른 생각을 조율하고, 갈등을 풀어가며, 함께 목표를 이루는 과정 속에서 우리는 타인을 이해하고 배려하는 힘도 함께 키워갑니다. 하지만 요즘 아이들에게 협력은 생각보다 낯설고 어려운 일입니다. 아이들끼리 모여서 노는 시간이 줄어들었고, 코로나 이후 비대면 활동이 많아지면서 자연스럽게 함께 어울려 뭔가를 만들어가는 경험이 크게 줄었기 때문입니다.

게다가 한국 사회의 치열한 경쟁 분위기 속에서 아이들은 '함께' 보다는 '이겨야 한다'는 마음을 더 자주 배우게 됩니다. 사교육의 과밀함과 빠듯한 일정 속에서 협력을 통해 느끼는 즐거움보다, 성취의 결과만을 중요시하게 되는 분위기 역시 협력의 가치를 자연스럽게 뒤로 밀어내게 하죠. 부모의 양육 태도도 영향을 줍니다. 아이들 사이에서 벌어지는 사소한 갈등이나 의견 차이에 부모가 먼저 개입해 해결해주다 보면, 아이는 누군가와 부딪혔을 때 함께 조율하는 연습을 해볼 기회를 놓치게 됩니다. 그렇게 협력은 '생략된 경험'이 되고 맙니다.

크리스마스 공연을 앞두고 친구들과 함께 무대 배경을 그리던 시현이도 그랬습니다. 종이에 커다란 눈사람을 그리며 친구들이 사용할 공간까지 거의 다 차지해버린 시현이에게, 친구들은 트리도 그려야 하니까 눈사람을 작게 그리자고 제안했지만, 시현이는 자신의 눈사람이 가장 커야 한다며 고집을 부렸어요. 이 상황도 결국 자기중심적 사고와 타인의 입장을 이해하는 능력이 부족해서 생겨난 작은 갈등입니다.

하지만 이런 경험은 아이들이 성장하며 당연히 겪는 발달 과정의 일부입니다. 중요한 것은, 이런 순간을 통해 협력의 즐거움을 조금씩 배워가는 것입니다. 공을 패스했을 때 친구가 골을 넣고 모두가 함께 기뻐하는 순간, 무대 배경을 친구들과 함께 꾸미며 멋진 작품을 완성했을 때의 뿌듯함. 이런 작은 성공의 경험이 차곡차곡 쌓일 때, 아이는 '나 혼자'보다 '함께'가 더 멋질 수 있다는 것을 몸으로 느낍니다.

협력은 단지 역할을 나누는 것이 아닙니다. 서로를 존중하며 함께 웃을 수 있는 순간을 만들어가는 일입니다. 아이들이 협력의 의미를 머리가 아닌 마음으로 느낄 수 있도록, 부모는 그 과정에 다정하게 동행해주는 안내자가 되어야 합니다.

환이도, 시현이도, 아직 협력의 조각을 찾는 중일 뿐입니다. 그 조각은 경험을 통해, 조금은 어설프고 느린 실천 속에서 하나씩 맞춰질 것입니다. 이를 도와줄 수 있는 활동을 소개합니다.

○ **팀 미션 게임:** 여럿이 하나의 목표 이뤄내기

협력은 이론으로 배우는 것이 아니라 함께 몸을 움직이고 마음을 맞추는 실천 속에서 자라는 능력입니다. 가정에서 가족끼리 즐겁게 하면서도 자연스럽게 협력을 배울 수 있는 방법으로 팀 미션 게임을 제안해봅니다. 그중에서도 특히 간단하지만 효과적인 놀이가 바로 풍선 띄우기 게임입니다.

방법은 아주 간단해요. 풍선 하나를 불어 공중에 띄우고, 그 풍선이 땅에 떨어지지 않게 서로 번갈아 가며 토스하는 거예요. 단, 한 사람이 연속해서 두 번 만지는 건 안 되고, 가족 구성원 모두가 한 번씩은 반드시 터치하도록 규칙을 정합니다. 이 놀이의 핵심은 공간을 나누고, 움직임을 조율하며, 서로를 배려하는 과정입니다. 내가 어디로 가야 할지보다, 지금 누가 움직이고 있는지, 누구에게 공간을 내주어야 할지를 자연스럽게 고민하게 됩니다. 풍선이 떨어지지 않게 함께 협력하고, 결국 공동의 목표를 이루어냈을 때의 환호는 그 자체로 협력의 기쁨을 경험하는 순간이 됩니다.

이런 협력 놀이는 친구들과 어울릴 때도 다양하게 이어질 수 있습니다. 예를 들어, 컵 쌓기나 도미노 놀이, 미로 통과하기나 방 탈출 게임처럼 의견을 나누고 역할을 나누며 하나의 목표를 향해 나아가는 놀이들은 협력 능력을 길러주는 훌륭한 기회가 됩니다.

조금 더 전통적인 놀이로는 신문지 접기 게임이 있습니다. 큰 신문지 위에 여러 명이 함께 올라가 서 있다가, 신문지를 한 칸씩 접어가며 모두가 떨어지지 않게 버텨보는 놀이죠. 단체 줄넘기처럼 몸을 함께 움직이는 협동 게임도 말보다는 몸으로 협력을 배울 수 있는 좋은 방법입니다. 중요한 것은 놀이의 규모나 복잡함이 아닙니다. 서로의 움직임을 살피고, 배려하며, 함께 웃는 경험이 쌓일수록 아이의 마음속엔 '협력'이라는 가치가 조금씩 자리 잡게 됩니다.

친구와 의견이 다를 때
조율하는 법

협력이 어려운 이유 중 하나는 바로 의견 차이가 생기기 때문이죠. 소통하고, 타인의 입장을 이해하고, 그 차이를 좁혀가는 과정에서 아이들은 종종 막막함을 느끼곤 합니다. 그래서 아이가 어떤 부분에서 협력의 어려움을 겪는지를 잘 살펴보고, 그 부분을 집중적으로 연습해보는 것이 좋습니다. 아이가 자신의 의견을 표현하는 것에 어려움을 느낀다면 "나는 이런 생각이 있어" "나는 이렇게 느껴"처럼 '나는~'으로 시작하는 문장을 자주 말해보는 연습이 필요합니다.

반면 환이처럼 자신의 입장만 고집하는 아이들에게는 친구의 말을 들어주는 경험, 즉 경청과 공감의 기술을 키워주는 활동이 먼저 필요하겠죠. 또 어떤 아이는 감정이 격해질 때 그 감정을 스스로 다스리기 어려워 조율까지 가기도 전에 갈등으로 번지곤 합니다. 이 경우에는 먼저 감정을 알아차리고 조절하는 방법을 연습해야 합니다. 이에 대해서는 '자기 인식'과 '자기 조절' 부분을 참고하세요.

조율이 어렵다면, 조율이 무엇인지부터 아이 눈높이에 맞게 설명해주어야 합니다. 조율이라는 말 자체가 아이에게는 다소 낯설고 어렵게 느껴질 수 있거든요. 이럴 땐 '합창'을 비유로 들어 이야기해 보세요.

"사람마다 목소리가 다르잖아? 어떤 친구는 목소리가 크고, 어떤 친구는 작고, 또 어떤 친구는 높은 소리, 다른 친구는 낮은 소리를 잘 내지. 그래서 합창을 할 때는 서로의 소리를 들으면서 조절해. 각자의 장점을 살려가며 멋진 노래를 만드는 거야. 조율이란 것도 그래. 서로의 생각을 나누며 가장 좋은 해결책을 찾아가는 거야. 하모니는 혼자 만들 수 없어. 각자의 다른 소리가 있어서 아름다운 거거든. 생각도 마찬가지야. 다르기 때문에 소중한 거야. 서로의 의견을 조율하는 건 친구랑 잘 지낼 수 있는 가장 멋진 기술이야."

이런 식으로 조율이라는 개념을 따뜻하게 설명해준 후, 아이와 함께 조율의 도구를 하나씩 찾아가는 연습을 해보면 좋습니다. 마치 게임에서 무기를 얻듯이, 조율에 필요한 도구들을 카드에 적어 '나만의 파워 카드'를 만들어보는 겁니다. 예를 들면 이런 것들이 있어요.

- 나의 감정 말하기
- 친구의 말 들어보기
- 차례를 정해서 번갈아서 하기
- 창의력을 발휘해 새로운 방법 찾아보기
- 가위바위보, 제비뽑기, 동전 던지기 등 간단한 게임으로 정하기
- 친구들과 규칙을 미리 정해보기
- 각자 원하는 시간이나 장소 등 중간 지점 찾기

이런 도구들을 함께 모으다 보면 아이는 점점 갈등을 예방하는 힘을 갖게 됩니다. 조율은 갈등으로 가기 전에 '맞추어가는 과정'이고, 갈등은 이미 부딪힌 후에 '풀어가는 과정'이란 점을 아이도 자연스럽게 이해하게 되죠. 물론 조율이 능숙하지 않아 갈등이 생길 수도 있습니다. 친구와의 갈등을 해결하는 방법에 대해서는 4장에서 자세히 알아볼 예정입니다.

존중

넓은 관계 속에서
더 많은 기회를 잡는 아이의 비밀

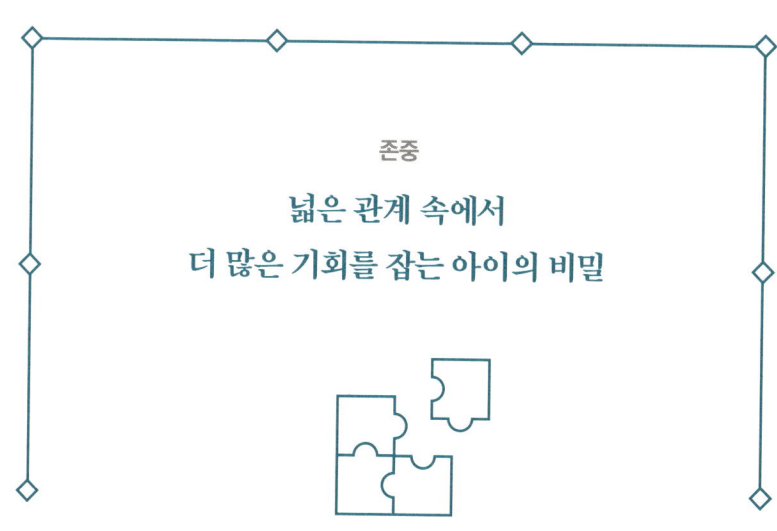

놀이터에서 아이들이 신나게 뛰어놀고 있습니다. 그 모습을 본 다운증후군 아이가 반가운 듯 웃으며 친구들을 향해 다가옵니다. 하지만 아이들 중 몇 명은 "괴물이다~!" 하고 외치며 흩어집니다. 그 아이는 인사를 건네며 다가가지만, 친구들은 놀란 듯 도망치기 바쁩니다.

이 장면은 제가 어린 시절 직접 경험한 일입니다. 그 친구의 얼굴이 조금 달라 보였고, 어린 저는 그 모습이 무섭게 느껴졌어요. 당시만 해도 장애나 다양성에 대한 인식과 교육이 부족했던 시절이죠.

하지만 이제는 한국 사회도 점차 다문화 사회로 변화하고 있습니다. 외국인 노동자, 국제결혼 가정, 다양한 인종과 문화적 배경을 가진 이웃들이 함께 살아가는 시대죠.

통계청에 따르면, 2023년 다문화 가구 수는 2015년에 비해 약 38.5%나 증가했다고 해요.

초·중·고등학교에 재학 중인 다문화 학생 수 역시 꾸준히 늘어나고 있습니다. 한국교육개발원에 따르면, 2023년을 기준으로 전체 학생 수의 약 3.5%가 다문화 학생인데, 이는 2013년 대비 약 3배 증가한 수치입니다.

디지털과 플랫폼의 발달로 전 세계와 쉽게 연결되며, 아이들 역시 다문화적 환경 속에서 자라나고 있지요. 이제 우리 아이들이 살아갈 세상은 '비슷한 사람들 속의 안정'보다 '다른 사람들과의 공존'이 더 중요한 시대입니다. 그런데 우리는 그런 현실을 받아들일 준비가 되었을까요?

"저 친구는 할머니랑만 지내는 것 같아."

"엄마는 본 적이 없는 것 같은데. 외국인인가?"

"말투가 조금 낯설지 않아?"

"피부도 우리랑 좀 다르지 않아?"

아이들이 특별히 악의가 있는 건 아닙니다. 아이들은 솔직한 궁금증에서 이런 말을 할 때가 많아요. 하지만 낯섦에서 비롯된 조심스럽지 못한 말과 행동은 때때로 누군가의 마음에 깊은 상처를 남기기도 합니다. 세상이 변하는 만큼 더욱더 우리 아이들이 다름과 다양성을 이해하도록 가르쳐야 합니다.

다양성이란 개인이 가진 특성이나 차이점을 인정하고 존중하는 것을 말합니다. 흔히 국적, 인종, 언어, 문화 같은 차이를 먼저 떠올리지만, 그 외에도 성별, 장애 여부, 사회·경제적 배경, 사고방식과 신념까지 다양한 요소가 포함됩니다. 그리고 이 모든 차이를 편견 없이 바라보고, 그 다름을 있는 그대로 받아들이는 태도야말로 다양성의 핵심입니다.

다양성을 존중한다는 건 단순히 '다른 사람을 배려하자'는 말로 끝나지 않습니다. 그건 곧 나와 다른 사람도 세상에 꼭 필요한 존재라는 사실을 받아들이는 것입니다. 그리고 그 가치에 대해 아이가 어릴 때부터 자연스럽게 익히고 경험할 수 있도록 돕는 것이 부모의 역할일 것입니다. 그럼 어떻게 해야 할까요?

다양성의 가치,
어떻게 알려줄까?

실제 교실에서 국적이 다른 친구, 장애가 있는 친구, 문화적 배경이 다른 친구를 만났을 때, 아이들은 그 친구와 어떻게 대화를 나누어야 할지, 어떤 태도로 함께해야 할지 몰라서 머뭇거리는 경우가 많습니다. 심지어 앞의 예처럼 다른 친구에게 상처를 주거나 갈등을 일으킬 수도 있죠.

아이들이 낯선 친구를 불편하게 느끼는 건 어찌 보면 당연합니다. 모르는 것에 대한 어색함, 익숙하지 않은 모습에 대한 불안은 자연스러운 감정이니까요. 부모는 아이가 그런 감정을 느끼는 걸 나무라기보다는 그 감정을 이해해줘야 합니다. 그런 다음 다름을 이해하고, 존중하며, 편견 없이 받아들이는 태도를 가르쳐주세요. 나와 다른 친구들과 어떻게 소통하고, 어떤 태도로 함께 살아갈 수 있는지 구체적으로 알려줘야 해요.

먼저 다양성의 가치를 아이가 쉽게 이해할 수 있도록 설명해주세요.

"사람은 누구나 다 달라. 생김새도 다르고, 말하는 방식도 다르고, 좋아하는 것도 다르지. 그렇다고 어떤 게 더 좋고, 나쁘고, 우월하고 그런 건 아니야. 그 다름이 그 사람을 특별하게 만드는 거야. 그래서 우리는 그 다름을 서로 존중하며 살아가는 거야."

"새로운 친구를 보면 어색하고 조금 불편할 수도 있어. 피부색이 다르거나, 말투가 다르거나, 다른 나라에서 왔을 수도 있고. 하지만 그 친구도 너처럼 친구가 되고 싶을 거야. 같이 놀고 싶고, 함께 웃고 싶은 마음은 똑같아."

또한 아이가 다름을 마주했을 때 어떤 말로 어색함을 깨고, 어떻게 공감대를 찾아가며 친구가 될 수 있는지를 구체적으로 알려주는 것도 좋습니다.

다음의 문장을 함께 연습해보는 것도 방법이에요.

○ **공감대를 찾아가는 말 예시**

"안녕, 난 ○○야. 네 이름은 뭐야?"
"난 ○○놀이 좋아하는데, 넌 뭐 좋아해?"
"우리랑 같이 놀래? 너는 무슨 놀이를 좋아해?"
"우리 엄마는 김밥을 잘 만드셔. 너희 집은 어떤 음식을 자주 먹어?"
"너는 어떤 음식을 좋아해? 난 떡볶이를 좋아해."
"너희 나라 말로 '안녕'은 어떻게 말해?"

누구나 처음은 어렵습니다. 하지만 부모가 이렇게 한 걸음 내딛는 법을 알려주면 두 번째, 세 번째 시도는 더 수월하게 해낼 수 있습니다. 그리고 그런 경험들이 쌓이면, 문화적 다름을 넘어 성별, 능력, 장애, 경제적 배경까지도 자연스럽게 받아들일 수 있습니다. 그런데 아이를 가르치기 전에 잊지 말아야 할 게 있어요. 아이들이 부모를 모델링하기 때문에 부모가 모범을 보여야 한다는 이야기를 여러 번 했는데요. 여기서도 마찬가지입니다.

무엇보다 부모가 아이 앞에서 낯선 사람을 평가하거나 흉보는 말을 삼가는 것이 중요합니다. 무심코 내뱉은 말 한마디가 아이에게는 그대로 '세상을 바라보는 렌즈'가 되기 때문이에요. "저 사람은 왜 저래?" "요즘 외국인 너무 많다" 같은 말은 조심해야 합니다. 또한 부모가 먼저 다양한 사람들과의 경험을 의도적으로 만들어주는 것도 좋습니다. 다문화 체험 프로그램, 장애 이해 교육, 다름을 존중하는 책이나 영상 등을 통해 아이의 세계가 자연스럽게 넓어질 수 있도록 도와주세요.

부모가 다름을 존중하고, 차별이나 편견 없이 사람을 대하는 모습을 자주 보여주면, 아이도 자연스럽게 그런 태도를 따라 배우게 됩니다. 다름은 더 넓은 세상을 만나는 일이라는 걸 잊지 말고 아이에게도 가르쳐주세요.

다양성을 배운 아이는
주눅 들지 않는다

막내딸이 어느 날 학교가 끝나고 신나게 뛰어와 제 차에 올라탔습니다.

"엄마! 오늘 친구가 나한테 귓속말했어! 진짜 말했어!"

딸아이가 기쁜 얼굴을 하고선 흥분된 목소리로 말했어요. 알고 보니 그 친구는 선택적 함구증을 가진 아이였어요. 학교에서는 친구들과 말을 전혀 하지 않던 아이였죠. 딸은 그 친구가 말 대신 끄덕임이나 고개를 흔드는 방식으로 의사를 표현할 수 있도록, 항상 "응" 혹은 "아니"로 대답할 수 있는 짧은 질문을 던졌어요. 예를 들어 "이거 할래?" "좋아?" "아니야?" 같은 질문들 말이죠.

그런 모습을 제가 따로 가르친 것도 아니고 누가 시킨 것도 아니어서 참 기특했어요. 제 딸뿐만 아니라 반 친구들 모두가 그 아이의 방식에 맞춰서 소통했고, 필요한 걸 눈치껏 도와주는 모습이 참 인상적이었죠. 그러던 어느 날, 드디어 그 친구가 딸의 귀에 살짝 속삭이듯 말을 했던 거죠. 딸은 그 한마디에 너무 기뻐서 저에게 그 순간을 자랑하듯 전해주었습니다.

그날 저는 함께 살아간다는 것의 의미를 아이를 통해 다시 배웠어요. 장애가 있는 친구와 함께 생활한다는 건 그 친구가 가진 고유한 리듬과 방식을 이해하고, 거기에 맞춰 다가가는 것이죠. 모두가 똑같은 속도로, 똑같은 방식으로 말하고 움직일 순 없잖아요. 이런 경험을 통해 아이들은 마음을 열기까지의 기다림을 배우고, 자신과 다른 표현 방식을 이해하는 법을 익힙니다. 이는 단순히 장애를 이해하는 차원을 넘어, 사람과 사람 사이의 존중을 배울 기회이기도 해요.

장애를 가진 친구와 함께 살아간다는 것은 결코 '도움 주기'나 '희생'의 문제가 아니에요. 함께 어울리고, 배우고, 성장해가는 자연스러운 삶의 일부죠. 저도 이걸 아이들을 통해 새삼 배웠답니다.

서로 다른 속도와 다른 표현 방식, 다른 기질과 능력으로 살아가는 사람들과 어울리며 자란 아이들은 어느 누구를 만나도 거리낌 없이 다가갈 수 있습니다. 장애도, 문화도, 언어도, 생각의 차이도 우리 모두가 가진 '다름의 한 부분'일 뿐이라는 것을 이해하니까요.

무엇보다, 이런 마음을 가진 아이는 자신이 남들과 다르다고 느낄 때에도 주눅 들지 않아요. 다름이 부끄러운 것이 아니라는 걸 몸으로 경험했기 때문에 비교 대신 자기만의 고유함을 인정할 수 있죠. 그래서 주변의 시선에 쉽게 흔들리지 않고, 자신의 생각과 감정을 건강하게 표현할 수 있는 힘을 갖게 됩니다.

**선입견 없는 아이로
키우는 법**

아이들은 아직 경험한 세상이 좁습니다. 익숙한 환경과 사람들 속에서 살아가기에 '다름'은 낯설고 때로는 두려운 것으로 느껴질 수 있습니다. 게다가 가정이나 학교에서 다양성에 대해 배우지 못한 채, 주변 어른들의 말이나 미디어 속 왜곡된 메시지를 통해 잘못된 인식이나 편견을 형성하기도 하죠. 그래서 아이들에게 차이에 대한 바른 지식과 건강한 시선을 가르치는 것이 정말 중요합니다. 그 자체만으로도 아이는 차이를 차별로 여기지 않고, 존중과 이해의 태도로 바라볼 수 있습니다.

무엇보다 중요한 건 일상 속 열린 대화입니다. 아이들은 몰라서,

또는 궁금해서 무례해 보일 수 있는 말을 던지기도 합니다.

"누구 엄마 피부는 왜 이렇게 까매?"

"쟤는 왜 엄마가 없어?"

"쟤는 왜 저렇게 뚱뚱해?"

"저 사람은 왜 저렇게 키가 작아?"

이런 말에 당황한 나머지 부모가 아이를 꾸짖거나 "그런 말 하면 안 돼!" 하고 단호하게 막기만 하면, 아이들은 이유를 이해하지 못한 채 '묻는 건 나쁜 일'이라는 인식만 남게 됩니다. 결국 제대로 설명되지 못한 다름은 아이 마음속에서 고정관념과 편견으로 자리 잡을 수 있어요. 그럴 때는 오히려 아이의 질문을 기회로 삼아 설명해주세요.

> "사람의 얼굴이 모두 다르게 생긴 것처럼, 몸도 다르고, 사는 방식도 달라. 잘하는 것도, 좋아하는 것도 모두 달라. 그건 틀린 게 아니라 특별한 거야."

이런 식으로 다름을 존중하는 언어로 자연스럽게 설명해주세요. 다름은 틀린 게 아니라 각자의 개성과 장점이 되고, 생김새는 서로 다르지만 각자 잘하는 게 있어서 모두가 특별한 존재라고 말이에요. 그리고 아이와 함께 상상해보는 거예요.

"만약 모든 사람이 똑같은 걸 잘하고, 똑같은 걸 못하면 세상은 어떨까?"

"모두가 똑같이 생각하고 똑같이 생겼다면 재미있을까?"

이렇게 상상의 나래를 펴다 보면, 아이는 '다름이 불편한 게 아니라 멋진 것'이라는 사실을 스스로 받아들이게 됩니다. 다양성은 조화 속에서 빛나는 가치입니다. 그 가치를 아이가 자연스럽게 체득하도록 도와주는 방법은 생각보다 가까이에 있습니다.

- 다양성을 주제로 한 그림책이나 영화 함께 보기
- 나이, 문화, 장애 등 다양한 배경의 사람들과 만나는 기회 만들기
- 다문화 체험이나 여행을 통해 직접 보고 듣고 느끼는 경험 제공하기
- 무엇보다, 아이가 묻는 질문에 열린 마음으로 이야기 나누기

아이들은 세상을 배워가는 중입니다. 그 눈에 처음 보이는 '다름'이 무섭지 않도록, 그 다름이 특별함이자 함께 살아가는 세상의 색깔임을 가르쳐주세요.

말과 행동에
마음을 담아 전하는 법

다양성의 가치를 이해하고 존중의 중요성을 알게 되었다면 이제는 그 마음을 '행동'으로 옮길 차례입니다. 머리로 아는 것과 실제로 실천해보는 것은 전혀 다른 일이죠. 특히 아

이들에게는 말로 가르치는 것보다 몸으로 해보는 경험이 훨씬 더 오래 남습니다. 그래야 일상에서 자연스럽게 존중의 태도를 익힐 수 있거든요.

아이들은 본능적으로 낯선 사람과 상황에 대해 호기심을 갖습니다. 그 호기심이 차별이나 경계가 아닌 따뜻한 관심과 존중으로 연결되기 위해서는 구체적으로 어떤 말과 행동을 해야 하는지를 알려줄 필요가 있습니다. 그 방법 중 하나로 존중 항아리를 만들어볼 수 있습니다. 먼저 아이에게 존중이란 무엇인지 이야기해주세요. 존중이란 차이를 '틀림'이 아닌 '다름'으로 받아들이는 마음이죠.

"존중은 말이야, 나랑 다른 친구를 이상하게 보지 않고 '그럴 수도 있구나' 하고 받아들이는 마음이야. 그리고 친구를 소중하게 생각하고, 말이나 행동으로 친절하게 대해주는 거지."

그리고 아이가 실제로 존중의 말이나 행동을 했을 때, 그걸 간단히 종이에 써서 항아리에 담아보는 거예요.
"친구가 울고 있어서 휴지를 가져다줬어요."
"신발 끈을 못 묶는 친구를 도와서 내가 묶어줬어요."
이런 식으로요. 존중의 마음을 행동으로 표현한 순간들이 하나씩 쌓여가는 그 항아리는 곧 아이가 만들어가는 따뜻한 관계의 기록이 됩니다.

다음은 존중 항아리에 담을 수 있는 말과 행동의 예시입니다.

○ **존중의 말 예시**

"너 잘한다!"

"그거 진짜 멋지다!"

"나는 그렇게 생각 안 하지만, 네 생각도 좋은 것 같아."

"나랑 다르네? 근데 재미있다!"

"그건 어떤 뜻이야? 가르쳐줄래?"

"네 머리 스타일 멋져 보여!"

"처음 듣는 말인데 신기하다!"

"그 음식 한 번도 못 먹어봤어. 어떤 맛이야?"

○ **존중의 행동 예시**

친구의 생각을 무시하지 않고 끝까지 들어주기

다르게 생긴 친구와도 자연스럽게 어울리기

친구가 어려워할 때 옆에서 도와주기

친구 물건 소중히 다루기

새로운 규칙을 배울 때 열린 마음 갖기

다른 나라의 문화에 관심 가져보기

다른 나라 말 배워보기

이렇게 존중의 언어와 행동을 하나씩 쌓아가다 보면, 아이들은 자연스럽게 타인의 입장을 헤아릴 줄 아는 넓은 시선을 갖게 됩니다. 그리고 그 존중은 단지 친구와의 관계에만 머무르지 않습니다. 나와 다른 사람, 다른 문화, 다른 배경을 가진 이들과도 건강한 관계를 맺는 힘이 되어줍니다. 더 나아가 사회 속의 불평등, 특권, 차별 같은 문제를 마주했을 때도 자신의 생각을 책임 있게 표현할 수 있게 됩니다. 이런 아이는 다양성의 가치를 아는 글로벌 인재로 자라날 거예요.

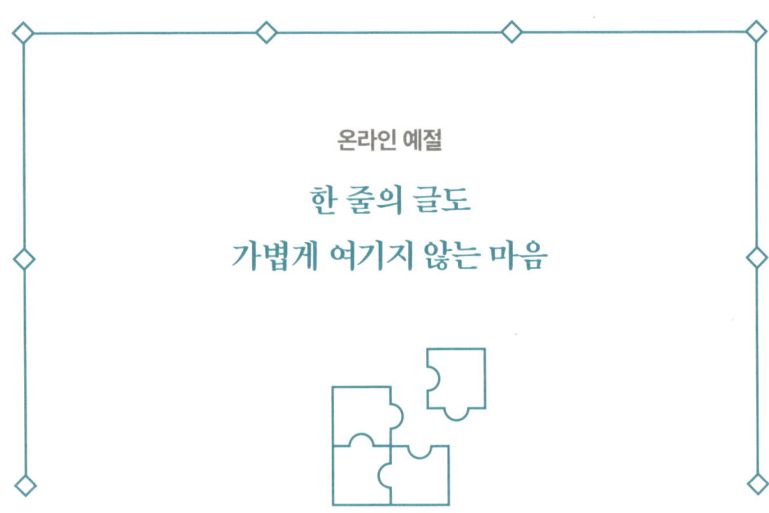

온라인 예절

한 줄의 글도
가볍게 여기지 않는 마음

요즘 아이들에게서 결코 빼놓을 수 없는 마지막 사회성 조각은 바로 디지털 사회성입니다. 많은 시간을 미디어 환경 속에서 살아가는 아이들에게 이제는 '온라인상에서 어떻게 소통하고 타인을 대할 것인가'가 매우 중요한 사회성의 일부가 되었습니다. 대면하지 않는다고 해서 사회성과 무관하다고 여겨서는 안 됩니다. 오히려 직접 마주 보지 않기 때문에 더 쉽게 무례한 말이 오가고, 타인에 대한 배려가 사라지는 경우도 많습니다. 그래서 온라인에서의 관계 맺기를 아이가 배우지 못한다면 사회성 퍼즐은 결코 완성될 수 없습니다.

우리는 때때로 아이의 미디어 노출을 줄이는 데만 집중합니다.

하지만 이제는 한 걸음 더 나아가 디지털 공간에서도 존중과 배려, 책임 있는 태도를 갖는 방법을 알려줘야 합니다.

다음은 디지털 사회성이 부족할 때 발생하는 실제 상황을 보여주는 예시들입니다.

○ 예시1 **단톡방에서 특정 친구를 조롱하는 경우**

아이1: 오늘 ○○ 넘어진 거 본 사람? 진짜 웃겼다ㅋㅋ

아이2: 학원 가서 넘어지는 거 배웠냐?

아이3: ㅋㅋㅋㅋ 개웃김

○○: 그만해, 나 진짜 기분 나빠.

아이2: 장난인데 뭘 그래?

아이4: 배우감이던데? 배우님~ 내일은 또 뭐 보여줄 거예요?

○ 예시2 **온라인 댓글에 악성 표현 달기**

댓글1: 저 얼굴로 어떻게 방송하지?

댓글2: 나 같으면 창피해서 숨어 살 듯.

댓글3: 저 얼굴로 돈까지 버네. 부럽다~

댓글4: 예쁜 척 좀 그만해. 토할 뻔.

○ 예시3 잘못된 정보 공유하기

아이1: 아씨, 햇빛 쐬었더니 얼굴 다 탔어.

아이2: 치약 발라 봐. 하얘진대.

아이1: 그건 이 닦는 거 아냐?

아이2: 아니야, 피부에도 효과 있다던데?

○ 예시4 개인정보 유출 및 협박성 발언

아이1: ○○이 사진 봤냐? 뭐 입은 거야 저거 ㅋㅋ

아이2: 표정도 웃기다 ㅋㅋ

○○: 야, 왜 내 사진 올려?

아이1: 부끄러워? 그럼 내일 아이스크림 사. 안 사면 다른 단톡방에도 올릴 거야.

아이2: 나도 사줘. 안 사주면 너희 집 찾아간다. 너 □□아파트 △동 △호 살잖아.

이처럼 디지털 공간은 현실과 분리된 또 다른 세계가 아닙니다. 그 안에서도 말 한마디, 행동 하나가 누군가에게는 상처가 되고, 관계의 단절이 될 수 있음을 알려줘야 합니다.

보이지 않아도
지켜야 할 규칙들

온라인에서의 관계 맺기 그 중심에 네티켓(Netiquette)이라는 개념이 있습니다. 이는 인터넷(Net)에 '예절'을 뜻하는 에티켓(Etiquette)이 합쳐진 말로, 온라인 공간에서 사람들과 소통할 때 지켜야 하는 기본적인 예의와 규칙을 뜻합니다. 얼굴을 마주하지 않는다고 해서 마음까지 사라지는 건 아닙니다. 보이지 않는 곳에서도 예의를 갖춘 말과 행동이 필요한 이유입니다.

'예시1'의 채팅방 사례를 다시 한번 살펴볼까요? 처음엔 당사자인 ○○도 장난처럼 웃으며 대화를 이어갔습니다. 하지만 장난이 계속되자 ○○는 기분이 상했죠. 그래서 "그만해, 나 진짜 기분 나빠"라고 말했지만, 친구들은 "장난인데 뭘 그래?" 하며 오히려 ○○를 더 놀렸어요. 결국 ○○는 채팅방을 나갔고, 다음날 학교에서도 친구들과 어울리지 못했습니다.

아이들은 "나는 그냥 웃은 것뿐인데?"라고 말할 수 있어요. 그러나 이런 상황에서 가해 의도가 없었더라도 상대가 불편함을 느꼈다면 괴롭힘이 될 수 있습니다. 이처럼 단톡방에서 특정 친구를 중심으로 웃음을 유도하거나 조롱하는 행동은 장난이 아니라 '사이버 괴롭힘'이 될 수 있다는 것을 알려주어야 합니다.

아이에게 이렇게 말해주세요.

"너는 그냥 웃었을 수도 있지만, 그 친구는 마음이 아팠을 수도 있어. 그럴 땐 '그만 하자'라고 말해주는 게 진짜 친구야."

아이에게 네티켓을 어렵게 설명할 필요는 없습니다. 이렇게 설명해주세요.

"온라인에서도 말과 행동에 마음을 담아야 해."

"보이지 않아도, 누군가는 그 글을 읽고 기분이 상할 수 있어."

그리고 다음과 같은 네티켓 규칙을 아이와 함께 정해보는 것도 좋습니다.

- 존중의 언어, 긍정의 말, 정중한 표현 사용하기
- 악성 댓글 달지 않기
- 특정 인물을 비난하거나 따돌리지 않기
- 허위 정보나 개인정보 퍼뜨리지 않기
    예) 동의 없이 친구 사진 유출 금지
- 사진, 영상, 글, 그림 등 타인의 콘텐츠 무단으로 사용하지 않기
- 너무 늦은 시간에는 사용하지 않기
- 시간을 정하고 스크린 타임을 조절하며 사용하기

서로 상처 주지 않는
온라인 대화법

아이들이 디지털 공간에서 주고받는 짧은 말 한마디. 그 안에 담긴 의미를 정확히 파악하고, 상대방의 감정을 헤아리는 일은 어른에게도 쉽지 않은 일입니다. 하물며 감정 표현과 공감 능력이 아직 자라나는 아이들에게는 내가 쓴 말이 누군가에게 상처가 될 수 있다는 사실을 인지하는 것 자체가 도전일 수 있습니다.

친구의 얼굴을 직접 보고 대화를 나눌 때도 표정이나 몸짓, 말투에 담긴 감정을 읽어내는 것이 어려운데, 텍스트로만 전달되는 온라인 공간에서는 그 어려움이 훨씬 더 커집니다. 단어 하나, 짧은 메시지 하나가 의도하지 않게 오해를 불러일으키고, 때로는 누군가의 마음에 상처를 남기기도 합니다.

예를 들어 친구가 힘든 일을 겪었다고 말했을 때, "그래?"라고 단답형으로 답을 하면 이 짧은 표현은 전혀 다른 의미로 해석될 수 있습니다. "그래? 그래서 뭐?"라는 무관심, "정말 그렇게 생각해?"라는 의심, 혹은 "에이 설마"라는 무시로 느껴질 수도 있는 것입니다. 말투와 표정이 보이지 않는 글의 특성상, 읽는 사람의 기분이나 해석에 따라 의미가 달라질 수 있다는 점을 아이에게 알려주어야 합니다.

이렇게 말해주세요.

"네가 보낸 글을 친구가 읽었을 때 어떤 기분이 들까?"

이 질문 하나가 아이의 말과 글에 대한 태도를 바꾸는 시작이 될 수 있습니다. 또한 가능하면 짧은 단답형보다는 마음이 담긴 문장형으로 표현해보도록 권해주세요. 친구가 속상해하고 있을 때 단순히 "괜찮아?"라고 묻는 대신에 "속상한 기분이 들었을 것 같아. 그래도 네가 얼마나 노력했는지 나는 알고 있어. 다음에는 더 잘될 거야. 내가 응원할게. 언제든지 이야기하고 싶으면 문자해"라고 전해보는 겁니다. 같은 말이라도 어떻게 쓰느냐에 따라 친구의 마음에 훨씬 더 깊이 닿을 수 있지요.

글을 쓰기 전에 아이가 스스로에게 물어볼 수 있도록 다음과 같은 질문을 미리 알려주면 좋습니다.

"이 글을 읽는 친구는 어떤 기분이 들까?"

"혹시 내 말이 너무 차갑게 느껴지진 않을까?"

"내가 이 말을 들었다면 기분이 좋았을까?"

이런 질문은 타인의 입장에서 생각해보는 힘을 키워주는 좋은 출발점이 됩니다. 타인의 입장에서 생각해보는 힘은 디지털 사회성의 핵심입니다.

나도 모르게
가해자가 되는 이유

온라인도 현실입니다. 익명이라 해도 상대방은 실존하는 사람이고, 그 말을 읽는 누군가의 마음에는 보이지 않는 상처가 새겨질 수 있습니다. 이러한 행동들은 한 사람의 고통으로만 끝나지 않아요. 그 상황을 지켜본 다른 친구들까지도 혼란을 겪고 깊은 상처를 입게 만들죠.

사이버 괴롭힘에 가담하는 이유가 꼭 악의적인 것은 아닙니다. 감정 조절이 어려운 경우 화나 짜증을 풀려고 그러기도 하고, 자존감이 낮은 경우 남을 깎아내리면서 우월감을 느끼고자 그럴 수도 있습니다. 또는 그냥 기분이 좋지 않아서, 누군가가 하는 것을 무심코 따라 하다가, 때로는 단지 관심을 받고 싶어서 더 자극적인 말을 쓰기도 해요. 무엇보다 상대방의 표정이나 목소리, 반응이 보이지 않기 때문에 공감력이 떨어지고, 타인의 감정을 실감하기 어려워지는 것도 큰 원인입니다.

이를 예방하기 위해서는 아이의 감정과 공감 능력을 건강하게 키워주는 일부터 시작해야 합니다. 아이에게 감정을 해소하는 건강한 방법을 알려주세요. 기분이 나쁘거나 마음이 답답할 때, 그 감정을 누군가를 향한 말로 뱉는 대신 산책이나 운동, 그림 그리기, 글쓰기 등으로 마음을 다스려보게 하는 거죠.

그리고 아이가 스스로 생각해볼 수 있는 질문을 건네보세요.

"만약 네가 마음에 들지 않는 사진을 누군가 허락도 없이 단톡방에 올렸다면 기분이 어떨까?"

"네 얘기가 너만 모르는 다른 방에서 돌고 있다는 걸 알게 된다면 어떨까? 그리고 그걸 지켜본 친구들이 아무 말도 하지 않았다면 어떤 마음이 들까?"

사이버 괴롭힘에는 직접적인 가해자도 있지만, 지켜보고 있으면서 아무 말도 하지 않는 방관자 역시 그 괴롭힘에 가담한 셈입니다. 이 사실도 아이에게 알려주세요.

"그 상황에서 친구들을 말릴 수 없다면, 믿을 수 있는 어른에게 말하는 것도 친구를 지키는 방법이야. 그건 고자질이 아니라 용기 있는 행동이야."

사이버 괴롭힘은 생각보다 가까이 있습니다. 어른들이 보기엔 장난처럼 보일지 몰라도 그 안에 담긴 감정은 아이들에게 너무나 진지하고, 때론 깊은 상처가 됩니다. 아이들이 온라인에서도 서로를 존중하고, 불편한 상황에서 올바르게 대응할 수 있도록 가르쳐주세요.

사라지지 않는
디지털 그림자

아이들이 온라인에 무심코 남긴 글이나 말 한마디가 시간이 지나도 지워지지 않고 남아 있을 수 있다는 사실을 알고 있을까요? 디지털 세상에서는 우리가 남긴 댓글, 게시물, 사진, 검색 기록 같은 모든 것들이 '디지털 발자국(Digital Footprint)'이 되어 남습니다. 그리고 그 발자국은 우리가 어디를 다녀왔고, 어떤 생각을 했고, 어떤 사람이었는지를 보이지 않게 따라다니며 보여주는 디지털 그림자(Digital Shadow)가 됩니다.

아이에게 알려주세요.

"온라인에 올린 글은 지운다고 해도 완전히 사라지지 않아. 어떤 말이든, 어떤 사진이든 올리기 전에 한 번 더 생각해보는 게 중요해."

요즘 아이들은 이미 알고 있습니다. 한때 많은 사랑을 받았던 유명 연예인이나 운동선수가 학창 시절 저지른 왕따, 폭언, 방관, 폭력 등의 과거 기록으로 인해 갑작스럽게 모든 활동을 중단하게 되는 사례들을요. 그들이 남긴 말 한마디, 행동 하나가 시간이 지나도 지워지지 않았다는 것. 그것이 디지털 발자국의 무게이고, 책임의 시작이라는 것을 아이들도 직접 눈으로 보고 느끼고 있습니다.

또한 디지털 공간에서는 개인정보 보호의 중요성도 함께 가르쳐야 합니다. 자신이나 친구의 이름, 주소, 학교, 사진 등을 올릴 때는 그 안에 너무 자세한 정보가 담기지 않았는지 꼭 확인해야 합니다. 작은 정보 하나라도 누군가에게는 위험 요소가 될 수 있다는 사실을 알려주세요.

"우리 집 주소, 사진에 나오는 학교 이름, 배경에 찍힌 동네 간판… 이런 게 모이면 누군가가 너를 쉽게 찾아낼 수도 있어."

온라인에서는 '나를 보호하는 태도'도 하나의 책임감이라는 것을 아이들이 경험적으로 이해할 수 있도록 설명해주는 것이 중요합니다.

"네가 남긴 글과 말은 곧 너 자신을 나타내는 거야. 친구를 칭찬한 말, 멋진 그림을 올린 게시물, 도움이 되는 글은 너를 멋진 사람으로 기억되게 해줄 거야. 반대로, 욕설이나 험담, 거짓말은 언젠가 너의 이미지에 상처가 될 수도 있어. 디지털 그림자는 항상 너를 따라다녀. 그래서 온라인에서도 네가 어떤 사람인지를 보여주는 '책임 있는 말'이 중요해."

아이들이 디지털 공간 속에서도 자신을 지키고, 다른 사람을 배려하는 법을 배운다면 그 발자국은 오랫동안 좋은 흔적으로 남을 수 있습니다. 지금 우리 아이들에게 필요한 건 한 줄의 글도 가볍지 않다는 것을 아는 디지털 책임감입니다.

온라인 갈등을 줄이는
5가지 대처법

아이들은 친구의 댓글이나 문자 한 줄에 마음이 상하고, 그 감정을 곧장 다시 댓글로 쏟아낼 때가 많습니다. 온라인에서 갈등이 생겼을 때, 똑같이 감정을 실어 반응하기보다 잠시 멈추고, 냉정하게 반응하는 법을 알려주는 것이 꼭 필요합니다. 사람마다 생각이 다르고, 표현하는 방식도 다르기 때문에 때로는 오해가 생기고, 그것이 작은 말다툼으로 번지기도 하지요. 이런 식으로 말이죠.

친구1: "알았어!"
친구2: "왜 그래? 삐졌냐?"
친구1: "알았다고 했는데, 뭐가 문제야? 너야말로 꼬였네."
친구2: "말을 왜 그딴 식으로 하는데?

친구1은 그저 긍정의 뜻으로 "알았어!"라고 짧게 보냈을 뿐인데, 친구2는 그 문장을 퉁명스럽다고 느끼고 "삐졌냐?" 하고 물었습니다.

그러자 친구1은 자신이 오해받았다는 생각에 다시 감정적으로 반응했죠. 작은 오해에서 시작된 상황이 순식간에 갈등으로 번지고 말았어요. 만약 친구2가 "짧게 말해서 네 기분을 잘 모르겠어"라고 정중하게 다시 물어봤다면, 친구1도 자신의 의도를 정확히 설명할 수 있었을 것입니다. 또는 감정이 상한 순간 곧바로 반응하지 않는 연습도 온라인에서 갈등을 예방하고 관계를 지키는 데 아주 중요한 기술입니다.

온라인에서 일어나는 갈등 상황에서 기억해야 할 5가지 대처법을 소개할게요. 아이에게도 꼭 알려주세요.

❶ **일단 멈추고 3, 2, 1:** 화가 났을 땐 바로 댓글을 달지 않고 수를 세며 멈춥니다. 감정이 가라앉을 시간을 갖는 것이 가장 좋은 첫 번째 대응입니다.

❷ **추측하지 않기:** 단어 하나에 과도한 의미를 부여하지 않고, 오해가 있을 땐 "혹시 이 말이 무슨 뜻이야?"라고 다시 물어봅니다. 억측은 감정을 불필요하게 키울 수 있습니다.

❸ **정중하게 물어보기:** "어떤 말이 기분 나쁘게 느껴졌어?" "혹시 내가 잘못 이해했을까?"와 같은 정중한 질문으로 상대의 의도를 정확히 파악하는 태도를 기릅니다. 상대를 이해하려는 마

음은 갈등을 줄여줍니다.

❹ **유머로 부드럽게 넘기기:** 유머에는 분위기를 바꿔주는 힘이 있습니다. "아이고야, 내가 표현을 좀 이상하게 했나 봐 ㅋㅋ" 하고 가볍게 분위기를 누그러뜨리는 것도 좋은 방법입니다.

❺ **때로는 '노답'이 답:** 모든 말에 대답할 필요는 없습니다. 지속적인 비방이나 부적절한 말에는 대응하지 말고, 차단하거나 신고하는 것이 오히려 현명한 선택일 수 있습니다.

디지털 사회성을 기르는 것이 점점 더 중요해지고 있지만 그보다 먼저 갖춰야 할 것은 현실에서의 관계 맺기와 소통 능력입니다. 아이들이 미디어보다 사람과 직접 어울리는 경험을 더 많이 쌓게 해주세요. 친구들과 부딪히고, 함께 놀고, 다투고 화해하는 과정 속에서 자연스럽게 공감과 배려, 갈등 해결 능력이 자라납니다.

또한 아이들은 부모의 말보다 행동을 따라 배웁니다. "너는 왜 맨날 핸드폰만 봐?"라는 말보다 부모가 먼저 핸드폰을 내려놓고 아이의 눈을 바라보는 시간이 더 강한 메시지가 됩니다. 가족회의를 통해 미디어 사용 시간을 정하고, 하루 중 일정 시간은 전자기기를 내려놓고 가족이 함께하는 시간을 만들어보세요. 일 때문에 불가피하게 전자기기를 사용해야 할 땐 아이에게 미리 설명하고 "아빠도 최대한 휴대폰 덜 보려고 노력 중이야"라고 말해주세요.

디지털 공간에서의 소통은 오프라인 대화와는 또 다른 어려움이 있습니다. 하지만 기본적인 예의와 배려의 마음만 잃지 않는다면 건강한 관계를 만들어갈 수 있습니다. 아이가 디지털 세상에서도 따뜻한 마음을 잃지 않도록 지켜봐주세요.

4장

• 실전편 •

친구 갈등을 유연하게 해결하는 법

아이들이 갈등을 대하는 5가지 방식

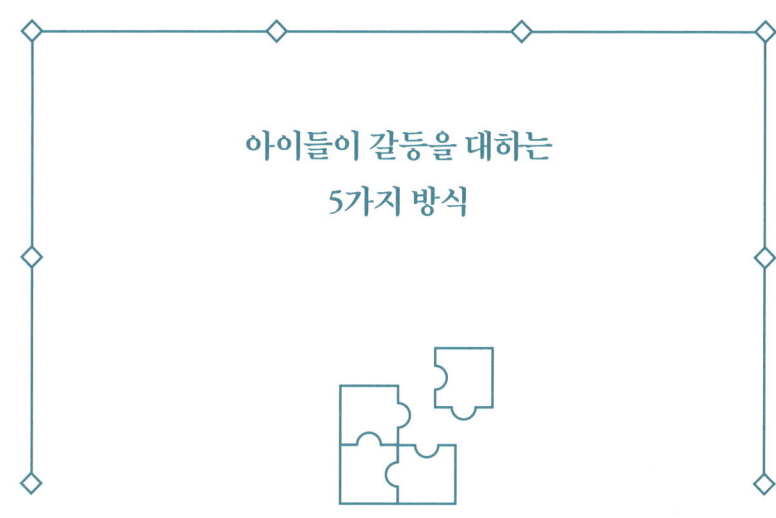

아이들이 또래와 어울리다 보면 갈등이 생기기 마련입니다. 각자 성향이나 기질이 다르고, 살아온 경험과 사고방식, 문화적 배경 역시 다르니까요. 문제를 바라보는 관점도, 해결하는 방식도 서로 다르기 때문에 갈등은 아주 자연스러운 일입니다.

이건 어른들의 세계에서도 마찬가지죠. 어떤 사람은 자신의 의견만 고집하며 맞서고, 또 어떤 사람은 늘 양보만 합니다. 누군가는 문제를 즉시 해결하려고 하고, 누군가는 상황을 피하고 자리를 떠나기도 하지요. 조직행동학자인 케네스 토머스와 랠프 킬먼은 이러한 갈등 대응 방식을 5가지로 설명했습니다.

- **경쟁형:** 자신의 욕구나 목표를 우선시하며, 상대방의 의견이나 감정을 고려하지 않고 밀어붙이는 방식입니다. "내가 먼저야!" "그건 내 거야!"처럼 자기 주장만 강하게 드러나는 경우가 여기에 해당합니다.

- **양보형:** 갈등 상황에서 상대방의 감정과 요구를 우선시하며 자신의 욕구를 포기하는 유형입니다. "그래, 네 말대로 하자" "괜찮아, 난 안 해도 돼"처럼 스스로를 뒤로 미루는 태도가 두드러집니다.

- **회피형:** 갈등 자체를 피하려는 유형으로, 문제 상황에서 벗어나려고 하거나 말 없이 자리를 피하고 침묵하는 경우입니다. 갈등을 해결하려고 하기보다는 그 순간을 넘기는 데 집중합니다.

- **타협형:** 서로의 욕구를 모두 반영하되 조금씩 양보해 적당한 선에서 타협점을 찾는 방식입니다. "네가 이거 하면, 나는 저거 할게"처럼 서로 맞추어가는 과정이 특징입니다.

- **협력형:** 양쪽 모두의 욕구를 충족시키기 위해 적극적으로 대화하고, 함께 해결책을 찾는 유형입니다. 이른바 윈윈(win-win) 전략으로 서로 만족하는 방향을 찾아나갑니다.

아이의 성향이 이 5가지 대응 방식 중 어느 한 가지로 고정되지는 않습니다. 미취학 아동의 경우, 감정 조절 능력이 아직 미숙하기 때문에 경쟁형인 경우가 많아요. 자신의 욕구만 앞세우거나 말이 통하지 않는다고 느끼면 회피하거나 양보하는 반응을 보일 수도 있습니다. 공감 능력이나 언어 표현력이 부족하기에 더더욱 감정적으로 반응하기 쉬운 거죠.

하지만 아이들이 자라나며 언어와 감정 표현이 발달하고, 상대방의 입장을 조금씩 이해하게 돼요. 그래서 타협이나 협력과 같은 방식으로 갈등을 해결하려는 시도도 점차 나타납니다. "네가 오늘 먼저 했으니까, 내일은 내가 먼저 해" "네가 ○○ 가지면 나는 ○○ 가질게"처럼 스스로 규칙을 만들고 의견을 조율하려는 모습을 보이죠.

그렇다고 해서 타협이나 협력이 항상 정답이라고 알려줄 필요는 없습니다. 여기서 소개한 5가지 갈등 대응 방식에는 각각 장단점이 있어요. 그래서 상황에 따라 적절하게 사용할 수 있습니다.

**차분하고 유연하게
대응하는 법**

우리는 살아가며 수많은 갈등 상황을 마주하게 됩니다. 그리고 그때마다 어떤 태도로 대처하느냐는 사람마다 상황마다 달라지죠. 앞서 살펴본 5가지 갈등 대응 방식은 상황에 따라 다르게 쓰일 수 있습니다. 따라서 5가지 중 '무엇이 제일 좋다'를 고르는 게 아니에요. '언제 어떤 방식이 더 적절할까'를 고민하는 유연한 시선을 가져야 합니다.

중요한 원칙을 지켜야 하는 순간이나 빠른 판단이 필요한 위급한 상황에는 경쟁형이 필요할 수 있습니다. 차가 없으니 빨간불에 그냥 건너자고 하는 친구에게는 "안 돼, 초록불 켜질 때까지 기다려야 해!"라고 단호하게 말해야 하겠죠. 이런 순간에는 타협이나 협력을 하다 보면 오히려 더 큰 위험이 생길 수 있으니까요. 반면 관계 유지가 더 중요한 경우에는 양보형이 적절할 수 있습니다. 예를 들어 친구의 생일날에는 내가 원하는 게임보다 친구가 원하는 게임을 함께 해주는 거죠. 이건 꼭 고집하지 않아도 되는 일이니까요.

감정의 긴장이 매우 높은 상황에서는 회피형이 필요할 수 있습니다. 친구가 몹시 흥분해서 내 말을 전혀 듣지 않고 소리만 지르고 있다면, 잠시 자리를 피해서 서로 감정을 가라앉히는 편이 더 현명한 선택일 수 있습니다. 타협형은 서로 조금씩 양보해야만 해결이 가능한 상황에서 필요합니다. 예를 들어, 나는 이제 그만 놀고 싶은데 친구는 10분만 더 놀자고 한다면 "그럼 5분만 더 놀자"라고 타협할 수 있겠죠. 혹은 장난감을 두고 다투는 상황에서도 "5분씩 번갈아 놀자"라는 타협이 필요해요.

협력형은 서로의 욕구를 모두 반영하면서 함께 해결책을 찾아가는 방식입니다. 친구와 블록 놀이를 하다가 둘 다 더 높고 큰 집을 짓고 싶다고 고집한다고 해봅시다. 그럼 각자 블록을 따로 차지하려고 하지 말고 "같이 하나의 더 멋진 집을 만들어보자!"라며 협력할 수 있겠죠. 물론 이 방식은 시간이 오래 걸리는 편이에요. 서로 많은 대화를 나누어야 하기에 다소 어려운 점도 있습니다.

중요한 건 갈등의 본질을 파악하고 감정에 휘둘리지 않는 태도입니다. 이 상황이 얼마나 긴급한지, 관계에 어떤 영향을 미칠지, 이 문제가 정말 중요한 것인지 차분히 생각해봐야 합니다. 그런 다음 상황에 맞게 5가지 방식을 활용할 줄 알아야 하죠. 물론 이런 해결 방식은 아이들이 실천하기에 결코 쉽지 않습니다. 사실 우리 어른들에게도 어려운 일이죠. 그래서 아이들 눈높이에 맞춰 설명해주는 방법을 소개하고자 합니다.

나와 친구의 행동을
동물에 비유해보기

갈등을 대하는 유형이 고정된 건 아니지만 사람마다 더 자주 드러나는 반응 스타일이 있어요. 각자 성격이나 성장 환경이 다르기 때문이죠. 그래서 어떤 아이는 자신의 의견을 밀어붙이는 경향을 보이고, 어떤 아이는 늘 양보만 하고, 어떤 아이는 아예 갈등 자체를 피하려고 하기도 합니다. 이렇게 갈등에 대한 반응이 다 다르다는 걸 먼저 이해해야 해요. 그래야 친구의 입장도 생각해볼 수 있으니까요. 바로 거기서부터 갈등 해결이 시작됩니다.

　5가지 유형을 아이들이 더 쉽게 이해할 수 있도록 동물에 비유해서 설명해봅시다. 이렇게 하면 아이들이 자신이나 친구의 행동을 동물에 빗대어 자연스럽게 이해할 수 있어요. 그리고 상황에 따라 다양한 방식으로 갈등을 해결할 수 있다는 걸 배우게 됩니다.

○ **사자(경쟁형):** 사자는 자기 영역을 지키려는 본능이 강하고, 자신감이 넘치는 동물입니다. 갈등 상황에서 사자형 아이는 자신의 생각이나 욕구를 강하게 주장하고 양보하기를 꺼립니다. "내가 먼저야!" "그건 내 거야!"와 같이 자신의 주장을 굽히지 않죠. 자존심이 강하고, 이기고 싶은 마음이 커서 간혹 공격적인 말이나 행동을 할 수도 있습니다.

　"사자는 자기가 강하다는 걸 믿고 있지. 그래서 갈등이 생기면 물러서지 않고, 자기 방식대로 문제를 해결하려고 해. 사자는 경쟁에서 이기는 걸 좋아하거든."

○ **양(양보형):** 양은 온순하고 부드러운 성격을 가진 동물입니다. 양보형 아이는 친구와의 관계를 중요하게 생각해서 자신의 욕구를 표현하지 않고 양보합니다. 때로는 마음에 들지 않아도 "그래, 네가 하고 싶은 대로 해"라고 말하며 따라주곤 하죠.

"양은 온순해서 다른 동물들에게 양보를 잘해. 갈등을 피하고 조용히 물러나지. 다른 친구들의 기분을 살피며 자기 의견을 접거나 조정하기도 하지."

○ **토끼(회피형)**: 토끼는 위협을 느끼면 재빨리 도망가는 동물입니다. 토끼형 아이는 갈등 상황이 불편하고 감당하기 어려워서 그 상황을 피하려고 합니다. 말을 하지 않거나, 자리를 떠나거나, 혼자 있으려고 하기도 하죠.

"토끼는 아주 예민해서 위협을 느끼거나 불편하면 빨리 도망가거나 숨지. 친구가 갈등 상황이 불편해서 피하고 싶을 때 이런 모습을 보일 수 있어."

○ **팬더(타협형)**: 팬더는 온순하면서도 균형을 좋아하는 성향의 동물입니다. 팬더형 아이는 서로 조금씩 양보해서 중간 지점을 찾는 방법으로 갈등을 풀고자 합니다. "네가 이거 하면, 나는 저거 할게"처럼 현실적이고 평화로운 해결책을 찾아내죠.

"팬더는 싸움을 싫어하고 평화를 좋아해. 그래서 갈등이 있을 때는 서로 조금씩 양보하면서 중간 지점을 찾아서 해결하려고 해. 이런 게 바로 타협이야."

○ **개미(협력형):** 개미는 무리지어 다니며 공동의 목표를 위해 협력하는 동물입니다. 개미형 아이는 갈등을 혼자서 해결하려고 하지 않고, 친구와 함께 해결책을 찾아갑니다. "우리 같이 해결해 볼까?" "둘 다 좋아할 만한 놀이를 찾아보자"라는 식으로 긍정적으로 접근하죠.

"개미는 혼자서 일하지 않아. 친구들과 힘을 합쳐서 문제를 해결해. 문제가 생겼을 때 모두가 만족할 수 있는 방법을 찾는 게 협력이야."

이처럼 5가지 동물의 특성을 활용하면 아이는 자신이 평소 어떤 방식으로 갈등을 해결하는지를 자연스럽게 인식하게 됩니다. 또 친구는 나와 다르게 반응할 수 있다는 것도 배울 수 있죠.
"나는 사자 같을 때가 많았던 것 같아."
"우리 반 ○○는 팬더 스타일이야!"
이렇게 아이가 자신과 친구들의 행동을 관찰하며 동물에 빗대어 보는 거예요. 이런 과정은 친구들을 이해하고 갈등을 슬기롭게 풀어 나가는 중요한 기반이 될 수 있습니다. 갈등은 '이기고 지는 문제'가 아니라 서로 생각이 달라서 생겨나며 다양한 접근으로 해결할 수 있다는 걸 배우게 되죠.

아이들의 갈등에
언제, 어떻게 개입해야 할까?

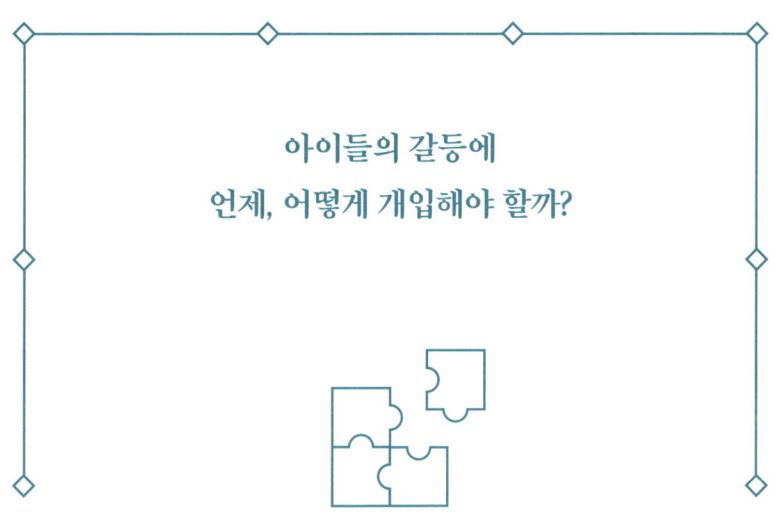

"아빠, 막내가 내 장난감 망가뜨렸어."

"엄마, 언니가 나한테 바보래."

육아를 하다 보면 하루에도 수십 번 아이들의 '고발' 소리가 들려옵니다. 형제자매끼리 부딪히는 건 기본이고, 친구 사이에서도 갈등이 생기면 아이들은 어른을 향해 손을 번쩍 들죠. 어린이집에서든, 유치원 교실에서든, 초등학교 복도에서든, 익숙한 풍경입니다.

"선생님, ○○가 ○○ 했어요."

"선생님, 얘가 나 놀렸어요."

이럴 때 아이들은 단순히 상황을 전달하는 것이 아니라 그 상황을 어른이 해결해주길 바라는 마음으로 이야기합니다. '엄마가 대신 혼내줘요.' '선생님이 편들어주세요.'라는 기대가 담겨 있는 것이죠. 그렇다면 부모는 어떻게 반응하는 것이 좋을까요? 이런 상황에서 바로 개입해서 누구 잘못인지 따지고, 갈등을 빠르게 해결해주는 것만이 바람직한 방법일까요?

아이들 갈등에 개입하는
부모의 5가지 유형

아이들이 다투는 모습을 보다 보면 부모 마음이 바빠지기 마련입니다. "엄마, 쟤가 내 장난감 부쉈어!" "오빠가 때렸어!" "언니가 놀렸어!" 그럴 때 부모들은 저마다 다른 방식으로 개입합니다. 그리고 그 방식에 따라 아이의 갈등 해결 능력도 다르게 자라납니다.

- **해결사형:** "그렇게 하지 말고, 10분씩 번갈아 해"와 같이 갈등 상황을 빠르게 중재하고 정답을 주는 스타일입니다. 문제를 즉시 해결해주기 때문에 상황은 곧 잠잠해지지만, 정작 아이는 갈등의 본질을 파악하거나 해결해보는 기회를 잃게 됩니다.

- **방관형:** "애들은 싸우면서 크는 거야" "저러다 말겠지" 하며 아이들 갈등에 전혀 개입하지 않는 경우입니다. 스스로 해결할 수

있게 내버려두는 것이 교육이라고 생각하죠. 하지만 때로는 아이가 감당하기엔 상황이 너무 복잡할 수도 있어요. 그래서 아이가 적절한 도움 없이 방치되는 결과를 낳기도 하죠.

- **심판형:** "네가 잘못했잖아. 사과해" "저기 가서 10분 동안 서 있어"라는 식으로 누가 잘못했는지 판단하고 처벌까지 곧바로 내리는 방식입니다. 하지만 이렇게 외부에서 '정의'를 내려버리면 아이들은 왜 그런 일이 생겼는지, 자기감정이나 친구의 감정을 돌아볼 기회를 갖지 못합니다.

- **과보호형:** "어머, 안 아팠어? 너무 속상했겠다"와 같이 갈등 상황 전체보다는 내 아이, 또는 약한 아이의 감정에만 집중해 편을 드는 방식입니다. 공감은 아이를 위로할 수 있지만, 한쪽 감정에만 치우쳐버리면 상대 아이에 대한 왜곡된 인식을 줄 수 있어요. 그리고 자칫 갈등을 '피해자-가해자' 구도로만 해석하게 만들 수 있습니다.

- **코칭형:** "상황을 한번 설명해줄래?" "너는 어떤 게 불편했어?" "친구는 어떤 기분이었을까?" "너는 어떻게 하고 싶었어?" "해결하려면 어떤 방법이 좋을까?" 등의 질문으로 아이가 갈등 상황을 스스로 바라보고 해결할 수 있도록 안내자가 되어주는 방식

입니다. 문제를 대신 해결하거나 심판하지 않고, 아이가 생각해보게 도와주는 것이죠. 이렇게 판단과 감정을 배제한 질문을 던져주면 아이 스스로 문제의 원인을 돌아보고, 자기감정과 친구의 감정을 함께 인식하는 연습을 하게 됩니다.

물론 상황이 다급하거나 위험한 경우에는 부모가 즉시 개입해야 합니다. 하지만 일상에서 자주 마주치는 갈등은 아이 스스로 조율해볼 수 있도록 적당한 거리에서 도와주는 것이 중요합니다. 갈등은 아이에게 중요한 성장의 기회입니다. 부모가 즉각 해결해주려고 하기보다는 아이 스스로 감정을 들여다보고, 말하고, 조율해보는 경험이 쌓이도록 기회를 주세요. 그래야 사회성이라는 퍼즐도 더 단단하게 맞춰질 수 있습니다.

형제자매끼리의 갈등, 부모는 어떻게 해야 할까?

"네가 나이가 더 많잖아. 참아야지."
"동생은 아직 어리니까, 언니 말을 들어야지."
혹시 아직도 이런 말을 아이들에게 하고 있나요? 이런 말들은 갈등을 잠시 잠재우는 데는 효과가 있을지 몰라도 아이들 마음속에 오래도록 남아 관계를 해치는 위험한 말들입니다.

먼저 언니나 오빠처럼 나이가 많은 아이의 입장에서 생각해볼게요. "네가 더 크니까 양보해"라는 말을 반복해서 듣는 아이는 자신의 감정이나 욕구는 늘 뒤로 미뤄야 한다고 느낍니다. 어쩌면 억울하고 속상한 감정을 꾹꾹 눌러 참는 데 익숙해질 수도 있어요. 반대로 나이가 많다는 이유만으로 동생을 통제해도 된다고 오해할 수도 있어요. 그래서 나이, 힘, 위치를 관계에서 우위가 되는 조건으로 여길 수 있습니다.

그렇다면 동생의 입장은 어떨까요? 어리니까 양보받는 게 당연하다는 식의 경험이 반복되면 어린 것이 곧 특권이라고 느끼게 됩니다. 무언가 마음에 들지 않으면 울거나 떼를 써서 양보받는 데 익숙해지죠. 또래와의 갈등 상황에서는 쉽게 좌절하고요. 자신의 욕구를 어떻게 표현해야 하는지 모르게 될 수도 있어요.

또 하나 놓치지 말아야 할 중요한 관점이 있습니다. 그건 바로 이러한 말들이 형제자매 사이의 관계를 불균형하게 만든다는 점입니다. 한쪽은 늘 억울하고, 다른 한쪽은 늘 당연하게 얻는 구조가 반복되면 서로를 향한 신뢰보다는 감정의 골만 깊어질 수밖에 없어요.

가정에서 자주 벌어지는 형제자매 갈등을 떠올려볼까요?

- 이기고 지는 게임에서 규칙을 바꾸려는 다툼
- 장난이라며 서로 놀리는 상황
- 물건을 허락 없이 가져가거나 망가뜨린 경우

- "왜 나만 시켜?" "왜 언니만 칭찬해?" 같은 섭섭함
- "아빠는 동생이랑만 놀아줘!" 하는 질투와 서운함

이 모든 갈등에는 서로에 대한 이해 부족과 감정 표현의 미숙함이 자리 잡고 있습니다. 따라서 갈등이 생겼을 때 무작정 '누가 형(언니)이니까' 하는 말로 정리하려고 하지 마세요. 감정과 상황을 나누고 규칙을 세워보는 것이 훨씬 중요합니다. 예를 들면 이런 규칙을 정하는 거예요.

- 소유권에 대한 규칙 : 서로의 물건은 꼭 허락받고 사용하기
- 가족 역할 나누기 : 형은 저녁 설거지, 동생은 밥상 정리. 돌아가며 번갈아하기
- 1:1 특별한 시간 마련하기 : 토요일엔 엄마와 큰아이의 데이트, 다음 주엔 둘째 차례
- 감정을 나누는 시간 : 오늘 속상했던 일, 고마웠던 일 이야기해보기

이렇게 작은 원칙과 꾸준한 소통의 시간을 가져보세요. 아이들은 단순히 참거나 싸우는 것이 아니라 서로의 입장을 이해하고 문제를 해결해나가는 법을 배우게 됩니다. 무엇보다 형제자매 관계가 더 끈끈해지고 서로를 지지하는 사이로 성장해나갈 거예요.

친구에게 지나치게
의존하는 아이

소유는 유치원에서 채린이를 제일 좋아합니다. 등원 버스를 타자마자 채린이가 어디에 앉았는지 둘러보고 곧장 그 옆으로 달려가죠. 자유 놀이 시간에도 채린이가 뭘 하고 있는지 살피며, 채린이 곁에서 따라 놉니다. 심지어 채린이가 어떤 옷을 입었는지, 어떤 머리핀을 했는지까지 유심히 보고 똑같은 걸 갖고 싶어 할 만큼 채린이에게 온 마음이 쏠려 있어요. 다른 친구가 채린이 옆에 가기라도 하면 그 자리를 놓칠까 봐 재빨리 달려가 끼어 앉고, 채린이가 다른 친구랑 웃기라도 하면 금세 마음이 불안해지고 표정이 어두워지곤 합니다.

소유는 '양 유형'으로 양보하고 따르는 데 익숙한 성향입니다. 자신을 드러내기보다, 인정받고 선택받고 싶은 욕구가 강해요. 그래서 자연스럽게 채린이처럼 강한 리더십을 가진 아이 옆에 머물며 안정감을 느끼죠. 내성적이고 소극적인 성향일수록 당당하게 말하고 이끄는 친구가 더 멋지게 보여요. '나는 결정을 잘 못하지만, 채린이는 뭐든 확신 있게 말하니까' 하는 이유로 결정을 대신 내려주는 친구를 따르기도 합니다.

이렇게 한 사람에게 몰입하면 그 친구에게 외면당했을 때 느끼는 상실감은 훨씬 더 클 수밖에 없습니다. 아이가 친구에게 지나치게 의존하고 따라가는 모습을 보인다면 그 마음속에는 자기 자신에 대한 확신이나 믿음이 부족할 수도 있습니다. 자존감이 낮은 아이는 '내 생각은 틀릴 수도 있어' '별로 중요하지 않아'라고 느끼며 다른 친구의 의견에만 맞추려고 하죠.

친구를 좋아하고 따라 하는 건 자연스러운 일이에요. 하지만 한 친구에게만 모든 기대와 감정을 쏟으며 휘둘리는 모습이라면 그 아이에겐 '자기 신뢰'와 '자기 표현' 조각이 아직 채워지지 않았을 수 있습니다. 자기 생각과 감정을 소중히 여기고, 친구와의 관계에서도 '나'를 표현할 수 있는 연습이 필요해요. 다음과 같은 말로 아이의 마음에 씨앗을 심어주세요.

먼저 '자기 표현' 조각을 찾아주는 말입니다.

"사람들은 머릿속에 생각을 품고, 마음속에 감정을 품고 살아. 근데 그건 눈에 보이지 않아서, 말로 표현해줘야 상대방이 알 수 있어. 모두가 생긴 게 다른 것처럼 생각과 감정도 모두 다 달라. 예를 들어, 어떤 친구가 '우리 학교 놀이 하자'라고 말하면 너도 좋아하는 친구가 말한 거라서 '그래, 나도 할래' 할 수도 있지. 근데 진짜 네 마음은 다른 놀이가 하고 싶을 수도 있어. 그럴 땐 그냥 따르기보다 '나는 이 놀이가 더 좋아' 하고 말해보는 거야.

왜냐하면 친구는 네가 뭘 좋아하는지 모를 수 있거든. 친구 의견만 따르다 보면 친구도 널 진짜로 알기 어려워져. '나는 이런 걸 좋아해' '이건 별로야' 하고 말하는 게 서로의 마음을 알아가는 시작이야."

다음은 '자기 신뢰' 조각을 찾아주는 말입니다.

"우리 마음속에는 각자만의 소중한 씨앗이 있어. 그 씨앗은 가만히 놔두면 자라지 않아. '내 생각도 소중해'라는 마음, '난 할 수 있어'라는 생각이 있어야 그 씨앗이 싹을 틔우고, 점점 자라서 예쁜 꽃이 피어나. 친구가 해주는 친절한 말은 햇빛 같고, 칭찬해주는 말은 물 같아서 씨앗이 무럭무럭 자라나.

그리고 네가 스스로 무언가 해냈을 때, 그건 마치 거름을 주는 것처럼 네 꽃이 튼튼하게 자라나게 하는 거야. 그런데 만약 누군가 너에게 상처 주는 말을 자주 한다면, 그 꽃은 잘 자라기 어려워. 그럴 땐 햇빛과 물을 주는 친구와 함께 있어야 해. 그리고 '그 말은 난 듣기 싫어'라고 네 생각을 말해야 해. 그게 바로 네 꽃을 지키는 방법이야. 네 마음속 꽃은 네가 돌보고 키울 수 있어."

이런 말들은 아이의 마음에 조용히, 그러나 깊게 스며드는 메시지가 됩니다. 마음속의 '나'를 소중히 여기고, 친구와의 관계 안에서도 '나답게' 머무는 법을 알려주세요.

마음속 말을 꺼내주는
매직 마이크

자기 표현이 어려운 아이들이 있어요. 하고 싶은 말이 있어도 머뭇거리거나 '이걸 말해도 될까?' '혹시 틀리면 어쩌지?' 하는 마음에 속마음을 꺼내지 못하고 조용히 지내는 아이들 말이에요. 이럴 때 가장 먼저 해주어야 할 일은 표현하는 것이 왜 중요한지를 알려주는 것입니다. 자신의 마음을 스스로 들여다보고, 그걸 말로 전하는 경험이 얼마나 가치 있는 일인지 아이 스스로 이해할 수 있도록 설명해주세요.

그런데 표현을 하지 않던 아이에게 "이제부터 친구에게 네 생각을 말해보렴" 하고 갑자기 요구하는 건 낯선 산에 갑자기 오르라고 하는 것과 다르지 않아요. 그래서 먼저 집이라는 편안한 공간에서 놀이처럼 자연스럽게 시작해볼 수 있습니다. 집에 있는 장난감 마이크, 노래방 마이크, 장난감 확성기 아니면 커다란 숟가락도 좋아요. 그걸 매직 마이크라고 정하고 아이와 함께 시작 버튼을 누르며 시작하는 거예요.

"이건 매직 마이크야. 이걸 들고 말하면 네 머릿속에 있는 생각이나 마음속에 있는 감정을 다른 사람에게 보여주는 신기한 마이크지."

이렇게 사용법을 설명해주면 아이는 매직 마이크를 들고 조금씩 자신의 이야기를 꺼내기 시작합니다.

"오늘은 놀이터 가고 싶어."

"언니가 내 블록을 먼저 써서 속상했어."

아주 짧고 단순한 말부터 시작해도 괜찮아요. 중요한 건 내 생각을 말로 꺼내는 첫 시도니까요. 아이의 의욕을 더 끌어올리고 싶다면 작은 미션과 보상을 곁들여보세요. 예를 들어 이렇게 점수를 정할 수 있습니다.

- 엄마에게 말로 표현하면 1점
- 언니에게 말로 표현하면 2점
- 친구에게 말로 표현하면 3점
- 하루에 두 번 표현하면 보너스 점수!

이렇게 포인트를 모아 차트에 스티커를 붙이거나, 작은 선물이나 놀이 보상을 약속해보는 것도 좋습니다. 무엇보다도 아이가 새로운 시도를 한 날에는 격려해주세요.

"와, 오늘 용기 냈구나!"

"너무 멋진 표현이었어."

가족에게 표현하는 것과 친구에게 표현하는 건 조금 다릅니다. 친구에게 의견을 말하거나, 다른 의견이 있을 때 조심스럽게 꺼내는 건 훨씬 더 큰 용기와 연습이 필요해요. 따라서 이런 말도 알려주면 도움이 됩니다.

"오늘은 네가 하고 싶은 놀이 하자. 근데 나는 병원 놀이도 좋아해. 다음엔 그거 하자!"

이렇게 한 걸음 천천히 다가가는 말부터 시작할 수 있어요. 그리고 그 말을 해보고 온 날에는 칭찬해주고 '용기의 보너스 점수'를 주는 것도 좋은 방법입니다.

아이의 표현력과 함께 꼭 키워야 할 것은 바로 "나는 소중해" "내 생각도 가치 있어" 하는 자기 확신, 즉 자존감입니다. 아이에게 작은 선택의 기회를 자주 주세요. "오늘 간식 뭐 먹을까?" "청바지가 좋아? 노란색 바지가 좋아?" 이런 일상 속 결정들이 아이에게는 '내 의견을 말해도 되는구나' '내가 선택할 수 있구나' 하는 자기 신뢰의 경험이 됩니다.

그리고 아이가 자신의 의견을 말했을 때 "그 생각 좋다!" "와, 네가 골라준 거니까 더 맛있네" 하면서 말로 확인해주세요. 이런 경험이 쌓이면 아이는 스스로를 믿기 시작할 거예요.

새로운 관계를 여는 연습, 짝궁 데이

특정한 친구에게만 과도하게 의존하는 아이들에게는 다양한 친구와 관계를 맺는 경험도 만들어줘야 합니다. 가정에서는 같은 유치원에 다니는 다른 친구를 초대해 자리를 마련해주는 것도 좋은 방법입니다. 친한 친구가 아닌 새로운 친구와 노는 경험은 아이에게 색다른 재미를 선물해줄 수 있습니다.

또는 팀워크나 협력이 필요한 놀이, 활동, 운동 등에 참여하며 다양한 친구들과 어울릴 기회를 만들어주는 것도 좋습니다. 놀이 중 자연스럽게 다른 친구의 매력을 발견하게 되면 관계의 폭도 조금씩 넓어집니다. 물론 가정에서 교실 안의 교우 관계까지 개입하는 데는 현실적인 한계가 있습니다. 하지만 아이가 특정 친구에게 지나치게 의존하여 다른 관계 형성에까지 영향을 미친다면 담임 선생님께 상담을 요청해보는 것이 좋습니다.

실제로 제가 뉴욕 맨해튼에서 교사로 일할 당시 자주 활용한 활동 중 하나가 바로 '짝궁 데이'였습니다. 항상 붙어 다니는 아이들을 잠시 분리시키고, 새로운 조합으로 짝을 정해주는 거죠. 교사가 직접 짝을 정해주는 날도 있고, 아이들이 랜덤으로 뽑기를 통해 짝을 고르기도 했습니다. 이런 활동을 통해 아이들은 편한 친구만 찾는 안전지대에서 벗어나 다양한 친구 관계 속에서 자연스럽게 사회성을 키워갑니다. 새로운 친구와 짝이 되어 하루를 보내는 동안 아이는 기존에 몰랐던 친구의 좋은 점을 발견하게 되고, 낯설었던 관계에도 천천히 익숙해집니다.

이런 작은 경험이 반복되다 보면 아이는 점차 다른 친구들과도 어울릴 수 있다는 자신감을 갖습니다. 다양한 성향의 친구들과 부딪히다 보면 정서적 유연성도 증가합니다. 그뿐 아니라 공감 능력과 소통 능력, 갈등 해결 능력 같은 중요한 사회적 역량도 자연스럽게 자라납니다.

하고 싶은 것이 분명하고, 자기주장이 강한 아이

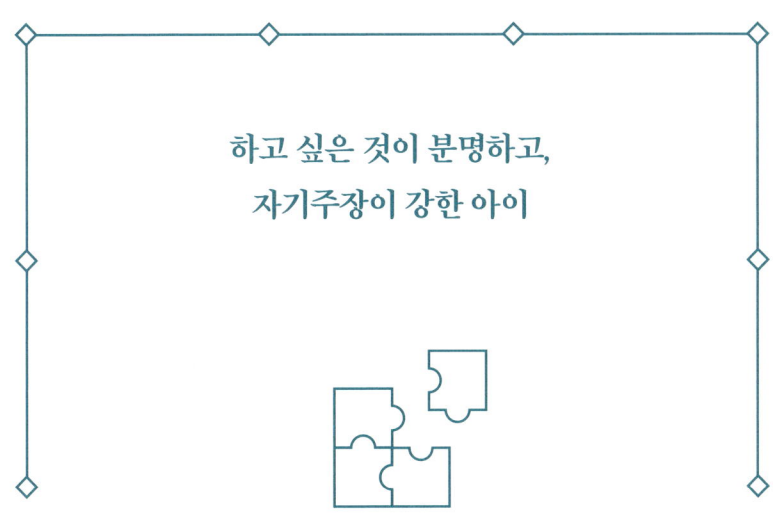

채린이는 반에서 인기가 많은 아이입니다. 무언가를 시작하면 친구들이 몰려들고, 채린이가 하자는 놀이가 자연스레 그날의 놀이가 됩니다. 역할 놀이를 할 땐 채린이가 친구들 역할을 정해주고 놀이 규칙도 마음대로 바꾸곤 하죠. 친구들은 가끔 불만을 갖지만, 괜히 말을 꺼냈다가 놀이에 끼지 못할까 봐 조용히 따르기만 합니다.

채린이는 '사자 유형'으로 존재감이 뚜렷합니다. 리더십도 강하며 자기 표현이 확실한 아이입니다. 이런 아이들은 또래 속에서 주목을 받고 '내가 중심이 되는 관계'를 당연하게 여기기도 해요. 하지만 채린이에게도 필요한 배움이 있습니다. 바로 친구들의 감정을 살피는 공감력, 함께 놀기 위해 조율하고 기다리는 협력의 자세, 그리고 상대의 의견도 존중하는 태도입니다.

언어와 사회정서 발달이 완전히 이루어지지 않은 유치원 시기에는 이런 관계가 큰 문제 없이 돌아가는 것처럼 보일 수도 있습니다. 하지만 아이들이 점차 발달하고 '친구 관계의 균형'이라는 감각이 생겨나기 시작하면 한쪽에 쏠려 있던 관계는 조금씩 어긋나기 시작합니다. 친구들은 서서히 채린이의 태도에 불편함을 느낄 거예요. '왜 매번 채린이만 정해' '왜 내 말은 안 들어줘?' 하는 마음이 생기고요. 조금씩 채린이 곁에서 멀어질 수도 있습니다.

채린이처럼 친구들을 자신이 원하는 방향으로 이끌려는 아이들이 있습니다. 하고 싶은 것이 분명하고, 말도 또렷하게 잘하며, 친구들 사이에서 인기도 많죠. 이런 아이들은 타고난 리더십을 갖고 있다고 볼 수 있습니다. 하지만 자칫 잘못하면 '내가 하고 싶은 대로만 해야 해' '친구들은 내 말을 따라야 해' 하는 그릇된 리더십으로 흘러갈 수 있어요. 이럴 때 "왜 맨날 네 맘대로 하니?" "그러면 친구들 싫어해" 같은 지적은 아이의 자존심만 상하게 하고 관계를 더 어긋나게 만들 수도 있습니다.

아이의 '이끌고 싶은 마음'을 인정해주되 그 리더십이 진짜 멋지게 빛날 수 있는 방법을 알려주세요.

"채린아, 혹시 지휘자가 어떤 일을 하는지 아니? 오케스트라에는 여러 가지 악기가 있지. 소리 큰 북도 있고, 예쁜 소리를 내는 바이올린도 있고, 작고 맑은 소리를 내는 피콜로도 있어.

이렇게 다양한 악기가 모여 하나의 음악을 만들어내려면 지휘자는 자기 맘대로 지휘봉을 휘두르는 게 아니라 모든 악기들의 소리를 잘 듣고, 그 소리들이 잘 어울리게 조화를 맞춰야 해. 만약 북 소리만 크게 들리고, 작은 소리의 악기들이 묻히면 음악이 아름답지 않겠지?

채린이도 친구들과 놀 때 지휘자처럼 친구들의 소리, 친구들의 생각을 들어보는 연습을 해보는 거야. 다양한 생각이 모이면 더 재미있는 놀이가 될 수도 있어. 어쩌면 친구가 낸 아이디어가 더 신나고, 채린이 아이디어랑 섞이면 완전 새로운 놀이가 나올 수도 있지!

진짜 멋진 리더는 친구들을 이기려고 하지 않고, 친구들과 함께 더 좋은 걸 만들어내는 사람이야. 채린이는 그런 멋진 지휘자가 될 수 있을 거야."

이런 비유는 아이 스스로가 자신의 영향력을 자각하면서도 주변 친구들의 감정과 생각을 존중하는 태도를 자연스럽게 익히는 데 도움이 됩니다. 아이에게 단순히 "안 돼" "그건 하지 마"가 아니라, '어떻게 하면 더 멋질 수 있을까?'를 알려주는 것이 긍정적인 리더십의 시작이 됩니다.

○ **'진짜 리더' 미션 카드**

진짜 멋진 리더는 혼자만 잘하는 사람이 아니라 다른 친구들의 마음도 잘 살펴주는 사람이라는 점을 알려주는 활동입니다. 미션 카드에는 실천 가능한 구체적인 행동 지침들을 스스로 적게 합니다. 그리고 이 카드를 가지고 다니며 일상에서 실천해보는 것이죠. 미션을 실천한 후에는 느낀 점을 이야기해봅니다. 새로운 미션을 추가하거나 기존 미션을 수정하면서 도전하고 성공하는 경험을 쌓아갑니다. 이 활동을 통해 아이들은 자연스럽게 협동심, 배려심, 책임감 등 리더로서 갖춰야 할 중요한 가치들을 배울 수 있습니다.

- 조용한 친구에게 "무슨 놀이 하고 싶어?" 하고 먼저 물어보기
- 놀이할 때 규칙을 다 함께 정해보기
- 친구 의견을 하나라도 따라보기
- 오늘은 내가 먼저 양보해보기
- 친구가 힘들어 보일 때 용기를 북돋아주는 말 건네기

○ **친구 인터뷰 놀이**

이 놀이는 아이들이 다양한 친구들과 교류하며 서로에 대해 알아보는 기회를 제공합니다. 평소 많이 어울리지 않던 친구들과도 이야기해보며 새로운 친구를 사귈 수 있고, 친하게 지내던 친구들에 대해서도 더 깊게 알아갈 수 있습니다. 각자 다른 관심사와 생각을 가진

친구들의 이야기를 경청하고 공감하는 과정에서 아이들은 다양성을 존중하고 배려하는 마음을 기를 수 있습니다. 또한 자신의 느낌과 생각을 표현하는 능력도 향상시킬 수 있죠.

친구 인터뷰 놀이는 아이들의 사회성 발달에 도움이 되는 뜻깊은 활동입니다. 다음과 같은 질문들로 대화를 이어나가보세요.

"네가 가장 즐겨하는 놀이는 뭐야?"

"네가 좋아하는 것 3개, 싫어하는 것 3개를 말해 봐."

"넌 언제 기분이 좋아지니?"

"속상할 때는 어떻게 그 마음을 풀어?"

"넌 누구랑 친해지고 싶어?"

○ **창의력 올림피아드 놀이**

유치원이나 초등학교 저학년 교실에서 해볼 수 있는 '창의력 올림피아드'는 아이들이 그룹을 이루어 각자 역할을 정하고 주어진 미션을 함께 수행하는 활동입니다. 서로의 생각을 나누고, 돕고, 의지하며 완성하는 팀 프로젝트를 통해 협력 기술을 몸소 경험할 수 있습니다. 다양한 창의력 과제와 미션을 제시하되, 정답이 하나로 정해져 있지 않고 해결 방법도 다양하다는 점을 강조해주세요. 이는 자기 생각만 옳다고 여기는 아이들에게 스스로를 돌아보는 기회가 되어줍니다. 창의력 올림피아드의 핵심은 창의력 자체를 겨루기보다는, 진정한 협력의 의미를 배우고 경청과 존중, 배려의 자세를 익히며 유연한 사고력을 기르는 데 있습니다.

- 종이로 가장 튼튼한 다리 만들기
- 다양한 재료를 활용해 세상에서 하나뿐인 발명품 만들기
- 우리 팀만의 노래와 율동 만들어 발표하기
- 눈에 보이는 물건 5개 골라서 즉흥 역할극 만들어 발표해보기
- 새로운 규칙 3가지를 더해 기존의 게임을 다른 방식으로 진행해보기

리더십이 강한 아이의 경우, 경청과 공감, 소통과 팀워크 능력을 기를 수 있도록 이끌어주는 것이 좋습니다. 놀이 규칙을 함께 정하고, 팀이 하나의 목표를 이루는 활동, 친구의 생각을 들어보고 요약해서 말해주는 연습 등을 통해 자연스럽게 협력의 기술을 익힐 수 있습니다. 3장의 '협력' '존중' 편을 참고해주세요.

자주 삐치고, 사과해도 안 받아주는 아이

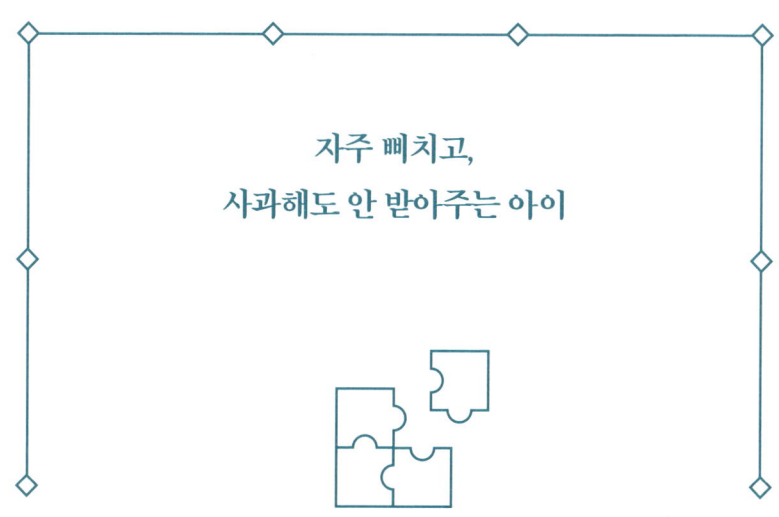

아이들이 책상에 둘러앉아 그림을 그리고 있습니다. 효린이가 자신의 그림에 이름을 쓰다가 글씨가 마음에 들지 않아 지우개로 지우는 사이, 책상이 흔들리며 옆에 있던 하루의 색칠 도화지에 선이 삐뚤어집니다. 순간 하루는 "아, 망쳤잖아!" 하고 소리치며 그림을 구기고 자리를 박차고 일어납니다. 점심시간이 지나서도 하루는 여전히 혼자입니다. 미안한 마음이 든 효린이는 블록 놀이를 제안하며 다가가지만, 하루는 말도 없이 자리를 떠나버립니다.

이처럼 사소한 일에도 쉽게 삐치고 친구의 사과를 받아들이지 않는 아이들이 있습니다. 마치 마음의 문을 닫고 혼자만의 감정 속으로 들어가버린 것처럼요. 이 아이들은 감정이 상했을 때 말로 표현하기보다는 삐치는 것으로 반응하며, 친구의 사과에도 모른 척하거나 단호하게 화를 내기도 합니다. 예를 들어 줄을 서다가 친구와 부딪히면 친구를 노려보고 친구가 사과해도 "너랑 안 놀아!"라며 싸늘하게 돌아서는 경우처럼요.

이런 아이들은 아직 감정 조절과 자기 표현이라는 2가지 중요한 사회적 기술이 충분히 자라지 않은 상태일 수 있습니다. 감정은 생겨나는데, 그 감정을 어떻게 다루고 표현할지를 모르는 거죠. 그래서 무시나 거절, 또는 토라지는 방식으로 감정을 표현합니다. 특히 자기중심적인 사고가 강한 유아기에는 '내 기분이 상했으니 네가 아무리 미안하다고 해도 나는 기분이 안 풀려'라는 방식의 반응이 흔하게 나타납니다.

사과를 받아본 경험 자체가 부족해서 어떻게 받아들여야 할지 잘 모르는 아이들도 있습니다. 또는 사과를 받아들이면 지는 거라고 생각하거나, 자존심이 상하는 기분이 들어서 일부러 고집을 부리기도 하죠. 그래서 삐친 채로 있는 시간이 더 길어지는 것입니다.

이런 아이들에게 가장 먼저 해줘야 할 일은 '감정에 이름을 붙이고, 표현하는 법'을 알려주는 것입니다. 2장의 '자기 표현'과 '자기 인식' 편에서 자세히 다룬 내용들입니다. 아이 스스로 자신의 감정을 말로 표현할 수 있도록 돕는 거죠.

"지금 네 얼굴을 보니까 기분이 좋지 않아 보여. 혹시 화가 났니? 아니면 속상했어?"

"그럴 수 있어. 열심히 한 걸 망치면 속상하지. 혹시 마음이 답답하거나 서운했어?"

"네가 말 안 해줘서 몰랐는데, 그런 기분이 들 수 있겠구나. 지금은 어떤 감정이 제일 큰 것 같아?"

그리고 친구의 사과를 받아들였을 때 긍정적인 결과로 이어진 경험, 반대로 받아들이지 않았을 때 부정적인 결과로 이어진 경험을 해볼 필요도 있습니다. 사과를 받아들이면 어떤 긍정적인 결과를 얻을 수 있는지를 설명해주세요

"사과를 받아주면 친구랑 다시 같이 놀 수 있고 기분도 풀릴 거야."

"우리도 가끔 실수하잖아. 그럴 때 누가 '괜찮아'라고 말해주면 마음이 어때?"

"사과를 받아주는 건 착한 친구가 되는 게 아니야. 용기 있는 친구가 되는 거야. 마음이 따뜻한 친구가 되는 거지."

"기분이 다 풀리지 않아도 '알겠어, 근데 나 아직 좀 속상해'라고 말할 수도 있어. 그러면 너도 화가 좀 풀리고, 친구도 이해할 거야."

반대로 사과를 받아들이지 않을 때 생기는 결과도 알려주세요.

"사과를 안 받아주면 친구는 더 이상 네 옆에 오기 어려울 수도 있어. 그러면 네 기분은 좀 더 나빠지지 않을까?"

"기분이 상했을 때 계속 삐진 상태로 있으면, 네 마음도 지치지 않을까? 친구도 슬퍼질 거고…."

"네가 계속 '안 놀아!'라고 말하면, 친구도 마음의 문을 닫고 너와 놀고 싶지 않을 수도 있어."

"혹시 다음에 네가 실수하고 사과했을 때 친구가 '안 받아줄 거야' 하면 너는 어떤 기분이 들까?"

감정이 상한 채로 고립되기보다는 친구와 마음을 주고받으며 회복하는 경험을 쌓아야 사회성을 기를 수 있습니다. 아이들이 자신의 감정을 표현하고, 친구의 마음도 이해하며, 서운함 속에서도 관계를 회복하도록 다리를 놓아주세요.

○ **사과 나무 키우기 활동**

사과를 받아주는 것이 어려운 아이들이 있죠. 이런 경우 감정 표현과 수용을 놀이로 연습해볼 수 있습니다. '사과 나무 키우기'라는 활동을 소개할게요. 아이와 함께 스케치북에 사과 나무를 그리고, '○○의 사과 나무'라고 이름을 붙여줍니다. 그런 다음 색종이를 사과 모양으로 오려서 여러 개의 사과를 준비합니다. 아이가 친구의 사과를 받아들일 때마다 사과 모양의 종이에 상황을 적습니다.

"친구랑 부딪혔는데 친구가 사과해서 괜찮다고 말했어요."

"친구가 내가 만든 성을 실수로 무너뜨려서 속상했는데, 미안하다고 해서 같이 다시 쌓았어요."

사과 모양의 종이를 사과나무에 붙입니다. 재미를 조금 더하고 싶다면 사과의 색이나 모양을 바꿔볼 수도 있습니다. 사과를 받아들이기 정말 힘든 상황에서 아이가 친구의 마음을 받아줬다면 황금 사과를 붙이고, 친구와 서로 사과하고 화해했다면 사과 2개가 줄기로 이어진 쌍사과를 붙이는 식으로요. 사과나무에 사과가 점점 늘어나는 게 눈에 보이기 때문에 큰 동기부여가 됩니다. 친구들과의 관계도 풍성해지고, 아이 마음도 뿌듯해지겠죠. 사과를 받아주는 것이 '지는 것'이 아니라 '더 자라나는 것'이라는 경험이 쌓여갑니다.

친구에게
다가가기 어려워하는 아이

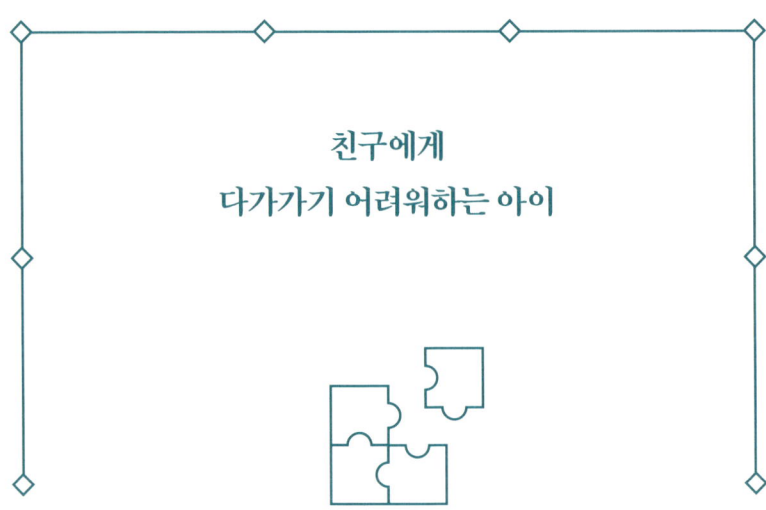

친구들은 각자 기찻길을 만드느라 트랙을 모으고 서로 연결하고 놀고 있습니다. 찬혁이도 기차를 좋아하지만, 다가가서 같이 놀지 못합니다. 집에서 가지고 온 기차를 만지작거리며 떨어져 앉아 친구들만 바라보고 있습니다. 선생님이 다가와서 "찬혁아, 친구들이랑 같이 기차 놀이 할래?" 하며 찬혁이를 참여시키려고 노력합니다. 하지만 찬혁이는 자기 기차를 바닥에 굴리기만 할 뿐 친구들과 어울릴 생각을 하지 않습니다.

아이들마다 타고난 기질이 행동으로 이어지기에 내성적이거나 부끄러움을 많이 타는 아이, 혹은 소극적인 아이의 경우 친구에게 먼저 다가가는 것이 어렵습니다. 친구들과 놀다가 갈등이 생길까 봐 지레 걱정하거나, 말을 걸었을 때 원하는 답을 듣지 못할까 봐, 혹은 거절당할까 봐 두려운 마음을 갖기도 합니다. 때로는 자기만의 놀이 세계를 유지하고 싶어서, 친구들과 대화할 적절한 타이밍을 놓쳐서 망설이기도 하죠.

찬혁이처럼 친구들의 놀이를 관심 있게 바라보지만 막상 다가가지 못하는 아이에게는 '자기 신뢰'와 '자기 표현' 조각이 필요합니다. 먼저 아이에게 이렇게 말해주세요.

"찬혁이는 친구들을 좋아하지? 그래서 친구들과 신나게 놀고 싶지만, 처음엔 부끄럽기도 하고, 친구도 너랑 놀고 싶은지 잘 몰라서 불안할 수도 있어. 친구들이 여럿이 모여 있으면, 더 다가가기 망설여질 수도 있고.
그런데 찬혁이가 친구들에게 다가가지 않으면, 그 친구들은 찬혁이도 같이 놀고 싶은지 잘 모를 수 있어. 그럴 땐 친구 한 명한테만 먼저 다가가서 말을 해보면 돼. '나도 기차 좋아해'라고 말해보는 거야. 친구에게 인사를 해보는 것, 말 한마디 건네는 것도 용기 있는 행동이야. 우리 함께 용기를 꺼내는 매직 단추나 팔찌를 만들어볼까? 그걸 보고 오늘 어떤 미션을 해볼지 기억하고, 용기를 내보는 거야. 어떠니?"

아이의 마음에 용기를 북돋아주는 '매직 배지' 혹은 '용기 팔찌'를 함께 만들어 유치원에 가져갈 수 있도록 해보세요. 상징적인 물건이 오늘의 미션을 기억하게 해주는 도구가 되는 것이죠. 예를 들어, 전날 밤에 '내일은 친구랑 눈 마주치기'라는 미션을 정하고 배지나 팔찌에 함께 적어보는 것입니다. 그다음은 '친구와 하이파이브 하기' '안녕? 하고 먼저 인사하기' '같이 놀래? 하고 물어보기' 등 단계적으로 조금씩 도전할 수 있도록 도와주세요.

물론 어떤 날은 미션을 못 해 올 수도 있습니다. 그럴 땐 "그래도 오늘 매직 배지를 보고 용기를 내볼 생각을 했다니 멋지다. 생각만 해봐도 반은 성공한 거야. 내일 또 해보면 되지!" 하고 따뜻하게 격려해주세요.

○ 친구를 처음 만났을 때

"안녕? 내 이름은 ○○야. 네 이름은 뭐야?"
"나 네 옆에 앉아도 될까?"
"아침에 뭐 먹었어? 난 ○○ 먹었는데도 배고프다."
"넌 무슨 놀이 제일 좋아해?"
"○○ 그림책 읽고 있네. 나도 그 책 봤는데 정말 재밌더라."
"나랑 ○○ 놀이터 같이 갈래? 거기 재밌는 거 많아."

○ **유치원이나 학교에서 생활할 때**

"너 지금 만드는 거 뭐야? 어떻게 만드는지 나도 알려줄래?"

"쉬는 시간에 우리 같이 ○○ 게임할까?"

"나는 동화책 읽는 시간이 제일 좋더라. 넌 어떤 시간이 재밌어?"

"우와, 너 그림 잘 그리는구나? 나도 잘 그리는 법 좀 알려줘."

"와, 클레이로 공룡 만든 거야? 정말 멋지다!"

"○○야, 풀 좀 빌려줄래? 내 풀이 다 떨어졌거든."

○ **공감·위로·도움이 필요한 상황일 때**

"무슨 일 있어? 내가 도와줄 일 있으면 말해줘."

"괜찮아? 아팠겠다. 반창고 가져다줄까?"

"괜찮아. 다시 또 하면 돼. 같이 해볼까?"

"미안해. 내가 실수했어. 앞으로 조심할게."

"고마워. 네가 도와줘서 잘 완성할 수 있었어."

"어렵지만 같이 하면 잘할 수 있을 거 같아."

이런 말을 한두 번 읽어본다고 바로 아이 입에서 자연스럽게 나오지는 않습니다. 따라서 미리 말하기 연습을 해보는 것이 좋습니다. 엄마 또는 아빠가 친구가 되어 대화를 나누어보세요.

"엄마가 친구 역할 해볼게. 찬혁이는 뭐라고 말해볼까?"

인형 놀이를 활용해도 좋습니다. 상황을 설정하고, 그 안에서 아이가 어떤 말을 할 수 있을지 미리 입에 익히도록 해주는 거죠. 이렇게 연습한 말들이 조금씩 익숙해지면 실제 친구들 앞에서도 자연스럽게 튀어나올 수 있어요. 이때 앞서 소개한 매직 배지나 용기 팔찌를 병행하면 더욱 효과적입니다. 친구에게 다가가는 데 필요한 긴장감은 조금씩 줄어들고 편안해지면서 자신감이 생겨날 거예요.

몸이 먼저 나가는 과격한 아이

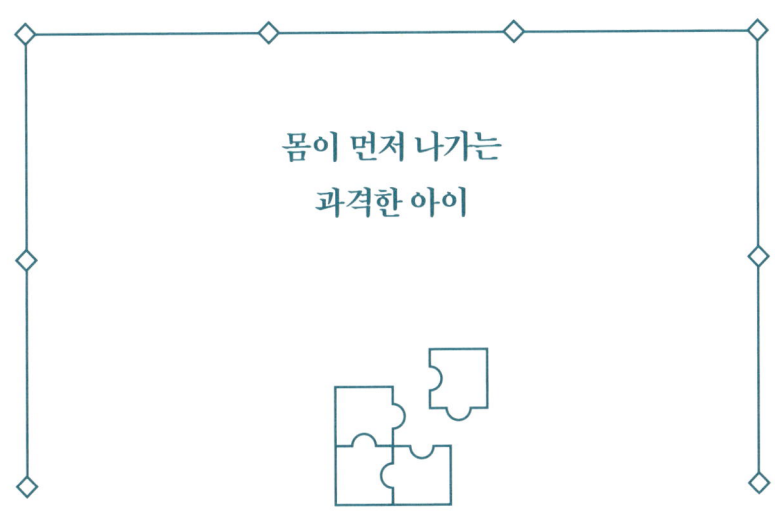

에너지가 많은 태형이는 괴물이나 로보트가 되어 파괴하는 놀이, 영웅이 되어서 나쁜 놈들을 처단하는 전투적이거나 공격적인 놀이를 좋아합니다. 친구가 보드게임을 하자고 하면 재미없다고 하고 레슬링하듯 몸을 거칠게 사용하거나, 막대를 휘두르거나, 높은 곳에서 뛰어내리는 다소 위험하고 거친 놀이만 하려고 하죠. 때로 친구들이 반격하면, 더 세게 공격해 친구를 울리기도 하고, 친구가 싫다고 더 이상 안 한다고 해도 멈추지 못하는 일이 잦습니다.

활동성이 높은 남자아이들의 경우, 태형이처럼 공격적인 놀이를 즐기는 사례가 많습니다. 하지만 이렇게 과격한 놀이 형태만 보이는 경우, 놀이 레퍼토리가 제한되어 친구들과의 관계에 점차적으로 문제가 생길 수 있습니다. 특히 남자아이들의 경우, 히어로 영화에서 받는 메시지를 통해 강인함이 멋진 거라고 인식하고, 자신의 강인함을 보여주는 수단으로 과격한 놀이에 집중하는 경우도 많아요. 몸의 활동 에너지가 너무 많아서 주체하지 못하고, 놀이를 통해 표출하는 경우도 있습니다. 혹은 다른 유형의 놀이에서 재미를 느껴본 경험이 적어, 공격적인 놀이만 반복하는 것일 수도 있어요.

태형이처럼 친구가 싫다고 표현하거나 울고 있음에도 불구하고 멈추지 못하는 건 왜 그럴까요? 친구의 입장을 공감하지 못해서이기도 하고, 자기 조절 능력이 아직 부족하기 때문일 수 있습니다. 그럴 땐 이렇게 말해주세요.

"태형이는 괴물이나 로보트가 돼서 싸우는 놀이를 참 좋아하는구나. 영웅이 돼서 나쁜 놈들을 무찌르고 사람들을 구하는 것도 재밌지. 그런데 영웅이 꼭 힘으로 싸워서만 되는 건 아니야. 말로 잘 해결하거나 친구들을 도와주는 멋진 영웅도 있어. 괴물도 다 나쁜 건 아니야. 착하고, 친구들을 지켜주는 괴물도 있단다.
맨날 힘으로 이기는 영웅이나 괴물 역할 대신 이번엔 역할을 좀 바꿔보는 건 어때? 평화를 지키는 착한 괴물이나 친구들을 살펴주는 착한 영웅이 되어보는 거야. 어떤 친구들은 힘으로 싸우는 놀이가 재미없거나 무서워서 하기 싫을 수도 있어. 하기 싫은 놀이를 계속 하자고 하면, 친구들이 나중엔 지쳐서 더 이상 같이 놀고 싶지 않을 수도 있어. 매번 똑같은 놀이만 하는 것도 친구들이 지루할 수 있고 말이야."

구체적인 대체 행동을 가르쳐주세요

아이들이 친구들과 어울리며 과격한 행동을 하는 경우, 그 행동이 타인에게 불편함을 줄 수 있다는 사실을 아직 잘 인지하지 못하기도 합니다. 혹은 자신의 신체를 자유롭게 조절하지 못하는 '신체 지각 능력'이 부족해 의도치 않게 몸을 과하게 움직이는 경우도 있어요. 이럴 때는 막연하게 "하지 마"라고 제지하기보다는 구체적인 대체 행동을 가르쳐주는 것이 갈등을 줄이는 데 효과적입니다.

예를 들어, 힘센 영웅이나 괴물 놀이를 할 때 친구들을 힘껏 끌어안거나 잡아당기기보다는 '양쪽 팔을 벌리고 근육을 불끈 보여주는 포즈'로 대체하도록 알려주는 거죠. 아이 입장에서는 흥미롭게 놀이를 하는 상황에서 단호하게 금지당하면 놀이의 재미가 뚝 떨어집니다. 따라서 아이가 만족감을 느낄 수 있도록 비슷한 형태의 동작 안에서 에너지를 발산할 수 있게 유도하는 것이 중요합니다.

"하지 마. 위험해!" 또는 "그럼 친구들이 널 싫어해" 같은 표현보다는 "이렇게 하면 더 멋진 근육이 보여서 진짜 영웅 같아 보일 거야" "이렇게 하면 친구들이 더 좋아할지도 몰라"처럼 아이의 흥미를 지지해주는 방식으로 제안하는 것이 좋습니다. 그럼에도 아이가 주먹을 마구 휘두르는 등 위험한 놀이를 계속하려고 한다면 스티로폼이나 종이로 만든 부드러운 스틱, 풍선 방망이 같은 대체 물품을 주세요. 아이와 함께 쿠킹호일을 말아 '영웅의 무기'를 직접 만들어보는 것도 좋은 방법입니다. 또한 펀치백이나 오뚝이 인형처럼 안전하게 주먹을 사용할 수 있는 대상을 마련해주는 것도 좋겠죠. 그러면 아이는 과격한 에너지를 긍정적인 방식으로 해소할 수 있습니다.

**에너지를 발산할
기회를 주세요**

공격적인 놀이나 과격한 놀이를 즐기는 아이들 중 상당수는 넘치는 에너지를 해소할 통로가 없어 놀이를 통해 그것을 표출하는 경우가 많습니다. 그런데 이런 놀이가 위험해 보인다는 이유로 "하지 마" "그만해"라고 제지한다면 아이는 그 에너지를 건강하게 해소하지 못하게 돼요. 결과적으로 수업 시간에 바르게 앉지 못하거나 집중을 잘 못하는 등 또 다른 문제 행동으로 이어질 수 있습니다.

이는 비단 남자아이들만의 문제가 아닙니다. 아이마다 타고난 에너지 레벨은 모두 달라요. 그래서 활동량이 많은 아이들은 반드시 신체를 충분히 움직일 수 있는 시간과 공간이 필요합니다. 놀이터에서 뛰어노는 시간, 동네 산책로를 걷거나 자전거를 타고 달리는 활동, 축구나 수영, 체조 등 온몸을 사용하는 전신 운동은 미취학 시기 아이들에게 특히 적절한 에너지 발산 방법이 됩니다.

이러한 운동은 굳이 학원에 가지 않아도, 집에서 실내 운동으로 충분히 대체할 수 있습니다. 집 안에서 줄다리기를 하거나 쿠션, 의자 등을 활용해 작은 장애물 코스를 만들어줄 수도 있겠죠. 물론 아파트 생활에서 활동량이 많은 아이들의 움직임은 곧장 소음 문제로 이어진다는 우려도 있습니다. 우선 매트를 깔아서 소음에 대비하고, 다음과 같은, 소음 걱정 없이 에너지를 쓸 수 있는 놀이를 제시해주세요.

○ **베개 던지기 놀이:** 부드러운 베개나 쿠션을 던지고 받는 놀이로, 층간 소음 걱정 없이 아이의 에너지를 발산시킬 수 있어요.

○ **풍선 배구:** 가벼운 풍선을 이용해 배구 놀이를 하는 거예요. 바닥에 떨어뜨리지 않고 오래 치는 아이가 이기는 게임이죠.

○ **스펀지 블록 쌓기:** 부드러운 스펀지 블록을 쌓았다 무너뜨리는 놀이예요. 무너질 때 큰 소리가 나지 않아 좋아요.

○ **실내 볼링 놀이:** 페트병이나 휴지심을 세워놓고 부드러운 공으로 쳐서 무너뜨리는 볼링 게임이에요. 공을 굴릴 때 바닥에 담요를 깔아두면 소음을 줄일 수 있어요.

○ **댄스 파티:** 아이가 좋아하는 노래에 맞춰 실내에서 마음껏 춤을 추는 거예요. 운동도 되고 스트레스도 해소할 수 있죠.

아파트 내의 공용 공간을 적극적으로 활용해보는 것도 현실적인 방법입니다. 엘리베이터 대신 계단을 오르내리는 것도 좋겠죠. 비 오는 날엔 수영이나 체조 같은 실내 활동을 미리 마련해두면 아이가 꾸준히 에너지를 발산할 수 있어 좋습니다. 아이가 과격하거나 공격적인 놀이를 한다고 해서 이를 무조건 제지하기보다는, 에너지를 충분히 발산하고 조절할 수 있는 방법을 알려주세요. 그러면 친구들과의 갈등도 점점 줄어들 거예요.

거절을 잘 못 하는 아이

유진이는 친구가 제안하는 놀이를 거의 매번 따라갑니다. 어느 날, 친구가 유진이에게 "이거 네가 다 치워. 너 때문에 어질러졌잖아"라고 말합니다. 유진이는 억울한 마음이 들지만 아무 말도 하지 않고 묵묵히 정리합니다. 또 다른 날에는 친구가 자신의 간식을 조금만 달라고 하더니 거의 다 먹어버립니다. 그래도 유진이는 "싫어"라는 말을 하지 못하고 속상한 마음을 꾹 눌러 참습니다. 친구가 화낼까 봐, 나를 안 좋아하게 될까 봐 걱정하는 마음이 크기 때문이죠.

이처럼 유진이는 거절을 잘 하지 못해 친구의 무리한 요구를 그대로 받아들이며 마음속에 서운함과 스트레스를 쌓아갑니다. 거절을 어려워하는 아이들은 '거절은 나쁜 것' '거절하면 친구가 나를 싫어할 거야'라는 생각을 하기도 합니다. 친구의 감정까지 세심하게 살피는 아이들은 친구가 상처받을까 봐 거절을 못하는 경우도 있어요.

아이들에게 자신의 생각이나 의견을 당당하게 표현하라고 가르치면서도, 막상 아이가 "싫어" "안 해"라고 말하면 "그러면 친구들이 너 싫어해" "너랑 안 놀려고 할 거야"라고 말하는 경우가 있습니다. 아이 입장에서는 '내 감정을 표현하라더니, 왜 싫다고 말했다고 혼내는 거지?'라는 생각에 혼란스러울 수밖에 없죠.

거절은 아이들에게도, 사실 어른에게도 쉽지 않은 일이지만, 살아가는 데 꼭 필요한 사회적 기술입니다. 그래서 아이들에게는 상황에 따라 적절하게 거절하는 방법을 가르쳐야 합니다.

거절은 나쁜 것이 아니라 '자신의 생각과 감정을 전달하는 방식'이라는 것을 알려주세요. 사람마다 생각과 느낌이 각기 다르니, 나와 다르다는 것을 표현하는 것도 필요하다고 알려주는 겁니다. 이때 거절을 아이가 좀 더 쉽게 이해할 수 있도록 '문'이라는 상징을 사용해 보세요.

"우리가 사는 집에는 문이 있지? 방에도 있고, 화장실에도 있고. 손님이 찾아오면, '잠깐만요~' 하고 준비를 마치고 문을 열어주잖아? 거절하는 것도 마음의 문을 여닫는 것과 같아.

마음의 준비가 안 됐을 땐 문을 닫아두고, '아직은 안 돼'라고 말할 수 있어. 혹은 문을 살짝만 열고 '잠시만'이라고 하거나 '다음에 하자'라고 말하고 닫아도 돼. 마음이 준비됐을 땐 문을 활짝 열고 '그래, 좋아'라고 말하는 거지. 그러니까 거절은 마음의 문을 열고 닫는 것과 같은 거야."

이렇게 비유를 활용해 아이와 대화를 나누면 아이는 거절을 부정적인 것이 아니라 자연스러운 감정 표현으로 받아들입니다.

거절의 유형을
도형으로 알려주세요

거절을 긍정적으로 인식하게 되었다면, 이제는 어떻게 거절하는지 방법을 알려주세요. 아이의 말투나 태도에 따라 상대방이 어떻게 느낄 수 있는지도 함께 이야기해주는 것이 중요합니다. 다음과 같이 도형을 활용한 거절법을 놀이처럼 연습해보는 것도 좋아요.

- **엑스 (✘) :** 단호한 거절
  위험한 상황에서 단호하게 "싫어" "안 돼"라고 말하는 것.
  예) "그건 위험해. 안 돼."

- **동그라미 (〇)** : 부드럽게 거절

  친구의 입장을 고려하며 부드럽게 말하는 것

  예) "고마워, 그렇지만 나는 하고 싶지 않아."

- **세모 (△)** : 대안을 제시하는 거절

  무조건 싫다고 하기보다는 다른 제안을 하는 것

  예) "그것 말고 이걸 하는 것도 좋지 않을까?"

- **네모 (□)** : 시간을 미루면서 거절

  지금은 아니지만 나중에 하자고 말하는 것

  예) "지금은 힘들어. 나중에 같이 하자."

이렇게 도형별 거절법을 기억해두면 아이도 상황에 맞는 적절한 거절 방식을 떠올릴 수 있습니다. 만약 아이가 거절할 일이 생겼다면 "어떤 도형으로 거절하면 좋을까?"라며 이야기해볼 수 있습니다. 아이가 일상에서 다양한 거절의 유형을 미리 접해보고 실천할 수 있도록 연습해보세요.

5장
아이의 사회성에 대한 흔한 오해들

또래와 잦은 접촉이 중요하다?

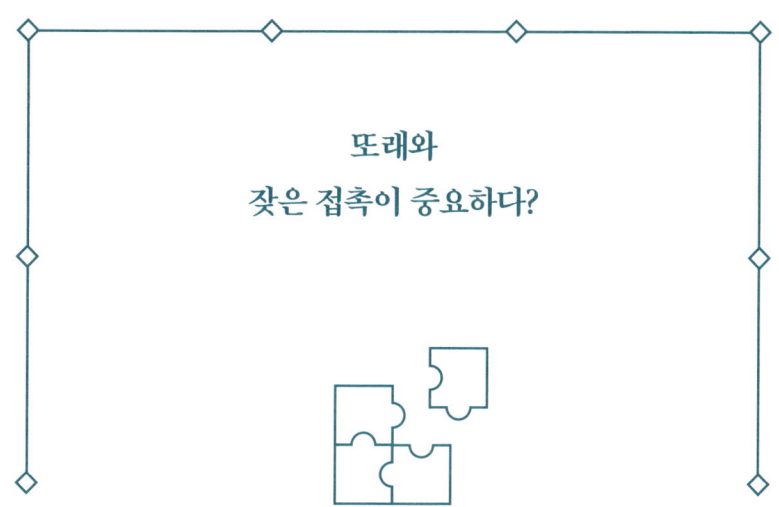

사회성 발달을 위해 또래 친구들과 교류하며 자라나는 과정은 분명 의미 있는 경험입니다. 친구들과 어울릴 때 규칙을 지키고, 차례를 기다리고, 놀이 중 생기는 갈등을 해결해나가며 아이들은 소통과 조절, 문제 해결 능력을 키워나갈 수 있죠.

하지만 그렇다고 해서 무조건 또래와의 '잦은 접촉'이 사회성 발달을 위해 좋은 것은 아닙니다. 아이가 처한 상황이나 발달 수준, 기질과 성향에 따라 접근 방식은 달라야 합니다. 모든 아이에게 똑같은 방식으로 또래 접촉을 늘린다고 해서 사회성이 자동으로 자라나는 것은 아니기 때문입니다.

실제로 아이들의 성장을 위해 '다양한 경험'을 강조하다 보니, 일부 부모님들은 의도적으로 아이를 또래 집단에 자주 노출시키고, 심지어는 억지로 그 안에 밀어 넣는 경우도 있습니다. 그러나 아이가 감정적으로 준비되지 않았거나, 특정 역량이 부족한 상태에서 이러한 상황에 노출되면, 오히려 부정적인 경험을 할 수 있어요. 예를 들어, 예민하고 불안이 많은 아이를 무작정 또래 모임에 참여시키는 경우, 갑작스러운 환경 변화로 인해 스트레스가 급격히 상승하고, 이 경험은 또래 관계 자체를 회피하는 행동으로 이어질 수도 있습니다.

감정 표현과 조절이 서툰 아이에게 또래와의 놀이 기회만 제공한다고 해서 자연스럽게 감정 조절 능력이 길러지는 것도 아닙니다. 오히려 감정이 폭발해 상황이 악화될 수도 있고, 친구들과의 마찰을 반복적으로 겪으면서 '또래 관계는 힘들고 어려운 것'이라는 인식을 갖기도 합니다. 특히 갈등을 중재해줄 어른이 없는 상황에서 아이들끼리만 관계를 이어나가면, 부정적인 경험이 더 많이 쌓이기도 합니다. 심한 경우 따돌림이나 소외감을 경험할 수도 있고요.

중요한 건 단순히 또래 접촉의 횟수를 늘리는 것이 아니라, 긍정적인 또래 경험을 하는 것입니다. 이를 위해서는 사회성을 이루는 다양한 조각 중 어떤 부분이 우리 아이에게 아직 부족한지를 살펴봐야 해요. 그리고 그 조각들을 하나씩 채워가며 균형 잡힌 사회성을 키워 나가야 합니다. 그러다 보면 친구 관계도 자연스럽게 확장되고, 스스로 건강하게 관계를 맺는 힘도 길러질 것입니다.

사회성은 커가면서 자연스럽게 자란다?

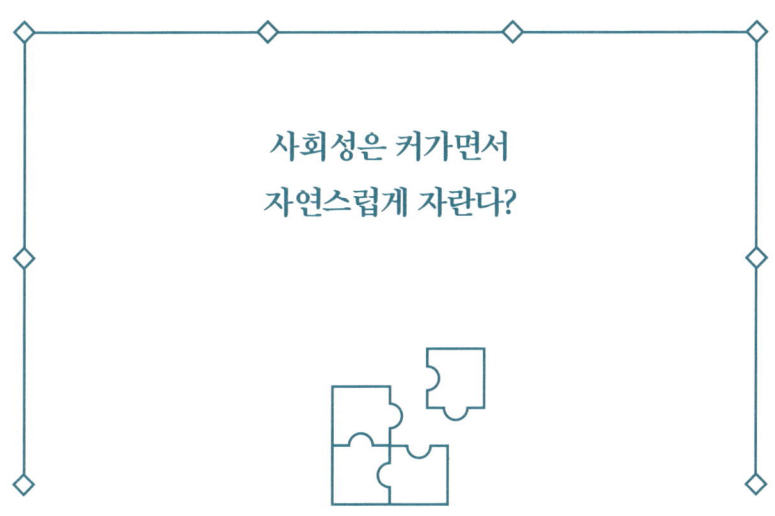

사람은 생물학적인 발달에 따라 인지나 언어, 사회정서 능력이 조금씩 자라납니다. 유아기에는 표현하지 못하던 감정이나 생각을 언어로 전달할 수 있게 되고, 징징거리거나 울음으로 표출하던 감정을 좀 더 성숙한 방식으로 표현하기 시작하죠. 그러나 이것만으로는 충분하지 않습니다. 사회성은 어떤 환경에서, 어떤 경험을 하며 자라나는가에 따라 그 크기와 방향이 달라질 수 있습니다.

특히 경험의 내용이 부정적일 경우 사회성이 오히려 위축되거나 왜곡된 방향으로 자라날 수도 있습니다. 예를 들어, 집이나 학교에서 "언니니까 참아야지" "오빠니까 양보해야지" "착한 아이는 울면 안 돼" 같은 말을 많이 듣고 자란다면, 이 아이는 '착한 아이' '양보하는 아이' 같은 틀에 갇히게 됩니다. 그러면 아이는 자신의 감정이나 의견을 자연스럽게 표현하는 경험을 충분히 해볼 수 없게 되죠. 이런 경험이 반복되면 성인이 되어서도 자기 생각을 말하는 데 어려움을 겪거나, 타인의 시선을 지나치게 의식하는 태도를 가질 수 있습니다.

반대로 어릴 적부터 부적절한 행동을 적절히 다듬는 경험을 하지 못한 아이는 어떨까요? 자신이 불편을 느낄 때마다 감정적으로 반응하거나 타인을 배려하지 않는 행동을 성인이 되어서도 이어가게 됩니다. 그러다 보면 사회적으로 미성숙한 태도로 인해 관계에서 어려움을 겪을 수밖에 없겠죠. 스스로를 곤란한 상황에 빠뜨리게 되는 것입니다.

결국 사회성은 시간이 흐른다고 저절로 자라는 것이 아닙니다. 다양한 사람을 만나는 경험을 통해 적절한 피드백과 따뜻한 코칭을 받아야 자라납니다. 또 스스로 연습하고 훈련하면서 서서히 성장하는 능력입니다. 부모님과 선생님, 우리 어른들이 할 일은 아이들에게 이런 경험의 장을 더 많이 마련해주고, 실수로부터 배울 수 있는 기회를 주는 것입니다. 아이 안에 흩어져 있는 작은 사회성 조각들을 하나씩 찾아가며 채워주는 이런 수많은 과정을 통해 한 아이는 균형 잡힌 인격체로 자라납니다.

내향적인 아이는 사회성이 부족하다?

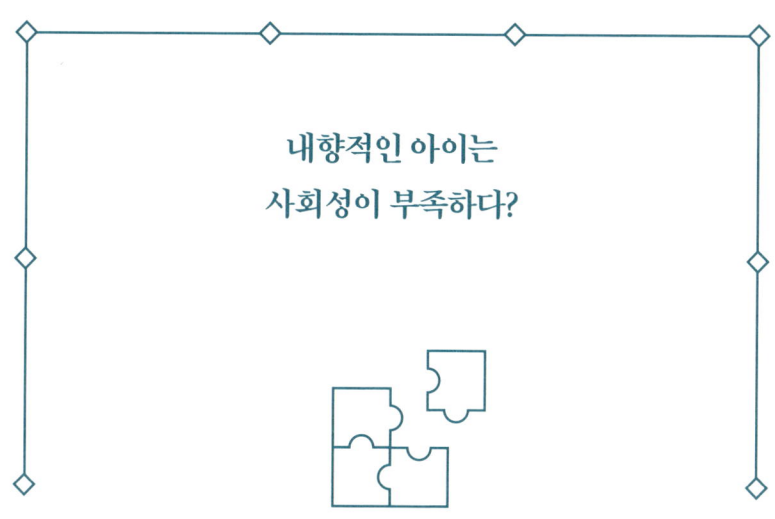

'조용한 사회성'이라는 말을 들어보셨나요? 사람들과 활발하게 어울리고 적극적으로 이야기하는 아이들을 보면 흔히 "사회성이 좋다"라고 말합니다. 반면, 말수가 적고 조용하며 많은 사람들과 어울리는 것을 즐기지 않는 아이들을 보면 "사회성이 부족한 것 같다"라고 걱정하기도 하죠.

하지만 이것은 사회성이 아니라 '사교성'의 일부일 뿐입니다. 사회성을 단순하게 외향성과 내향성으로 나누어 판단해서는 안 됩니다. 내향적이고 먼저 사람들에게 다가가지 않는다고 해서 사회성이 떨어지는 건 결코 아니에요. 여러 번 강조했듯 사회성이란 다양한 조각으로 이루어진 능력입니다. 그리고 내향적인 아이들에겐 그들만의 강력한 사회성이 있습니다. 예를 들어, 친구들의 말을 잘 들어주는 경청 능력, 친구의 감정을 세심하게 살피는 공감 능력, 갈등이 생겨도 침착하고 신중하게 상황을 해결하려고 하는 문제 해결 능력을 가진 경우가 많습니다.

물론 눈에 띄는 리더십이나 앞에 나서는 성향은 부족할 수 있죠. 하지만 묵묵히 자신만의 방식으로 관계를 이어나가는 조용한 리더십을 지닌 아이들도 있어요. 오히려 조용한 성향 덕분에 친구들의 신뢰를 더 많이 받기도 합니다. 이처럼 사회성은 소란스럽고 화려한 것만이 전부가 아닙니다. 조용한 사회성도 분명히 존재해요. 그것도 충분히 존중받아야 할 아이의 소중한 자산입니다. 그러니 부모님도 다양한 사회성의 형태를 인정하고, 아이의 조용한 강점을 진심으로 응원해주세요.

다음과 같은 말들을 기억해뒀다가 아이에게 건네면 아이의 성장에 큰 힘이 될 거예요. 조용한 사회성을 지닌 아이에게 해볼 수 있는 말들을 소개합니다.

"친구들 말을 잘 들어주는구나."
"정말 세심하고 조그만 것도 잘 보는구나. 대단한 관찰자야."
"친구를 배려해주는 마음이 정말 예쁘다."
"친구가 속상할 때 옆에 있어주는 것만으로도 큰 힘이 될 거야."

"감정을 잘 다스릴 줄 아네. 그거 진짜 어려운 건데, 대단해."
"친구 감정을 잘 이해해주는 넌 정말 멋진 친구야."
"친구들과의 갈등을 함께 고민하고 해결하는 넌 멋진 해결사 같아."
"네가 잘 알고 있는 걸 친구에게도 알려줄 수 있으면 더 멋질 거야."

다만 조용한 사회성을 지닌 아이가 자신의 생각이나 감정을 표현하지 못하거나, 거절을 못 하는 문제가 있다면 의사소통 역량을 함께 채워줘야 합니다. '자기 표현' 편을 참고해보세요.

친구들과 갈등 없이 지내는 것이 좋다?

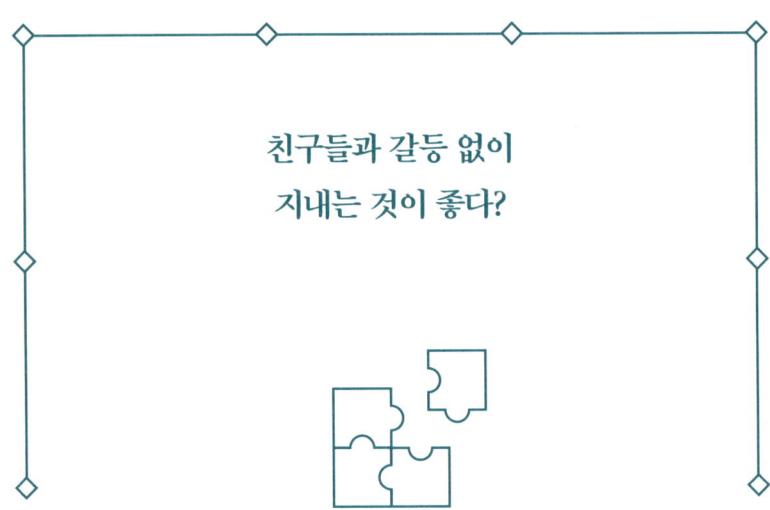

겉으로 보기엔 친구들과 아무 갈등 없이 지내는 것이 사회성이 좋아 보일 수 있지만, 진짜 사회성은 갈등을 피하거나 무조건 양보하는 것이 아닙니다. 오히려 갈등을 인식하고, 그 갈등을 해결해나가는 과정에서 사회성이 길러지는 것입니다.

계속 양보하거나 자신의 의견을 표현하지 못하고 묵묵히 따르기만 하면, 마음속에 쌓인 불만이 언젠가 다른 방식으로 터지기 마련입니다. 밖에서는 착한 아이로 있다가 집에 와서 동생에게 짜증을 내거나, 부모에게 감정을 쏟아내기도 하죠. 더 심하면 감정을 꾹꾹 누르다가 무기력해지는 경우도 생깁니다.

갈등은 관계를 망치는 것이 아니라 오히려 관계를 더 깊게 만들어주는 과정이라고 알려주세요. 아이가 갈등을 나쁜 것으로만 받아들이지 않도록 도와주는 것이 핵심입니다. 갈등이라는 개념을 재미있게 시각적인 방법으로 설명해보는 것도 좋습니다. 예를 들어, 물감을 활용한 '갈등 이야기'를 들려줄 수 있어요.

"무지개 마을에는 여러 색들이 살고 있었어. 빨간색이 말했지. '내가 최고야. 예쁜 장미도 빨간색이고, 맛있는 사과도 빨간색이잖아.' 그러자 파란색이 말했어. '아냐, 내가 더 멋져. 시원한 바다도, 높고 푸른 하늘도 다 파란색이잖아.' 둘이 서로 최고라고 싸우기 시작했어. 그런데 그렇게 뒤엉켜 싸우다 보니 무슨 일이 생겼는지 알아? 바로 보라색이 탄생한 거야!
빨간색과 노란색이 갈등을 하다 보니 주황색이 나왔고, 노란색과 파란색의 갈등 속에서는 초록색이 나왔지. 만약에 갈등이 없었다면 이런 멋진 색깔들이 생기지 않았을 거야. 이렇게 서로 다른 의견이 충돌할 때 함께 이야기를 나누고, 해결하려는 노력을 하다 보면 새로운 아이디어나 놀이가 탄생할 수 있어. 갈등은 더 멋진 것을 만드는 기회가 될 수 있어."

이렇게 아이와 물감 놀이를 하면서 갈등을 창조적인 과정으로 보여주는 활동을 함께 해보세요. 아이는 갈등이 나쁜 것이 아니라, 친구와 더 재밌게 놀기 위해서 꼭 필요한 과정이라는 걸 자연스럽게 이해합니다. 갈등이 있어도 괜찮고, 오히려 잘 해결해나가는 것이 진짜 멋진 어린이라는 메시지를 꼭 전해주세요.

친구의 수가 사회성의 척도다?

"친구가 많으니 전 우리 아이 사회성 걱정은 안 해요."

"우리 아이는 친구도 좋아하고, 제법 잘 어울려요. 집에서도 친구 이야기를 많이 하는 편이라 괜찮은 것 같기도 한데 정작 제일 친한 친구가 누구냐고 물으면 대답을 안 해서 살짝 걱정이 돼요."

친구가 많은 아이들의 사회성은 좋고, 친구가 적거나 단짝 친구가 없으면 사회성이 떨어진다고 부모들은 걱정합니다. 하지만 사회성은 단순히 친구의 수로 판단할 수 없습니다. 친구의 수보다는 관계의 질이 중요하죠.

영유아의 경우, 특히 2~3세는 친구와 활발하게 상호 작용하기보다는 옆에서 나란히 앉아 노는 시기로, 특정 친구를 더 좋아할 수는 있지만 단짝 친구의 개념은 아직 없습니다. 이 시기는 병행 놀이가 중심이 되는 발달 시기거든요. 4~5세가 되면 또래에 대한 관심이 더 많아지면서 "내 친구야, 제일 친한 친구는 ○○야" 하며 특정 친구와 더 가깝게 지내기도 해요. 하지만 며칠 뒤에는 "이젠 ○○가 나랑 제일 친한 친구야" 하며 빠르게 바뀌기도 하죠.

    6~7세가 되면 공통된 관심사를 가진 친구들, 성향이 맞는 친구들과 보내는 시간이 더 많아지고요. 친구 관계가 조금씩 깊어지기 시작합니다. 다만 이 시기 역시 여전히 관계 역량, 공감 역량, 협력 역량, 갈등 해결 역량 등 미세한 사회성 역량들을 계속 찾아가는 과정입니다. 사소한 일로 싸웠다가 화해했다가를 반복하며 단짝 친구에 대한 개념이 서서히 자리 잡는 시기라고 보면 됩니다.

    초등학교에 입학한 후에는 학원을 함께 다니거나 공동의 활동을 통해 더 깊은 관계가 형성되며 단짝 친구가 생기는 경우가 많습니다. 그러나 이 시기 역시 아이마다 속도가 달라요. 단짝 친구가 반드시 있어야 사회성이 건강하다고 볼 수도 없고요. 아이의 성향에 따라 소수의 친구를 깊게 사귀는 것을 좋아하기도 하고, 여러 친구들과 가볍게 두루두루 관계 맺는 것을 선호하는 아이도 있습니다. 때로는 여럿이 함께 어울리다가도, 혼자 있는 시간을 즐기기도 하죠.

    따라서 단짝 친구가 없다거나 친구가 많지 않다고 해서 사회성이 부족하다고 단정 지어서는 안 됩니다. 다만 사회성 역량들 중 어떤 부분을 채워줘야 할지 파악하는 것이 중요합니다. 아이를 관찰해보고 다음과 같은 모습을 보인다면 아이의 사회성 퍼즐 중 부족한 조각들을 찾아주는 게 필요합니다.

- 친구들에게 다가가는 것을 어려워한다.
- 친구들과 갈등이나 다툼이 많고, 스스로 해결하지 못한다.
- 친구들과 같이 놀고 싶어 하지만, 바라만 보고 있다.
- 친구가 없다고 하거나, 친구가 자신을 싫어한다고 슬퍼한다.
- 협력 놀이나 단체 놀이를 어려워하거나 참여하지 않는다.

이런 경우라면 친구가 없는 것이 문제가 아니라, 친구 관계를 맺고 유지해가는 데 필요한 역량을 기르도록 도와줘야 해요.

놀이터는 사회성의 교실이다?

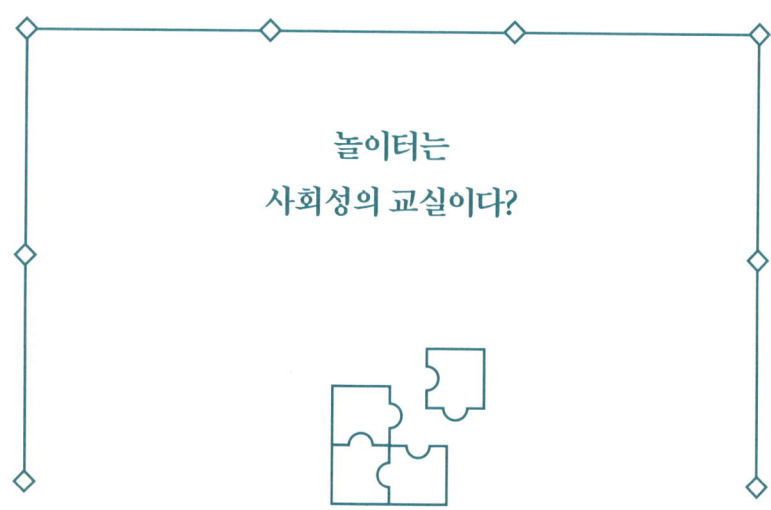

아이의 사회성을 키우기 위해 놀이터로 나가는 부모님들, 실수하고 있는 것일 수 있습니다. 놀이터에 나가 또래를 더 많이 만나야 사회성이 자란다고 생각하지만, 반드시 그런 것은 아니거든요. 어린이집이나 유치원에 가기 전 또래 경험을 쌓게 하려고, 혹은 유치원에 가서 친구를 사귀기 어려워하는 아이를 위해 매일같이 놀이터로 출근하는 부모나 조부모가 있습니다. 어떤 부모는 이미 무리를 지어 노는 아이들 사이로 슬며시 아이를 밀어 넣기도 하죠. 그런데 이런 노력들이 오히려 아이의 사회성 발달에 방해가 될 수도 있습니다.

사회적 기술이 부족한 아이들에게 놀이터는 환경적으로 도전 요소가 많은 곳입니다. 소극적이고 내향적인 아이들은 낯을 가리기 때문에 이미 형성된 그룹이나 진행 중인 놀이에 끼어드는 것이 쉽지 않습니다. 또한 놀이터라는 공간은 구조적으로 열려 있어 놀이가 매우 빠르게 바뀌고, 그네를 탔다가 미끄럼틀로 가고, 다시 시소로 옮겨가며 즉흥적으로 진행되었다가 갑자기 끝나기도 하죠. 게다가 놀이터에 오고 가는 아이들이 계속 바뀌기 때문에 관계를 맺기도 어렵고, 관계가 만들어지기 전에 거절을 경험할 수도 있습니다.

예를 들어, 그네를 타고 싶은데 "우리가 타고 있어"라는 말을 들으며 배제당하기도 하고, 용기를 내어 "같이 놀래?"라고 물었지만 "싫어"라는 대답을 들으며 거절을 당하는 일이 흔하게 일어납니다. 이럴 땐 아이가 무리 속으로 스스로 진입하도록 놔두기보다는, 부모가 다리 역할을 해주는 것이 중요합니다. 아이가 부모와 재미있게 노는 모습을 보면 다른 아이들의 관심이 자연스럽게 쏠리기 때문입니다.

비눗방울 놀이, 연날리기, 감촉 공, 모래 놀이 도구 등을 활용하여 아이와 즐겁게 놀아주세요. 잡기 놀이, 숨바꼭질처럼 활동적인 놀이도 좋습니다. 이렇게 놀다 보면 한두 명의 아이가 관심을 갖고 다가오고, 자연스럽게 새로운 친구를 만나는 계기가 됩니다. 또한 아이에게는 친구에게 다가가는 말들을 구체적으로 알려주고, 부모가 아이와 함께 역할극을 하며 연습해보는 것이 좋습니다.

"안녕? 나 ○○야. 넌 이름이 뭐야?"

"이거 좋아해? 나도 좋아하는데. 같이 놀래?"

"뭐 하는 거야? 재밌겠다. 나도 같이 해봐도 될까?"

"지난번에 여기서 놀지 않았어? 또 보네. 반가워. 오늘은 뭐하고 놀 거야?"

"지난번에 ○○ 하던데, 그거 또 할까?"

"난 ○○ 좋아하는데, 넌 뭐 좋아해?"

"와, 그거 멋지다."

이처럼 대화의 문장을 미리 연습하고, 부모가 또래 친구에게 직접 모델링을 보여주면 아이도 서서히 용기를 낼 수 있습니다. 부모가 아이와 즐겁게 노는 모습을 보면 주변 아이들이 함께 놀고 싶어지고, 그 기회를 통해 자연스럽게 친구가 생깁니다.

부모가 아이와 신나게 노는 '판'을 먼저 깔아주고, 아이들 사이에 분위기가 무르익을 즈음 슬쩍 빠져주는 센스, 아이와 친구를 잇는 다리 역할을 해주는 것. 이것은 아이의 사회성을 길러주는 좋은 부모의 개입이라고 할 수 있습니다.

부모가 내성적이면 아이의 사회성 발달이 더디다?

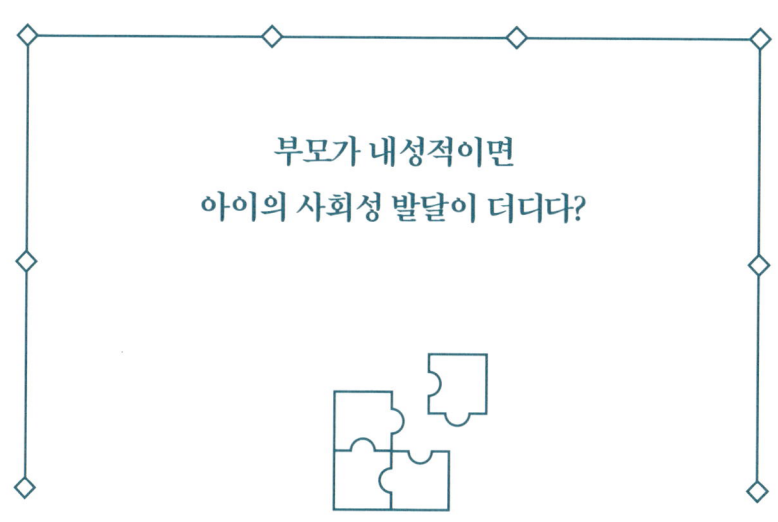

이 책의 시작에서 했던 말을 다시 떠올려봅시다.

"부모의 표정과 말은 아이의 세상이 된다."

부모의 사회성은 아이의 사회성 발달에 지대한 영향을 미칩니다. 가정은 아이에게 가장 먼저 만나는 사회이고, 부모는 그 안에서 아이가 보고 듣고 배우는 첫 번째 '사회적 모델'이니까요. 그렇다 보니 이런 고민을 토로하는 부모들이 있습니다.

"저희 부부는 둘 다 내성적이고 사람들과의 교류가 없는 편인데요. 그럼 아이의 사회성 발달에 나쁜 영향을 주지 않을까요?"

내성적인 것 자체는 문제가 아닙니다. 내성적인 성향은 타고난 기질이자 개성의 하나일 뿐, 그 자체로 아이의 사회성 발달에 부정적인 영향을 주지는 않습니다. 오히려 내성적인 부모들은 아이에게 특별한 장점들을 선사할 수 있어요. 부모가 신중하게 말하고 행동하는 모습, 타인의 감정에 세심하게 반응하는 순간, 차분하고 섬세한 태도 등을 보면서 아이는 조용하지만 깊이 있는 배려와 공감, 그리고 신중한 관계 맺기를 자연스럽게 배웁니다.

사회성이 단순히 외향적이고 활발한 것만을 의미하는 게 아니라는 점을 기억해야 합니다. 이 책에서 계속 강조했듯이, 사회성을 구성하는 다양한 역량들 중에서 외향성과 사교성은 한 부분일 뿐입니다. 다만, 내성적인 부모가 조심해야 할 부분은 분명히 있습니다.

문제는 소통 자체를 거의 하지 않는 경우입니다. 상대적으로 내성적인 부모는 새로운 사람을 만나는 것을 꺼리고, 익숙하고 편안한 공간을 선호하는 경향이 있습니다. 이런 환경에서 자란 아이도 새로운 상황이나 낯선 사람 앞에서 적응하는 데 시간이 걸릴 수 있습니다. 어울림에 있어 조심스럽고 소극적인 태도를 보일 수 있어요. 혹은 부모가 사회적 상황에서 늘 회피하거나 부정적인 감정만을 표현한다면, 아이는 사회적 상황을 불편하고 위협적으로 인식할 수 있습니다.

반면 부모가 외향적인 경우, 다양한 사람과 교류하고 새로운 경험을 하는 환경에서 아이가 자랄 가능성이 큽니다. 그래서 아이도 자연스럽게 새로운 상황을 마주하게 될 것이고요. 부모가 타인과 원활하게 소통하고 경험하고 시도하므로, 아이 또한 자연스럽게 이런 태도와 사회적 기술을 습득하게 되겠죠. 하지만 꼭 긍정적인 영향만 있는 것은 아닙니다. 아이가 부모와는 다른 내성적인 기질을 가지고 있다면, 부모의 활발한 교류가 오히려 부담이 되어 스트레스를 유발할 수도 있습니다. 아이는 과도한 자극 속에서 위축되거나 감정을 조절하지 못하고 좌절하거나 과잉 행동으로 표출할 수도 있죠.

결론적으로 부모가 외향적이든 내성적이든, 혹은 사교적이든 그렇지 않든, 이것이 아이의 사회성 발달에 반드시 좋거나 나쁘다고 말할 수 없습니다. 부모의 성향 자체가 아이의 사회성을 결정짓지는 않거든요. 중요한 것은 부모가 자신의 성향을 어떻게 인식하고, 그것을 아이의 양육에 어떤 방식으로 반영하느냐입니다.

부모와 아이 모두 내성적이라고 해도 이미 갖추고 있는 사회성 역량들이 있을 수 있습니다. 공감하는 능력, 감정의 미묘한 결을 알아차리는 섬세함, 말 대신 눈빛과 분위기로 전하는 따뜻함 같은 것들 말이에요. 이 능력들을 기반으로 자존감이나 표현력이라는 또 다른 조각을 더해가면 됩니다. 아이가 낯선 상황에서 용기를 내어 한 발 내디딜 때, 부모가 진심 어린 칭찬과 지지를 건네는 것만으로도 아이는 자기 자신에 대한 신뢰를 키워나갈 수 있습니다. 그렇게 조금씩 아이는 자기만의 방식으로 세상과 연결되는 법을 배워갈 것입니다.

중요한 건 어떤 환경 속에서도 아이가 자신의 성향을 존중받는 것입니다. 그리고 필요한 역량을 천천히 자기 속도로 채워가는 것입니다. 아이의 사회성은 부모와 함께하는 일상의 작은 순간들 속에서 자랍니다. 우리 아이에게 지금 필요한 역량은 무엇인가요? 그리고 부모로서 나는 어떤 역량을 더 키워가야 할까요?

아직 찾지 못했더라도 괜찮습니다. 아직 채워야 할 부분이 있다는 건 우리가 여전히 성장 중이라는 뜻이니까요. 이 책이 부모와 아이가 함께 부족한 역량을 채워가는 여정에 따뜻한 길잡이가 되기를 바랍니다.